बाहर से भीतर

(यात्रा-वृत्तांत)

बाहर से भीतर

चेतन डांगे

हिन्द युग्म

ISBN : 978-93-92820-19-9

प्रकाशक:
हिंद युग्म
सी-31, सेक्टर-20, नोएडा (उ.प्र.)-201301
फ़ोन- +91-120-4374046

मुद्रक : मनीपाल टेक्नोलॉजीज लिमिटेड
आवरण-डिजाइन : सुनीत वडके

पहला संस्करण : 2022
मूल्य : ₹199

Bhahar Se Bheetar
A travelogue by *Chetan Dange*

Published By
Hind Yugm
C-31, Sector-20, Noida (UP)-201301
Phone : +91-120-4374046
Email : sampadak@hindyugm.com
Website : www.hindyugm.com

First Edition : 2022
Price : ₹199

हम हमेशा कहीं से निकलने और कहीं
पहुँचने के ठीक बीच रह जाते हैं।
बस यही है यात्रा।

छूटकर मिल जाने की यात्रा!

यात्रा पर निकल जाने और भाग जाने में क्या अंतर होता है? मैं भाग रहा हूँ। जब से मुझे ध्यान आया है तब से मैं बस भाग ही तो रहा हूँ। मैट्रिक के बाद जब मेरे पिता ने कहा कि साइंस ले लो, तो उसी क्षण मुझे बेहिसाब पढ़ाई का बोझ महसूस हुआ था। मैं कॉमर्स की तरफ़ भाग गया क्योंकि सुना था वहाँ पढ़ाई ज़्यादा होती नहीं। कॉलेज पूरा हुआ तो 'जीवन में क्या करना है' जैसे सवाल घरवालों के चेहरे पर कभी ग़ुस्से तो कभी चिंता के रूप में दिखाई देने लगे। पता नहीं था क्या करना है इसलिए कोई जवाब भी नहीं था देने को। घर में किसी से नज़र न मिला पाने की अवस्था कई बार आपको जीने-मरने के सवाल तक घसीट ले जाती है। मैं घर से और माँ-बाप के सवालिया निशान वाले चेहरों से भाग जाता और देर रात तक बाहर रहता। आस-पास के सारे लड़के एमबीए करने को लेकर काफ़ी उत्साहित थे तो सोचा मैं भी कर ही लेता हूँ। एंट्रेंस परीक्षा की फीस चुकाई और ऐन मौक़े पर वहाँ से भाग गया। चित्र बनाना पसंद था तो सोचा इसी में कुछ किया जाए। एनिमेशन की क्लास में ख़ुद को एक महीने तक धकेलता रहा और फिर वहाँ से भी भाग आया। नाटक के एक ग्रुप में शामिल हुआ और बैकस्टेज सामान उठाने में व्यस्त रहा। कुछ समय बाद वहाँ से भाग गया। एक बहुत ही अद्भुत संबंध था, पर जब तक यह बात समझ आती कि वो संबंध अद्भुत है, मैं वहाँ से भी भाग ही आया। इस बीच अगर कहीं से नहीं भागा हूँ तो वो लेखन है।

अब जब पीछे मुड़कर देखता हूँ तो यह तय नहीं कर पाता कि मैं सचमुच भाग रहा था या लेखन तक पहुँचने की एक कठिन यात्रा के ठीक बीच में था? अब जब मैं लेखन के आस-पास, अंदर-बाहर, क़रीब और दूर होता रहता हूँ तो अपने लेखन में ही कहीं भाग जाना चाहता हूँ। ऐसे स्पेसेस में जहाँ मैंने या मेरे लेखन ने कभी क़दम नहीं रखा। ऐसे समय में फिर से यह तय नहीं कर पाता

कि मैं अपने ही पुराने होते लेखन से भाग रहा हूँ या फिर नए लेखन को खोजने की यात्रा को निकला हूँ।

इस सवाल को हल करने के प्रयास में मैं बहुत समय तक लगा रहा। फिर सोचा, जो जैसा है उसे वैसे का वैसा ही जिया जाए। जिन प्रश्नों के उत्तर नहीं मिलते, उन्हें प्रश्न ही रहने दिया जाए। मेरे लिए कई बार इस 'यात्रा करने वाले आदमी' और 'भाग जाने वाले आदमी' के बीच फ़र्क़ करने वाली रेखाएँ धुँधली पड़ जाती हैं। तो अब मैं उन्हें धुँधला ही रहने देता हूँ। सब कुछ स्पष्ट देख लेना कई बार चीज़ों को नीरस बना देता है। वैसे भी संसार में कौन-सा ऐसा व्यक्ति होगा जिसने सारा कुछ सुलझा लिया हो?

हर बार अपने घर से यात्रा पर निकलते समय, ताला लगाते ही दरवाज़े पर हाथ रखता हूँ। वहाँ से जो आदमी यात्रा पर निकल जाता है, वो आदमी वापस कभी नहीं लौटता। घर लौटने वाला हर बार उम्र में थोड़ा बड़ा ही लगता। थोड़ा शांत लगता। थोड़ा संयमी लगता। थोड़ा कम बोलता और थोड़ा ज़्यादा सुनने लगता। इन्हीं थोड़े-थोड़े को एक साथ सामने रखकर कभी देखता तो लगता कि एक पूरा का पूरा आदमी पीछे छूट गया। हर यात्रा पर एक-एक आदमी पीछे छोड़ता ही चला हूँ मैं। ऐसे कितने आदमियों को कितने पहाड़ों, गाँवों, पेड़ों, सरकारी बसों, ढाबों और अनजान लोगों के घरों में, मैं छोड़ आया हूँ। बहुत याद करने पर भी अब वे मुझे याद नहीं आते। याद है तो बस इस समय का यह आदमी जो मैं इस क्षण में हूँ। जो किसी भी क्षण बिना कुछ तय किए, किसी भी दिशा में एक अर्थहीन यात्रा पर निकल पड़ेगा। और फिर उस यात्रा पर मैं इस वाले आदमी को भी कहीं पीछे छोड़ आऊँगा। यह एक अंतहीन प्रकिया है।

कोई भी यात्रा दरअसल बाहर की ओर नहीं घटती। वह घटती है ठीक हमारे भीतर। यात्रा की यह एक बात मुझे बहुत आकर्षक लगती है कि जब हम किसी यात्रा पर घर के भीतर से बाहर जा रहे होते हैं, ठीक उसी समय यात्रा भी बाहर से ठीक हमारे भीतर प्रवेश कर रही होती है।

–चेतन डांगे

तेज़ गर्मियों के बीच सुकून देने वाले क्षण हमेशा याद रह जाते हैं। मई का महीना अपने चरम पर था और पूना शहर में विकास के नाम पर चारों तरफ़ बिखरा सीमेंट मानो तप कर पिघल रहा था। चिलचिलाती दोपहर में अपने घर में एक ठंडा कोना ढूँढना मानो जीवन का सबसे महत्त्वपूर्ण काम हो जाता है। पंखों के अगल-बग़ल लोग लेटे नहीं, बिखरे हुए मिलते हैं। साल 2013 की गर्मियों में मेरे घर की तस्वीर भी कुछ ऐसी ही रही होगी। पर इन सारी पीड़ाओं से दूर मैं Etihad Airways के सबसे बड़े हवाई जहाज़ में गर्मी से बेहाल होते भारत को पीछे छोड़ रहा था।

एक महीने पहले एक दोस्त, जो जर्मनी के एक छोटे-से गाँव में कुछ समय से रह रही थी, से मैं स्काइप पर बातें कर रहा था। अचानक उसने मुझसे कहा, "मेरा घर देखोगे?" उसने अपना लैपटॉप उठाया और मुझे अपना पूरा घर दिखाया। अंत में उसने अपने कमरे की खिड़की खोली और मुझे बाहर का दृश्य दिखाया। आसमान में गहरा नीला और नारंगी रंग घरों की भूरे रंग की छतों पर चमक रहे थे। दूर कहीं एक लंबी-सी इमारत जैसा कुछ दिखाई दे रहा था। तुरंत ही मेरी दोस्त ने लैपटॉप बेड पर रख दिया और झट से खिड़की बंद कर ली। ठिठुरती हुई वह लैपटॉप के सामने आई और अपने नर्म ब्लैंकेट में घुस गई। मैंने पूछा क्या हुआ तो कहने लगी कि यहाँ बहुत ज़्यादा ठंड है। ज़्यादा देर खिड़की खुली रखी तो बीमार पड़ जाऊँगी। तभी अपने कान के पीछे से पसीने की एक बूँद रेंगती हुई मुझे महसूस हुई।

"मुझे एक लंबी-सी बिल्डिंग जैसा कुछ दिख रहा था। क्या वह गिरजा है?"

"हाँ! खिड़की खोलते ही सामने दिखाई देता है। बहुत सुंदर है। तुम आओगे यहाँ तो तुम्हें ले चलूँगी। तुम आओगे यहाँ?"

बहुत छोटे में एक कहानी सुनी थी। वो कहानी थी, क़िस्सा था, कहीं पढ़ा था या मैंने ही अपने मन में कुछ गढ़ लिया था ये भी याद नहीं अब। याद है तो

एक दृश्य जो मेरे ज़ेहन में छप गया है। एक आदमी था और वह हमेशा घूमता रहता था। हर बार जब वो घर से निकलता तो अपने साथ अलग-अलग पेड़ों के बीजों की एक थैली लेकर निकलता। रास्ते में जहाँ उसे सही लगता वहाँ उन बीजों को फेंकता हुआ आगे बढ़ता।

कुछ साल बाद जब वह आदमी वापस लौटता तो देखता कि उसके फेंके बीजों से एक पूरा का पूरा जंगल खड़ा हो गया है। जहाँ-जहाँ बीजों को पोषक वातावरण मिलता वहाँ-वहाँ घने पेड़ उग आते।

मेरे भीतर छब्बीस साल के अटके यात्री को मेरी दोस्त के पूछे एक सवाल भर से पोषक वातावरण मिल गया था। नौकरी के हर छोटे-बड़े स्वरूप से मैं निजात पा चुका था और फ्रीलांस करने लगा था। मुझे किसी ऑफ़िस की और किसी भी बॉसनुमा आदमी की बात सुनने या शक्ल देखने की अब ज़रूरत नहीं रही थी। छह साल नौकरी करके कुछ पैसे भी जमा हो गए थे। रोक देने वाले हर संबंध से मैं बाहर निकल चुका था। सब मिल-मिलाकर देखा जाए तो मेरे हालात ठीक लग रहे थे। यूरोप जाया जा सकता था। मैं तुरंत ही घर से, काम से, गर्मी से और एक ना सँभले जाने वाले कोलाहल से दूर निकल गया। या भाग गया। जैसा आप ठीक समझें।

Etihad Airways के बड़े-से विमान की बड़ी-सी खिड़की के पास बैठे-बैठे मैं यही सब अपने दिमाग़ में बाइस्कोप की तरह घुमा-घुमाकर देख रहा था। आँखें बंद थीं पर शायद मेरे चेहरे पर एक हल्की मुस्कुराहट भी रही होगी।

फ़्लाइट मुंबई से Munich की थी। बहुत सस्ती मिली थी तो ज़ाहिर था कि वह बहुत आराम-आराम से रुक-रुककर ही म्यूनिक पहुँचेगी। वैसे इस प्रकार की फ़्लाइट मिलने पर लोग त्रस्त हो जाते हैं। पर मुझे कौन-सी जल्दी थी। जब टिकट देखा तो पता चला कि मैं जिस फ़्लाइट से जाने वाला हूँ वो मुझे केवल Cairo (काएरो) तक ही ले जानी वाली है। वहाँ से म्यूनिक की अगली फ़्लाइट एक दिन बाद है। एक पूरा दिन मिस्र में! मुझे हमेशा से यह लगता रहा है कि Egypt को मिस्र ही कहना चाहिए। इससे उसकी रहस्यमयता बनी रहती है। जैसे अपनी प्राचीनता सहेज कर रखने वाला Greece, ग्रीस नहीं यूनान है। जैसे कॉस्मोपॉलिटन मुंबई, मुंबई नहीं बॉम्बे ही है। जगहों के नाम बदल देने से

अगर उनकी आत्मा बदल जाती तो आज भी इलाहाबाद का नाम लेते ही मुँह में शक्कर न घुलती।

मुझे चौबीस घंटे मिस्र की राजधानी काएरो में बिताने थे। ख़ुशी का ठिकाना नहीं था। क्या-क्या कर सकता हूँ चौबीस घंटों में? कुछ भी तय नहीं कर पाया, फिर भी मुझे पता था कि मैं क्या करने वाला हूँ। मैं The Great Pyramid of Giza देखने वाला था और नील नदी के किनारे बैठने वाला था। ये दो चीज़ें मुझे करनी थीं। करनी ही थीं! किसी भी हाल में। रहने का बंदोबस्त एयरलाइन की तरफ़ से किया गया था। ली मेरीडियन के कमरे में घुसते ही मैंने अपना बैग एक कोने में डाल दिया और रिसेप्शन पर फ़ोन लगाया।

"पिरामिड देखने कैसे जाया जा सकता है?"

पता चला कि होटल से एक आख़िरी बस पाँच मिनट में निकलेगी। मैंने रिसीवर रखा, अपना कैमरा उठाया और सीधे नीचे रिसेप्शन की ओर भागा। कुछ मिनटों में बस आई, हमने टूअर के पैसे एडवांस में चुकाए और काएरो के प्राचीन रास्तों से होते हुए हम कुछ लोग एक रहस्यमय युग की ओर चल दिए।

उन दिनों काएरो में प्रोटेस्ट चल रहे थे। एक तानाशाह गद्‌दी पर बैठ गया था जो धर्म की आड़ में पूरे मिस्र में मनमानी कर रहा था। लोगों की आर्थिक हालत ख़राब होती जा रही थी तो वे सड़कों पर उतर आए थे। यह वाक्य पढ़कर इस क्षण अगर आपके ज़ेहन में ऐसे ही किसी तानाशाह का नाम आ रहा है जिसने किसी लोकतंत्र को मज़ाक़ बनाकर रख दिया है, तो आप सही हैं। आपने अभी अपनी आत्मा और अपना विवेक पूरी तरह खोया नहीं है। दुनिया के इतिहास में यही चीज़ कई बार हुई है, हो रही है और आगे भी होती रहेगी। नेतृत्वगुण विकसित करने वाले मनुष्य ने यह बात बहुत पहले समझ ली थी कि धर्म आस्था का नहीं बल्कि राजनीति का विषय है। अपने परिवार का पेट पालने के लिए पैसे न कमा पाना जितना दुखद है, उससे कहीं ज़्यादा दुखद है पेट भरे हुए आदमी का अपने देश की इस परिस्थिति को नज़रअंदाज़ करना।

हमारी बस भड़की हुई भीड़ से बचते-बचाते अपना रास्ता खोज रही थी। ड्राइवर हमें बार-बार एक ही बात कहे जा रहा था कि कुछ नहीं होगा। आप डरिए मत। हमारी बस एक पुल पर पहुँची। मैं खिड़की पर बैठा हुआ मिस्र के आसमान में ढल रही शाम के रंगों को अपनी आँखों से पकड़े हुए था। तभी

ड्राइवर ने कहा, "यह देखिए ये नाईल (Nile / नाईल / नील) नदी है।"

उसी क्षण पता नहीं क्यों मेरे रोंगटे खड़े हो गए। कई बार हमें रोंगटे खड़े होने की वजह का पता नहीं होता। जैसे किसी हिरन को पता नहीं होगा कि उसके पेट में कस्तूरी है। हिरन सारा जीवन अपनी ही नाभि से आती सुगंध का पीछा करता रहता है। हम मनुष्यों के पास नाभि में छिपी कस्तूरी नहीं है। हमारे पास छाती के भीतर कहीं छिपा हुआ एक दिव्य भाव है जिसका कोई नाम नहीं है। उस भाव का एक ही काम है। हमें ज्ञात न होने वाले तारों को किन्हीं नाज़ुक क्षणों में अकस्मात जोड़ देना और हमारे रोंगटे खड़े कर देना। बस!

मुझे सिर्फ़ एक शब्द सुनाई दिया था- नाईल। मेरा दिमाग़ अपने दूर-दराज़ कोनों से वो सारी जानकारी इकट्ठा करने में लग गया जो आज तक मैंने कहीं सुनी या पढ़ी थी। क्या यही वो नदी है जो अफ्रीका के चार देशों को पार करके मेडिटरेनियन सागर में मिलती है? क्या यही है दुनिया की सबसे लंबी नदी? दुनिया की? क्या मेरे सामने बहता ये पानी सचमुच चार देश लाँघ कर यहाँ तक आया है? ये पानी जो इस समय मेरे सामने शीतल-सा नज़र आ रहा है, क्या सच में ये सहारा रेगिस्तान की ज़हर धूप को हराकर यहाँ तक लोगों की प्यास बुझाने आता है? अचानक मेरे मन में विशाल और रूखे सहारा रेगिस्तान का चित्र उमड़ आया, और मेरी आँखों के किनारे भीगे हुए थे। मुझे याद हो आया कि इस नदी को ब्लू नाईल भी तो कहते हैं। फिर अचानक मुझे नदी नीली दिखने लगी थी। शायद तब मैंने पलक भी नहीं झपकी। हमारी बस पुल को धीरे-धीरे पार कर रही थी और मैं नील नदी पर मानो रुक ही गया था। बस में सभी लोग आगे की तरफ़ पिरामिड की पहली झलक खोज रहे थे और मैं बस की खिड़की से बाहर अपना सिर निकाले पीछे छूटती नील नदी में अपने विस्मय की प्यास बुझा रहा था। यह पहली और आख़िरी बार था जब मैं नाईल को इतने क़रीब से देखने वाला था। तभी ड्राइवर ने कहा, "आगे बाज़ार है। लौटते समय मैं आप सबको यहाँ शॉपिंग करवाऊँगा।"

सब लोग बाज़ार खोजने लगे। बाज़ार कहीं नहीं था। मेरे मन में एक टीस उठी। यह ड्राइवर अपने ख़ुद के शहर के ख़ज़ाने से क्या सचमुच इतना अनजान है? क्या इसे पता भी है नाईल का मानव जीवन के विकास में कितना बड़ा योगदान है? नाईल को इतना अनदेखा कौन करता है? यह बात मुझे जीवन में

बहुत देर से पता चलने वाली थी कि शहर को सबसे पहले शहर में रहने वाले ही भूल जाया करते हैं।

हम पिरामिड के सामने थे। दिन का उजाला दूसरी दुनिया का रुख़ कर चुका था और पिरामिड पर सरकारी लाइटें चमक रही थीं। सब आगे-आगे चलने लगे और मेरे पैर गेट पर ही जम गए। दूर से मुझे तीन पिरामिड दिखने लगे। मुझे अपने वहाँ होने पर विश्वास करना मुश्किल हो रहा था। एक थके हुए आदमी ने हमें कहीं ले जाकर कुर्सी पर बिठा दिया। कोई लाइट और साउंड शो था जिसमें मुझे क़तई रुचि नहीं थी। इतिहास के अलग-अलग चित्र गीज़ा के पिरामिड के सामने लगे परदे पर आ-जा रहे थे और मैं फटी आँखों से दूर दिख रहे पिरामिड के आकार पर, उसकी रचना पर और विश्वास रख पाने की क्षमता पर काम कर रहा था। कितने सवाल थे मेरे पास जो History TV और National Geographic जैसे चैनलों ने मेरी जिज्ञासा की मिट्टी में गहराई तक बो रखे थे। कहाँ से आए होंगे इतने बड़े पत्थर? ये इतनी समरूपता से एक के ऊपर एक कैसे चढ़ाए गए होंगे? क्या सचमुच एलियन्स ने पिरामिड बनाए हैं? या फिर ये एलियन्स के यान के उतरने का कोई बेस है? यह सामने सबसे बड़ा पिरामिड जो दिख रहा है, क्या यही है पृथ्वी का वास्तविक केंद्र? क्या 'द ममी' जैसी फ़िल्मों में दिखाए जाने वाले ममी सच में इसी के भीतर हो सकते हैं? अंदर कितने कमरों को आज तक खोला गया होगा? और कौन-से कमरे के ठीक दूसरी तरफ़ है वो दुनिया जिसकी असल में ये सारी दुनिया ग़ुलाम है? क्या पिरामिड सिर्फ़ फ़िज़िक्स का एक अद्भुत नमूना है? या फिर यह मेटाफ़िज़िक्स की दुनिया का जीता-जागता टुकड़ा है जो मानव से भी कहीं ज़्यादा बुद्धिजीवी लोगों से पीछे छूट गया है? ओफ़्फ़! मैं क्यों नहीं पढ़कर आया इस जादू के बारे में?

शो ख़त्म होते ही वहाँ के लोगों ने सारी लाइटें बंद कर दीं। अब सामने न तो पिरामिड थे न ही मेरे बचकाने सवाल। था तो बस एक ख़ाली-ख़ाली-सा अँधेरा।

केवल लाइट के बंद होने से हमारे दृश्यों से विचारों तक कितना कुछ ख़त्म हो जाता है। हम मनुष्य सब कुछ मिटा देने का सामर्थ्य कितनी सहजता से

अपने पास रखे हुए हैं। अचानक मुझे ध्यान हो आया कि मैं ठंड से काँप रहा हूँ। Discovery चैनल पर सुना था कि रेगिस्तान दिन में जितना गर्म होता है रात को उतना ही ठंडा हो जाता है। इस बात का ध्यान आते ही मुझे और ज़्यादा ठंड लगने लगी। पिरामिड को देखने के चक्कर में मैंने होटल से निकलते समय केवल अपना कैमरा ही उठाया था। मेरे पास ठंडी रेगिस्तानी हवा का सामना करने के सिवा और कोई चारा नहीं था।

ड्राइवर अपना वादा निभाते हुए हमें बाज़ार ले आया। हाथों से बुने क़ालीन, बारीक नक़्क़ाशी से सजे लैंप, इत्र, लोकल फ़ैशन के कपड़े और न जाने क्या-क्या। हर दुकानदार इतने अदब से पेश आ रहा था कि विनय और मजबूरी के बीच की रेखाएँ धुँधली पड़ जाएँ। सभी को पैसों की सख़्त ज़रूरत थी, यह बात उनके बिना कहे भी बार-बार कही जा रही थी। जब किसी दुकान से ड्राइवर का लाया कोई भी ग्राहक (यानी हम लोग) कुछ भी नहीं ख़रीदता तो दुकानदार और ड्राइवर के बीच बिना आवाज़ बस आँखों से कुछ बातें होतीं। उन बातों में हम जैसे समय ख़राब करने वाले ग्राहकों के बारे में कुछ बहुत बुरी बातें कही जातीं। मैं जल्दी से दुकान के बाहर आ जाता। बाहर पिरामिड और स्फ़िंक्स के नमूने हाथ में लिए बच्चे गुज़ारिश करते कि यह हमारा सुनहरा इतिहास है, इसे आप ख़रीद लीजिए, सस्ते में दे देंगे। मैंने अभी यूरोप में क़दम भी नहीं रखा था सो वहाँ कितने पैसे ख़र्च होंगे इसका अंदाज़ा भी नहीं था। मैंने उन बच्चों से कुछ नहीं ख़रीदा तो पहले उन्होंने मेरे पीछे-पीछे चलते हुए इजिप्शियन इतिहास के दाम कम किए, फिर और कम किए, फिर और कम। जब मैं बिना कुछ ख़रीदे आख़िर में अपनी बस में चढ़कर बैठ गया तो मुझे गाली देकर भाग गए। मैंने अपनी जेबें टटोलीं। गाली खाकर भी मैंने अपने पैसे बचा लिए थे। नौकरी हो या यात्रा, पैसे बचाने का यही तरीक़ा शायद सबसे पुराना है।

सारे पैसे और बचा-खुचा सम्मान लेकर हम होटल पहुँचे। शरीर के पूरी तरह ठंडा हो जाने के बाद बाथरूम जाना भी एक सुख है, इस बात पर मुझे फिर एक बार विश्वास हुआ।

Etihad Airways से मुफ़्त में मिले कमरे में मैं दिनभर की थकान के बाद पसर गया। Wifi से अपनी दोस्त को वीडियो कॉल किया। कहाँ से, कैसे, किस तरह, कितने पैसों में मुझे उसके गाँव तक पहुँचना है जैसी सारी

बातें उसने मुझे फिर एक बार बताईं। घर पर ये सारी बातें जितनी आसान और Adventurous लगी थीं उससे कहीं ज़्यादा जटिल और तानावपूर्ण इस बार सुनने में लगीं।

"और सुनो, तुम्हें यहाँ आने के बाद मैं यहाँ का सिम कार्ड दिला दूँगी। अब से कल शाम हमारे मिलने तक तुम्हारी ना मुझसे और ना किसी से कहीं भी कोई बात होने वाली है। तो जो मैं कह रही हूँ वो सब ठीक वैसा का वैसा तुम्हें करना है। वरना जर्मनी बहुत बड़ा है और तुम्हें खोजने के लिए मेरे पास ज़्यादा पैसे भी नहीं हैं।"

वह फ़ोन पर ही ज़ोर से हँसने लगी। मैंने भी हँसना ही ठीक समझा। आदमी, विषेशतः पुरुष, जब घबराने की स्थिति में जाने लगता है तो सबसे पहले वह हँसना ही ठीक समझता है।

बात ख़त्म हुई। मैंने सब कुछ एक डायरी में लिख लिया। बहुत सोचा। बहुत विचार किया। फिर एक विचार ने मुझे एक ही क्षण में मुक्त कर दिया।

"अरे! मैं तो एक पुरुष हूँ। ज़्यादा से ज़्यादा क्या हो जाएगा? मैं गुम हो जाऊँगा? दोस्त को देर से मिलूँगा? रास्ते पर या स्टेशन पर सोना पड़ जाएगा? कहीं लूट लिया जाऊँगा? इससे ज़्यादा क्या ही हो जाएगा?" मैं मुक्त-मुक्त हँस दिया।

हमारा समाज कितना ज़्यादा पितृसत्तात्मक समाज है इस बात पर आपको तब विश्वास होता है जब आप अपनी कमज़ोर होती स्थिति से केवल पुरुष होने के कारण निजात पा लेते हैं। निजात पाकर मुक्त-मुक्त हँस देते हैं। यह बात जितनी सच है, उतनी ही शर्मनाक भी है।

बस फिर क्या था? मैं निडर होकर नीचे रेस्त्राँ की तरफ़ चल दिया। मैंने सुबह से कुछ नहीं खाया था और भूख से हालत ख़राब थी। नीचे जाकर देखा तो बुफ़े लगा हुआ था। मेरे मुँह से 'वाह!' निकल गया। प्लेट हाथ में लेकर सारी सजी हुई डिशेज़ के सामने से चलते हुए पता चला कि यहाँ सारा कुछ नॉनवेज है। मैंने जीवन में कभी किसी भी प्रकार का मांसाहारी खाना चखा तक नहीं है। जीवन में कुछ अनुभव न करना भी एक प्रकार का अनुभव ही तो है। मैंने प्लेट जहाँ से उठाई थी वहीं वापस रख दी। सब को खाते देख पेट में भूख और ज़्यादा मचल रही थी। आख़िर मैंने एक लंबे और सुडौल शरीर वाले कुक (वह कुक

की पोशाक पहने हुए था) से पूछा कि क्या यहाँ कुछ शाकाहारी खाना मिलेगा? कुक मुझे आश्चर्य से देखने लगा। फिर टूटी-फूटी अँग्रेज़ी में उसने मुझसे पूछा कि क्या आप इंडिया से हैं? मैंने कहा हाँ, मैं इंडिया से हूँ। कुक ने अचानक ऐसा चेहरा बनाया जिसमें एक आह थी और साथ ही मेरी मजबूरी समझ लेने का एक एहसास भी था। उसने कहा क्या आप अंडे या फ़िश भी नहीं खाते? रेगिस्तान में नील नदी से पकड़ी मछली खाने का सौभाग्य बहुत कम लोगों को मिलता है। मैंने हँसकर मना कर दिया। उसने शाकाहारी खाना ना बनाने के लिए मुझसे माफ़ी माँगी, "मुझे किसी ने सूचित नहीं किया कि आज कोई वेजिटेरीयन गेस्ट भी आने वाले हैं। सॉरी!"

"अरे नहीं-नहीं। कोई बड़ी बात नहीं है। मेरे पास बैग में कुछ पड़ा होगा। मैं खाकर सो जाऊँगा। आप निश्चिंत रहिए।"

"क्या आप पहली बार काएरो आए हैं? फ़र्स्ट टाइम?"

"जी हाँ। नसीब अच्छा था तो आपका शहर देखने का मौक़ा मिल गया। पिरामिड देखने का और आप से मिलने का मौक़ा मिल गया। Anyway, good night!"

इतना कहकर जैसे ही मैं मुड़ा तो मुझे याद हो आया कि मैंने मुंबई में बोर्डिंग पास लेते समय काउंटर पर यह कहा था कि मुझे अपना लगेज सीधे म्यूनिक में चाहिए। तो मेरे पास इस समय अपना लगेज भी नहीं था जिसमें से कुछ खाने के लिए मिल जाने की संभावना थी। पर जैसे ही मैं आगे बढ़ा उस कुक ने मुझे आवाज़ लगाई और कहा, "आप मेरे देश में पहली बार आए हैं, आपको भूखा सोने नहीं दूँगा। किचन में वैसे तो कुछ भी नहीं है पर क्या आप आलू से बने चिप्स खाना चाहेंगे? You call... Potato fry?"

मैं मना करना चाहता था पर मेरे मुँह से निकल गया, "जी बिल्कुल खाना चाहूँगा। बहुत भूख लगी है।"

"Alright sir. You wait. I make." कहकर वह किचन की तरफ़ ऐसे चला जैसे उसे दुनिया का सबसे महत्त्वपूर्ण काम करने का मौक़ा मिला हो। कुछ ही देर में वह इतनी सारी फ्राइज़ लेकर आया कि उन्हें देखकर ही पेट भर जाए। साथ में हमस और इमली जैसी कोई चटनी। प्लेट मेरे सामने रखकर उसने काली मिर्च और नमक की दो कटोरियाँ मेरे सामने रख दीं। थोड़ा सादा और

थोड़ा ठंडा पानी मिलाकर ग्लास भर कर मेरे सामने रख दिया।

"बिस्मिल्लाह!" उसने कहा। अब मुझे खाना शुरू करना था।

वह मुस्कुराकर मुझे देख रहा था और उसकी मुस्कुराहट कब मेरे चेहरे पर आ गई, पता ही नहीं चला। जैसे ही मैंने खाना शुरू किया वह दूर जाकर खड़ा हो गया। मैं खाता रहा और वह दूर रहकर बार-बार मुझे ये एहसास दिलाता रहा कि अगर और भी भूख लगी हो तो मैं यही हूँ।

अगर अनजान देश में शाकाहारी होने से किसी के प्रेम और करुणा का इतना गहरा अनुभव हो सकता है, तो मैं आगे आने वाले जीवन में भी शाकाहारी रहना पसंद करूँगा। उस रात मेरे पेट तक उतरे हुए प्रेम और अगली यात्रा के उत्साह के बीच मैं बहुत अच्छी नींद सोया।

सुबह एयरपोर्ट के लिए निकलना था। मैं नहाकर तैयार हो गया था पर कपड़े बदलने के लिए कोई विकल्प नहीं था। मैंने फिर से अपने आप से कहा कि क्यों मैंने अपने लगेज़ पर सीधे म्यूनिक का टैग लगाने को कह दिया। अब मुझे यूरोप तक की यात्रा एक टी-शर्ट, स्वेटर, फ़ैशन स्ट्रीट से उठाई एक ट्रैक पैंट और पैरों में चप्पल पहने ही करनी थी। पर यह मेरे लिए चिंता का कोई विषय ही नहीं था। अच्छे कपड़े या अच्छे कपड़ों में अच्छा दिखने वाली संकल्पना ने पता नहीं क्यों मुझे कभी भी प्रभावित नहीं किया है। बाहर बस में आकर बैठा तो देखा मेरे साथ म्यूनिक की फ़्लाइट में बैठने के लिए कई सारे इजिप्शियन लोग आए थे। बस चलने के ठीक पहले मैंने देखा कि यहाँ की संस्कृति में महिलाओं को दूर से अलविदा कहा जाता है और पुरुष एक-दूसरे के गाल चूम कर अलविदा कहते हैं। मुझे याद है मैंने यह बात अपनी डायरी में नोट की थी। बस एयरपोर्ट की ओर निकल पड़ी। मेरे चेहरे पर उत्साह रह-रहकर मुस्कान में बदल रहा था और मैं बहुत सतर्कता से उसे रोकने में लगा था। बाक़ी इजिप्शियन जवान लड़के-लड़कियाँ जो बस में मेरे साथ थे, उनका रूप देखते ही बनता था। सब अच्छे से तैयार होकर, बाल लेटेस्ट फ़ैशन में कटवा कर, कपड़ों में प्रेस लगाकर आए थे और मुझे न जाने क्यों ऐसा लग रहा था कि वो या तो बार-बार मुझे देखकर हँस रहे हैं या फिर उनके लिए मेरा वहाँ होना न होने के बराबर था। जबकि, शायद ऐसा कुछ था भी नहीं। कई बार हमें अपनी ग़लती इतनी साफ़ दिख जाती है कि हम उसका इल्ज़ाम किसी और के सिर मढ़ देना चाहते हैं। शायद यह वही क्षण था। उन लड़कों को देखकर मुझे लगा कि शायद सादे कपड़ों और चप्पलों में दिख जाना ग़लती जैसा कुछ है। मैंने अपनी चप्पलों में ही अपने पैरों की उँगलियों को अंदर की तरफ़ मोड़ लिया। नहीं... ऐसा मैंने किया नहीं। ऐसा मुझसे हो गया।

फ़्लाइट में बैठते ही जैसे मेरे ही पंख निकल आए। अब किसी भी क्षण मैं

यह भूरी ज़मीन छोड़ चुका होऊँगा। अगले कुछ घंटों में मैं वहाँ होऊँगा जिसका इंतज़ार अब और ज़्यादा मुझसे नहीं किया जा रहा। बहुत देर तक फ़्लाइट वहीं की वहीं खड़ी रही। इतनी देर अपनी सीट में बैठे लोग बेचैनी से कभी यहाँ-वहाँ टहलते तो कभी एयर होस्टेस से समस्या के बारे में पूछते। क़रीब डेढ़ घंटे तक यही चलता रहा। इस समय हमें हवा में होना चाहिए था। मैं बहुत देर तक सारे बेचैन यात्रियों को देखता रहा। और फिर सबसे महत्त्वपूर्ण बात का ध्यान हो आया। मेरी दोस्त ने कहा था कि फ़्लाइट से उतरते ही मेरे पास ठीक डेढ़ घंटा होगा वहाँ जाने के लिए जहाँ से मुझे Regensburg (रेगेंस्बर्ग) के लिए ट्रेन पकड़नी थी। रेगेंसबर्ग से आगे मुझे दूसरी ट्रेन पकड़नी थी Hof जाने के लिए। अब वहाँ का मेरा डेढ़ घंटा यहीं बीत चुका था। मैंने बेचैनी को उसकी पूरी क्षमता के साथ अपने अंदर रेंगता महसूस किया। यह हमेशा मेरे साथ ही क्यों होता है? सड़क से यात्रा करते समय जब भी टोल नाका आता है, तो सबसे लंबी लाइन वो होती है जिसमें मैं होता हूँ। यह गणित आज तक मेरी समझ के परे रहा है।

मैं झट से अपनी कुर्सी छोड़कर एक फ्लाइट स्टीवर्ड के पास गया और

उससे पूछा कि फ़्लाइट आज उड़ेगी भी या नहीं? वह अपनी तनख़्वाह जितना बड़ा मुस्कुराया। उसने पहले तो माफ़ी माँगी और फिर बड़ी विनम्रता और सफ़ाई से बोलने लगा।

"पायलट ने अभी-अभी सीट बेल्ट बाँधने का संकेत ऑन किया है। हमारे आगे दो और विमान हैं। उनके उड़ते ही हम टेक ऑफ़ कर लेंगे। आप कुछ जूस वग़ैरह लेंगे?"

मैं चुपचाप अपनी सीट पर जाकर बैठ गया। जब होस्टेस या स्टीवर्ड बात करते हैं तो मशीन जैसे क्यों सुनाई पड़ते हैं?

मेरे पास वाली सीट पर एक बुज़ुर्ग थे। उन्होंने कुछ बात छेड़ी तो मैं भी बात करने लगा। पता चला कि वे पैंसठ की उम्र के आस-पास हैं। थाईलैंड से तेईस साल पहले जर्मनी आए थे। आज वे बहुत ही उम्दा जर्मन बोल लेते हैं। हम दोनों ने एक-दूसरे का नाम पूछा। उन्होंने मेरा नाम एक बार लेने का प्रयास किया और फिर प्रयास करना छोड़ दिया। उनका नाम Eric (एरिक) था। हम दोनों में कुछ बातें हुईं। पता चला कि उनका बेटा बर्लिन में रहता है। वे जब भी जर्मनी आते है तब रेगेंसबर्ग में ही रुकते है पर उनका परिवार फ्रांस के किसी गाँव में रहता है।

हो सके तो एरिक अपने परिवार से भी मिलने जाने वाले थे। उनके परिवार का हिसाब मेरी समझ के बाहर था। मैंने उसे मेरी समझ के बाहर ही रहने दिया। वो मेरे बारे में कुछ पूछते। मैं उन्हें चार बातें बताता। फिर वो चारों बातों को अपने तरीक़े से मिलाकर अपना ही एक मतलब निकाल लेते।

"मैंने कॉमर्स के बाद जर्नलिज़्म और मासकॉम की पढ़ाई की है।"

"यह तो बहुत अच्छा है। मेरा बेटा भी बर्लिन में नौकरी करता है। तुम नौकरी करते हो?"

"मैं नौकरी करता था। विज्ञापन एजेंसी में। कंपनियों के लिए विज्ञापन लिखा करता था। अब मुझसे नौकरी नहीं होती। तो जमा किए पैसों से यात्रा कर रहा हूँ।"

"अच्छा। तो तुम यात्रा में न्यूज़ बनाकर... वैसे कौन से न्यूज़ पेपर के लिए तुम न्यूज़ लिखते हो? इंडिया तो बहुत बड़ा देश... कितने न्यूज़ पेपर हैं वहाँ?"

एरिक आधे-आधे वाक्य बोलते और उसे बीच में ही छोड़कर वो सब बोलने लगते जो उनका वाक्य ख़त्म होने से पहले उनके दिमाग़ में तैयार हो चुका होता। उनकी अँग्रेज़ी भी मेरी अँग्रेज़ी जैसी ही टूटी-फूटी थी। सो बात करने में आसानी होती रही। मैं जितना हो सके उन्हें सही-सही समझाने का प्रयास करता और फिर मेरा अँग्रेज़ी शब्दकोश ख़त्म हो जाने के बाद उन्हें जो समझना है समझने देता।

वो कुछ ऐसा समय था कि मुझे उस दौरान अगर कोई ये कहता कि तुम्हारी अँग्रेज़ी तो बहुत अच्छी है, तो मैं झट से मान लेता। ख़ुश होता। मुझे भी पूरी शिद्दत से लगता ही था कि मेरी अँग्रेज़ी काफ़ी अच्छी है। रस्किन बॉन्ड, खुशवंत सिंह, हेमिंग्वे, हेनरी मिलर, एनिआस निन, बुक्वोस्की, मुराकामी, पामुक, फिट्ज्जेराल्ड कितना कुछ पढ़ा है मैंने। मेरी अँग्रेज़ी तो अच्छी होनी ही है। पर मैंने कभी यह नहीं सोचा था कि मेरी अँग्रेज़ी की सराहना करने वाले लोगों की अँग्रेज़ी शायद और भी ख़राब हो सकती है। प्रशंसा होते समय आदमी विनम्र नहीं अंधा हो जाता है। वह अपने अंदर झट से अपनी ही एक ऐसी छवि तैयार कर लेता है जिसे वह ख़ुद ही बहुत ज़्यादा आदरभाव से देख सके। प्रशंसा इस नक़ली छवि के पेड़ को खाद और पानी देने का काम करती है। इस यात्रा के एक साल बाद, यानी 2014 में लगभग दो हज़ार साल पहले कहे गए एक चाइनीज़ फ़िलॉसफ़र के वाक्य से मेरा परिचय होने वाला था।

"If you are the smartest person in the room, you are in the wrong room."

पर यह बात तो एक साल बाद पता चलने वाली थी। अभी तो एक लड़का था जो सालों जमा किए गए पैसों से यूरोप की यात्रा पर निकला था। उस लड़के का आत्मविश्वास और उसकी अँग्रेज़ी दोनों काफ़ी अच्छे थे।

मेरी और एरिक की बातें चल ही रही थीं कि फ़्लाइट ने हरकत की। कुछ ही देर में हमारा हवाई जहाज़ बादलों के बहुत ऊपर से उड़ रहा था। अब मुझे जल्द से जल्द म्यूनिक पहुँचना था अपनी ट्रेन समय पर पकड़ने के लिए। इतना जल्द कि फ़्लाइट की नाक पर जाकर बैठ जाऊँ। फिर सोचा, अरे मैं तो पुरुष हूँ। ज़्यादा से ज़्यादा क्या ही हो जाएगा? मेरी बेचैनी ऐसे भागी मानो थी ही नहीं। फिर से उत्साह ने मेरे भीतर अपनी जगह ले ली। मैं अभी भी फ़्लाइट की नाक पर ही बैठा था पर इस बार उत्साह से। यूरोप के इंतज़ार में अधीर।

मैं पहली बार अपने देश के बाहर किसी और देश को देखने जा रहा था। मैं एक नास्तिक हूँ। मेरी आस्था भगवान में बिल्कुल नहीं है। मेरी आस्था का स्थान कोई मंदिर नहीं, कोई गुरु नहीं, बाबा, पांडित, तांत्रिक, ज्ञानी, साधु कोई भी नहीं। मेरी आस्था का स्थान तो पहाड़ों से उतरती नदी है, पहाड़ है, मुन्नार की चाय है, देवदार के पेड़ हैं, चिनार के पत्ते हैं, उन पर मौसमों के बदलते रंग हैं। पर ठीक इस समय मेरी आस्था उस एक ज्योतिषी को खोज रही थी जिसने कभी मेरा हाथ देखकर मेरे घरवालों से कहा था कि यह लड़का एक दिन विदेश यात्रा करेगा। मुझे लगने लगा कि घर से निकलते समय उस ज्योतिषी को इजिप्शियन तरीक़े से अलविदा कहकर निकलना चाहिए था। उत्साह! उत्साह! उत्साह! मैं उत्साह से थककर अपनी सीट पर सो गया।

जब उठा तो लोग मेरे ऊपर से अपना-अपना सामान निकाल रहे थे। मैं हड़बड़ाकर उठा। मेरे पास बैठे एरिक ने कहा कि अभी-अभी पहुँचे हैं। मैंने तुरंत घड़ी में समय देखना चाहा। तो याद आया कि मुझे घड़ी पहनने की आदत नहीं है। जो एक सस्ती-सी घड़ी ख़ास यूरोप में पहनने के लिए ख़रीदी थी वह भी मेरे लगेज में है जो इतने ज़्यादा समय से मेरी आँखों से दूर है कि अब मैं उसकी सूरत तक भूल चुका हूँ। मैंने एरिक से समय पूछा। उन्होंने कहा सवा पाँच बज रहे हैं। तभी मैंने अपने सीने में धड़कन की लय टूटती हुई महसूस की। यह क्या हो गया? मुझे ठीक सवा पाँच बजे उस स्टेशन पर होना था जहाँ से मुझे अपनी पहली ट्रेन पकड़नी थी रेगेंसबर्ग जाने के लिए। मेरी दोस्त ने मुझसे जो एक बात बार-बार कही थी, वो बात अब मुझे बहुत ऊँची आवाज़ में सुनाई देने लगी।

"यह शाम की सवा पाँच वाली ट्रेन आख़िरी... आख़िरी... आख़िरी (आख़िरी शब्द कुछ ज़्यादा ही ज़ोर से सुनाई पड़ रहा था) ट्रेन है रेगेंसबर्ग के लिए। इसके बाद तुम्हें कोई ट्रेन नहीं मिलने वाली।"

तो जो आख़िरी... आख़िरी... आख़िरी ट्रेन मुझे पकड़नी थी, वो अब किसी भी हाल में छूट ही चुकी थी। मेरा दिमाग़ विकल्प की खोज में निकल पड़ा था।

हमारे दिमाग़ में सरवाइवल इंस्टिंक्ट का स्थान हमेशा कितना सचेत और मुस्तैद होता है। हम अपने प्लान ए को किसी भी तरह वर्क आउट करने में लगे रहते हैं। या फिर अगर परिस्थिति पूरी तरह हाथ से बाहर निकल जाए (जैसे इस समय मेरे हाथ से निकल चुकी थी) तो उसका शोक मनाने में लगे रहते हैं। लेकिन ठीक उसी समय हमारा सरवाइवल इंस्टिंक्ट हमारे ही दिमाग़ का उपयोग कर रहा होता है 'प्लान बी' बनाने के लिए। क्या अब एक रात म्यूनिक में ही रहना पड़ेगा? क्या यहाँ रहने के लिए कोई सस्ता-सा विकल्प मिल सकता है? अगर आज यहाँ रह जाऊँ तो क्या कल मैं सब कुछ सही-सही कर पाऊँगा? क्या स्टेशन के पास ही कहीं ठहर जाना चाहिए?

मैं सीधे बिना डरे किसी अनजान आदमी से बात नहीं कर सकता हूँ। पर यह बात 2013 की है। वो लड़का किसी से नहीं डरता था। सब कुछ आज़माने की चाह रखता था। मैं वो लड़का नहीं हूँ। वो लड़का आज भी वहीं अनजान लोगों से बात करने में व्यस्त हो जाएगा। पर मैं अब डरता हूँ। एक बात अच्छी है कि उस बेहूदा लड़के को यह बात पता नहीं है कि आगे चलकर वह डरने भी लगेगा। ख़ैर! उस ना डरने वाले लड़के ने एरिक को अपना फेल होता प्लान बता दिया। यह सोचे बिना कि एरिक वो प्लान सुनना चाहते हैं भी या नहीं। एरिक चुप थे। फिर अचानक बोले, "चलो, कुछ भीड़ आगे बढ़ गई है। अब चला जा सकता है।"

मैं खड़ा हो गया। अपना छोटा कैमरा वाला बैग ऊपर से निकाला और वहीं उस विमान की भीड़ में खड़े-खड़े एरिक से पूछा कि क्या वह मुझे बता सकते हैं कि मैं उस मेन स्टेशन के लिए बस कहाँ से पकड़ सकता हूँ? मैं अपने पूरी तरह फेल हो चुके प्लान ए पर ही चलने वाला था। कोई और ट्रेन मिली तो ठीक नहीं तो स्टेशन पर सो जाने की तैयारी भी कर ली थी।

एरिक ने कहा, "पहले बाहर तो चलो। कुछ ना कुछ हो जाएगा।" फिर एकाएक वह गहरी सोच में डूब गए।

विमान के बाहर आते ही मैं किसी मशीन की तरह इमिग्रेशन की सारी प्रक्रियाओं में जुट गया। मेरे साथ एरिक भी थे जो इसी क्षण मेरे लिए देवदूत बन जाने वाले थे। इमिग्रेशन की खिड़की पर मेरा नंबर आते ही मैंने उस अफ़सर को अपना फ़ॉर्म थमाया। इतनी देर सबके पासपोर्ट पर खटाखट ठप्पे लगाने वाला

वो अफ़सर मुझे देखते ही रुक गया- कहाँ रहने वाले हो? कितने दिन रहने वाले हो? तुम्हें कोई जर्मन नागरिक जानता है? यहाँ से यूरोप में कहाँ-कहाँ जाने का इरादा है? अकेले आए हो?

कितने सारे सवाल थे उसके पास। मेरे पास हर सवाल का जवाब था। लेकिन उस अफ़सर ने जिस गहरे संदेह से मुझे सवाल पूछे थे, उस संदेह का मेरे पास कोई जवाब नहीं था। वो सवाल पूछता और मेरा पासपोर्ट देखता। फिर मुझे देखता। फिर दुबारा पासपोर्ट के ऊपर लगी मेरी तस्वीर को मेरे चेहरे से मिलाकर देखता। इस सवाल-जवाब की स्तब्ध कर देने प्रकिया में शायद बहुत समय हो जा रहा था। इस समय लाइन में खड़े सभी लोग मुझे देख रहे थे। मैंने पीछे मुड़कर नहीं देखा। देखता तो शायद सभी लोग मुझे उस इमिग्रेशन अफ़सर जैसे ही दिखाई पड़ते। उस अफ़सर और मेरे बीच की लंबी ख़ामोशी में मैं सहमा-सा वहीं खड़ा उसे देखता रहा और वो मेरे पासपोर्ट के पन्ने पलटने में व्यस्त रहा। यही क्षण था जब मेरे बुज़ुर्ग दोस्त को मेरा देवदूत बन जाना था। वो आगे आए और उन्होंने उस अफ़सर से जर्मन में बात करनी शुरू कर दी। अफ़सर उनसे सवाल करता रहा और वो मेरे पक्ष में जवाब देते रहे। कुछ बातों के बाद अफ़सर थोड़ा नर्म होता दिखाई दिया। देवदूत हँसता हुआ अपनी बात कहे जा रहा था। तभी एक अवसर देखकर एरिक ने अपना हाथ पीछे कर लिया और मुझे अफ़सर के सामने से हट जाने का इशारा किया। मैंने उसकी खिड़की से हटते हुए देखा कि अफ़सर मेरा पासपोर्ट उन्हें सौंप रहा है और मुझे वहाँ से हटते हुए देख रहा है। अफ़सर को अपनी बातों और शायद उम्र में फँसाकर मेरे देवदूत ने मेरा पासपोर्ट मुझे थमा दिया और अपना पासपोर्ट अफ़सर को थमा दिया। पता नहीं क्यों पर मैं वहाँ से ऐसे निकला जैसे मैंने सचमुच कोई अपराध किया हो।

मैं आगे चलकर सीढ़ियों पर खड़ा हो गया। कुछ समय बाद एरिक मुस्कुराते हुए वहाँ से आए जहाँ से मैं अपराधी जैसा लगभग भाग आया था।

"तुमने दाढ़ी क्यों बढ़ा रखी है?"

पहले तो मुझे इस सवाल का मतलब समझ ही नहीं आया। सवाल मैं पूरी तरह समझ गया था। बस उसके यहाँ इस समय क्या मायने हैं, यह समझ नहीं आ रहा था।

"मैं... मुझे... मतलब मैं दाढ़ी रखना पसंद करता हूँ।"

"पहले से रखते हो दाढ़ी?"

"हाँ, कुछ समय से रख रहा हूँ। क्यों? क्या हुआ?"

"तुमने दाढ़ी रखी है तो उस इमिग्रेशन अफ़सर को दिक़्क़त हो रही थी।"

"मेरी दाढ़ी से?"

"नहीं। दाढ़ी की वजह से तुम्हारी नागरिकता पहचानने में।"

"पर था तो सही पासपोर्ट उनके हाथ में। लिखा है उस पर इंडियन।"

"पासपोर्ट तो बहुत बन जाते हैं। दिक़्क़त वो नहीं है। वो कुछ देर उलझन में पड़ गया था कि तुम असल में कहाँ से हो। पाकिस्तान से हो या भारत से हो।"

उनकी यह बात सुनते ही पता नहीं क्यों मुझे बुरा लग गया। इस बात का नहीं कि उन्हें मेरी नागरिकता को लेकर उलझन हुई। बुरा इसलिए लग रहा था कि इस तरह मानव का मानव से भेदभाव मैं पहली बार अनुभव कर रहा था। ऐसे भेदभाव के बारे में सुना था, पढ़ा था, पर कभी इसका अनुभव नहीं हुआ था। आज वो भी मेरी अनुभवों की सूची में शामिल हो चुका था। दाढ़ी का ठेका एक ही देश ने थोड़े ही ले रखा है? हम सामान उठाने वाले बेल्ट की तरफ़ चल रहे थे तब मैंने देखा कि दाढ़ी तो इन एरिक साहब की भी है। इन्हें तो कोई रोक नहीं रहा। मुझे आश्चर्य हुआ। फिर मैंने अपने आप को यह कहकर समझा लिया कि हिटलर के देश में आप और उम्मीद भी क्या कर सकते हैं। वैसे देखा जाए तो अब यह हिटलर का जर्मनी नहीं था। पर ठेस लगने के बाद ठेस पहुँचाना ही मानव प्रवृत्ति का मूल है। उसके मुँह पर न सही, पर जवाब दिए बिना आगे कौन बढ़े? सो हिटलर वाली बात मैंने अपने मन में ही कही। ये जर्मन जानते नहीं हैं कि हम भारतीय लोग किसी भी तरह की बहस में अंतिम मुद्दा हमारा ही रखने की आदत विकसित कर चुके हैं। अपने-अपने बैग लिए मैं और देवदूत एरिक बाहर की ओर चल पड़े।

तभी एरिक ने मुझे एक टिकट कटाने वाली मशीन के पास रोका। मैंने बोर्ड पढ़ा। पहचान पड़ने वाले सारे अँग्रेज़ी अक्षर मिलाकर उच्चार करने पर वह बहुत हास्यास्पद-सा सुनाई पड़ा। अपना अज्ञान छुपाने के लिए हमेशा ह्यूमर ही काम आता है।

मेरे पास अपने बैग के अलावा मेरी दोस्त का बहुत-सा सामान था जो मैं उसके घर से उठा लाया था। मुझे वो सब उस तक पहुँचाना था। कुल मिलाकर

मेरे पास पीठ पर एक बड़ा बैग और हाथों और कंधों पर कुल मिलाकर चार-पाँच छोटे-छोटे बैग रहे होंगे। इन सबको उठाए मैं टिकट काउंटर पर खड़ा था। मैंने एरिक से पूछा कि क्या वो मेरा भी टिकट कटा सकते हैं? एरिक ने कहा, "देखो..." फिर कुछ देर वो मेरा नाम सोचते रहे। कुछ ख़ाली क्षण बीत जाने के बाद उन्हें लगा कि इस लड़के का नाम इस समय महत्त्वपूर्ण नहीं है।

"देखो... अगर हम अलग-अलग टिकट कटाएँ तो बीस यूरो लग जाएँगे। लेकिन अगर हम दोनों का एक ही टिकट कटाएँ तो तेरह यूरो में काम बन सकता है।"

"हाँ, तो हम एक ही टिकट कटा सकते हैं। कोई दिक़्क़त नहीं है सर।"

मैं उसे एरिक कहना चाहता था पर मेरे मुँह से सर निकल गया। Advertising के क्षेत्र में काम करते-करते मुझे पाँच-छह साल हो चुके थे। वहाँ, उस दुनिया में कोई सर या मैडम नहीं होता। वहाँ आदमी उम्र से चाहे जितना भी बड़ा क्यों ना हो, या फिर कितने ही बड़े पद पर क्यों ना बैठा हो, उसे हर कोई उसके नाम, first name, से पुकारता है। Advertising की दुनिया मुझे चाहे जितनी निरर्थक लगी हो, यह एक बात मुझे वहाँ की आज भी पसंद है। यह first name वाला सिलसिला भारत में हर जगह बना रहना चाहिए। भारत में अगर हम किसी व्यक्ति को सर बुलाते हैं तो वह बाक़ी सब भूल कर सबसे पहले अपने आप को हमारा मालिक समझने लगता है। मैं यह नहीं कहूँगा कि हर आदमी ऐसा है, पर ज़्यादातर सर शब्द सुनने वाले लोगों को यह शब्द 'मालिक' ही सुनाई पड़ता है। वैसे भारत में लोग सर शब्द का खुलेआम प्रयोग इस कारण भी करते रहते हैं कि सामने वाले व्यक्ति को सर कहने से उनका काम हो जाए। जी हाँ, भारत में शब्दों के मायने वैसे बिल्कुल नहीं हैं जैसे बाक़ी दुनिया में होते हैं।

एरिक ने मुझे देखा और कहा कि मैं उन्हें सर ना बुलाकर एरिक ही बुलाऊँ।

फिर वो अचानक रुक गए। मेरी तरफ़ देखा और अपने देवदूत होने का फिर एक बार प्रमाण दिया। वो मुझे टिकट की मशीन से अलग ले जाकर खड़े हो गए। एरिक ने जेब से अपनी घड़ी निकाली, समय देखा, मुझे देखा, अपनी सोच में कहीं दूर जाकर शायद एक संभावना देखी और फिर उन्होंने बोलना शुरू किया।

"देखो... अब तुम्हें वहाँ पहुँचने में बहुत देर हो चुकी है जहाँ से तुम्हें ट्रेन पकड़नी थी और... तुम्हें यहाँ नहीं रुकना? रेगेंसबर्ग... हाँ... मैं रेगेंसबर्ग जा रहा हूँ। मैं वहीं रहता हूँ और... तुम्हें वो ट्रेन जो लेनी थी वो अब तुम्हें वहाँ से नहीं मिलेगी जहाँ से तुम्हें लेनी चाहिए थी। वो वहाँ से बस पाँच ही मिनट में निकलेगी। हमारी बस और पाँच मिनट नहीं आएगी।"

मैं अपने दिमाग़ में उनकी कही मेरे काम की सारी बातों को अलग-अलग कर छाँटने लगा। उनके कहने का मतलब यह था कि अभी बस आने में समय है। जब तक मैं म्यूनिक के मुख्य ट्रेन स्टेशन पहुँचूँगा तब तक ट्रेन वहाँ से निकल जाएगी। यहाँ तक मैं समझ गया था। वो बोलते रहे और मैं अपने मतलब की बातें अलग-अलग करके समझता रहा। उन्होंने मेरे लिए एक प्लान बना लिया था जिसके तहत मुझे उनके साथ यहाँ से बस में बैठकर नज़दीकी ट्रेन स्टेशन पर पहुँचना था। वहाँ से रेगेंसबर्ग के लिए ट्रेन तो थी पर यह वो ट्रेन नहीं थी जो मेरी दोस्त ने मेरे लिए चुनी थी। यह कोई अलग ही ट्रेन थी जो किसी अलग रास्ते से लगभग उसी समय रेगेंसबर्ग पहुँचने वाली थी जिस समय मेरी पहली वाली ट्रेन पहुँचती। फिर रेगेंसबर्ग पहुँचते ही मुझे उन से टिकट लेकर अपने पास रख लेना था। वहाँ से मुझे प्लेटफ़ॉर्म बदलकर दूसरी ट्रेन में बैठ जाना था। उस दूसरी ट्रेन का आख़िरी स्टॉप था होफ़ जहाँ पहुँचने के जी-तोड़ प्रयास में मैं था। रेगेंसबर्ग वाली दोनों ट्रेनों में फ़र्क़ सिर्फ़ इतना था कि वहाँ पहुँचते ही ट्रेन बदलने के लिए जो समय मिलने वाला था, वह इस वाली ट्रेन से जाने पर बहुत ही कम मिलने वाला था।

एरिक ने कहा कि वैसे तो तुम्हें होफ़ की ट्रेन मिल जानी चाहिए पर मैं गारंटी नहीं ले सकता। पर मैं यह रिस्क बिल्कुल ले सकता था। अनिश्चितता और उसमें भी यात्रा की अनिश्चितता आपको निश्चित रूप से आपकी निर्णय क्षमता दिखा देती है। यात्रा में जब कुछ तय नहीं होता, तो साहस तय होता है।

"क्या तुम्हें, तुम्हें यह प्लान सही लग रहा है?" एरिक ने पूछा। वो कई बार कई शब्दों को एक साथ दो बार कहते।

"हाँ-हाँ। बिल्कुल सही है। Let's do it." मैंने बिना कुछ भी सोचे इस प्लान पर चलने की ठान ली। प्लान बी और सरवाइवल इंस्टिंक्ट के बीच सिमटा पड़ा मेरा उत्साह फिर से होफ़ पहुँचने की संभावना को सुनकर जैसे सीधा दिल

के ठीक बीच जा अगली धड़कन के साथ सारे शरीर में पहुँच गया।

"Let's do it. I will good company to Regensburg." एरिक ने कहा और हम टिकट लेकर एरिक के प्लान पर चल पड़े। रेगेंसबर्ग की ओर चलते हुए जब हम ट्रेन में बैठे तो एरिक ने मुझे खिड़कीवाली सीट पर बैठने को कहा। खिड़की के बाहर जो कुछ भी दिखने वाला था उससे पहले मैं यह देखकर अचंभित रह गया कि ट्रेन का डब्बा बिल्कुल ही ख़ाली था। मैंने अपने आप को उस सारे बोझ से छुड़ा लिया जो मेरे गले में, कंधों पर, हाथ में और मन में था। लगा जैसे जीवन के सबसे ख़राब साल अपने शरीर से उतार दिए हों। हाँ, आपका बुरा समय आपको आपका शरीर भारी महसूस कराता है। बुरा समय बीतता नहीं, आपके अतीत पर चढ़कर बैठ जाता है। आप जब भी अतीत में झाँकेंगे, आपको उस समय का बोझ महसूस होगा और आपको फिर से वर्तमान में आने के लिए सिर झटकना पड़ेगा।

एक पूरी सीट पर मैं अकेला बैठा था। बड़ी-सी खिड़की में कुछ देर के लिए मुझे अपना अस्पष्ट प्रतिबिंब दिखा और अगले ही क्षण मेरी नज़र बाहर दौड़ गई। सब दूर-दूर तक फैला था। ख़ाली-ख़ाली सा था। सब कुछ इतना साफ़ कि जैसे चमक रहा हो। जितने साफ़ दिवाली में हमारे घर होते हैं, उतना साफ़ सारा देश लग रहा था। मेरे मन में विचार आया कि क्या यह वही देश है जहाँ एक सिरफिरे तानाशाह ने साठ लाख यहूदियों का ख़ून बहाया है? क्या इसी देश में एक समय ऐसा भी था जब करोड़ों लोगों को एक साथ ऐसा लगने लगा था कि एक विशिष्ट धर्म के कुछ लाख लोग उनका देश और नस्ल बर्बाद कर रहे हैं? ये मेरे सामने बैठा जर्मन आदमी, क्या इसके दादा रहे होंगे नाज़ी जर्मनी की फ़ौज में? मुझे लगने लगा कि मेरे शरीर पर बोझ बढ़ रहा है।

मैंने सिर झटका और वर्तमान में आ गया। सब कुछ फिर सही और साफ़ लगने लगा। मैं विस्मय में डूबा बाहर के दृश्यों को देखता रहा। नहीं। देखता नहीं... अपने अंदर महसूस करता रहा। सिर्फ़ घास पर ही कितने सारे शेड्स दिखाई दे रहे थे। लंबी घास हवा के हिसाब से अपने झुकने की दिशा बदल रही थी और बैकग्राउंड में पेड़, castles और बादलों के मेल से कुछ ऐसे चित्र बन रहे थे जैसे हमारे डेस्कटॉप के वॉलपेपर हों। एक चित्र पीछे छूटता तो मैं जल्दी से दूसरा बना लेता। वो छूटता तो तीसरा। फिर चौथा। मैं इन चित्रों को अपनी

जगह बैठे-बैठे तेज़ी से पीछे छोड़ रहा था। सामने वाली सीट पर एरिक हर कुछ देर बाद अपनी नींद से बाहर झाँकते। अभी भी मेरी पूरी सीट ख़ाली ही थी। मुंबई की लोकल में तीन लोगों की सीट पर चौथा आदमी इतने ज़्यादा अधिकार से अपनी चौथी सीट माँग लेता है कि अगर उसे वह ना मिले तो हाथापाई तक हो जाती है। जितनी ख़ाली जगह उस समय मेरे सामने ट्रेन के डब्बे में दिखाई पड़ रही थी, उतनी ख़ाली जगह मैंने आख़िरी बार कब देखी थी, यह भी मुझे याद नहीं। हमारे यहाँ तो खेलने के मैदानों पर भी इतनी भीड़ होती है कि दूसरी किसी टीम का फ़ील्डर ग़लती से हमारे बैट्समैन का चौका रोक देता है। मुझे याद है जब मैं पहली बार मुंबई अकेला गया था तो दादर स्टेशन के ब्रिज पर लग रहा था जैसे भीड़ मेरी साँस रोक रही है। सिहर गया था। Advertising Agency में अच्छी पगार मिल रही थी, घर मिल रहा था। मैं पहले ही दिन मुंबई और उसके अपने ही अस्तित्व से बड़ी भीड़ को देखकर पूना लौट आया था। जैसे रावण के दस सिर थे वैसे ही मुंबई की भीड़ में और दस भीड़ शामिल हैं। अब भले ही मुंबई में दस साल हो गए हों, पर इसका मतलब यह बिल्कुल नहीं कि मुझे भीड़ की आदत है। आदत और मजबूरी में कई बार साफ़-साफ़ अंतर दिखाई नहीं देता।

हम अपने मूल में ही इतने लाचार होते हैं कि जब भी ख़ुद को किसी अच्छी अवस्था में पाते हैं तो उसका आनंद लेने के बजाय हम तुरंत अपने आप को किसी दयनीय अवस्था में धकेलने लगते हैं। मेरे सामने मेरे जीवन में देखे हुए आज तक के सबसे सुंदर दृश्य थे और देखिए मैं क्या सोच रहा था। मुंबई की भीड़ और उसमें लोटपोट होती मेरी असहजता। यह तो ऐसी बात हो गई कि आपके सामने कोई आपके पसंदीदा व्यंजनों की भरी पूरी थाली लेकर खड़ा हो और आप भूख को रोमांटिसाइज़ करने में व्यस्त हों। कितना बड़ा अपराध है यह।

अजीब बात है कि जब भी मैं खिड़की के पास बैठा अच्छे में कुछ भी बुरा ढूँढ लेता हूँ तो अपने आप बाहर का दृश्य अस्पष्ट हो जाता है और खिड़की पर मेरा अस्पष्ट प्रतिबिंब बिल्कुल साफ़ दिखने लगता है। मैंने फिर से सिर झटका तो फिर से खिड़की पर मेरा प्रतिबिंब अस्पष्ट हो गया। खिड़की के बाहर के दृश्य अभी भी सुंदर थे। कितने छोटे-छोटे गाँव, बिना गड्ढों के रास्ते, गिरजाघर, खेत और शाम। एक छोटे साधारण दृश्य में कितना कुछ सोच लेते हैं हम। एक

अच्छा दृश्य केवल आपकी 'वाह' पर ख़त्म नहीं होता। एक दृश्य सीधे आपकी कल्पना से बात करता है। मैं दृश्य पे दृश्य देखता गया।

इस खेल को खेलते-खेलते कुछ देर हो गई थी। अचानक मुझे एहसास हुआ कि मैं लंबी साँसें ले रहा हूँ। इतनी गहराई से आख़िरी बार मैंने साँसें कब ली थीं?

रेगेंसबर्ग के पास आते ही एरिक सतर्क हो गए। उन्होंने अपना सामान उठाया और जेब से घड़ी निकाली। एरिक को समय हाथ में बाँधना नहीं जेब में रखना पसंद था।

"तुम्हें होफ़ की ट्रेन मिल सकती है। तुम्हारे पास डेढ़ मिनट हैं प्लेटफ़ॉर्म चेंज करने के लिए। तुम सामान उठा लो... मैंने सामान उठा लिया है।"

"कौन-से प्लेटफ़ॉर्म पर जाना है मुझे?" मैंने हड़बड़ाकर पूछा।

"तुम्हें प्लेटफ़ॉर्म, प्लेटफ़ॉर्म चेंज करना है बेटे।"

"हाँ... पर कौन-सा प्लेटफ़ॉर्म? Which number Platform?"

एरिक को प्लेटफ़ॉर्म और नंबर सुनाई देते ही वो मेरी बात समझ गए।

"Platfrom number 4. Not sure, Not sure. But I think, I think number 4. Not sure. You have, have about two... no no... one half minute for changing platform."

अब हमें ट्रेन से उतर कर प्लेटफ़ॉर्म पता करके लगभग डेढ़ मिनट में ट्रेन पकड़नी थी।

दरवाज़े पर खड़े एक-दो लोगों से एरिक ने विनती की कि वो हमें पहले उतरने दें। वो सब को यह बात बता रहे थे कि कैसे मैं मुश्किलों का सामना कर रहा हूँ होफ़ पहुँचने के लिए। जो लोग पीछे हटे मैंने उन्हें सॉरी कहा।

उतरते ही मैंने दौड़ना चाहा। पर कहाँ दौड़ता? कुछ भी तो पता नहीं था। अपने शरीर पर लदे सारे सामान और पैरों में सस्ती-सी चप्पल पहनने के बावजूद मैं इस समय बहुत तेज़ दौड़ सकता था। मैंने देखा मेरे पीछे एरिक भी उतरे और जल्दी-जल्दी में चलने लगे। उन्होंने मुझसे कहा कि प्लेटफ़ॉर्म नंबर चार की ओर चलो। मुझे उन से पूछना था कि वो किस तरफ़ है पर मेरे मुँह से कुछ निकला नहीं तो मैंने एक तरह का चेहरा बनाया जिससे उन्हें पता चले कि मुझे कुछ भी तो नहीं पता। मुझे अपराधी जैसा कुछ लगने लगा। किसी के

एहसान तले इसीलिए शायद लोग दबना नहीं चाहते क्योंकि एहसान लेने के बाद अपराधी वाली भावना हमेशा मन में घर कर जाती है। एरिक आगे बढ़े। मैं उनके पीछे-पीछे चलता रहा। वो अचानक मुड़े और सीढ़ियाँ उतर कर अंडर-पास में घुस गए। मैं भी पीछे हो लिया। रास्ते में उन्हें एक टीसी दिखा। एरिक ने उनसे इस बात की पुष्टि कर ली की होफ़ जाने वाली ट्रेन प्लेटफ़ॉर्म नंबर चार पर ही खड़ी है। एरिक भागे। मैं भी भागा। दूसरी तरफ़ से ऊपर आते ही सामने ट्रेन थी और ट्रेन का दरवाज़ा खुला था। मैंने राहत की साँस ली और हम दोनों एकदम से रुक गए।

मैंने एरिक की तरफ़ देखा और मुस्कुराकर उन्हें धन्यवाद कहने ही वाला था कि उन्होंने मुझसे ट्रेन के अंदर जाने के लिए कहा। मुझे उन से कहना था कि एरिक मैं आपको धन्यवाद कहना चाहता हूँ। गले लगाना चाहता हूँ। पर उनकी आवाज़ में आदेश जैसा कुछ था। मैं झट से ट्रेन पर चढ़ गया। इस बार एरिक ने राहत की साँस ली। मेरा सारा सामान अभी मेरे शरीर से लटका हुआ था और मैं एरिक को देखे जा रहा था। एरिक पहली बार मुझे देखकर ठीक से हँसे। मुझे लगा कि उनका हँसना कितना अधूरा है। क्या मैं उन्हें गले नहीं लगा सकता?

उन्होंने कहा सामान रख दो और आराम से बैठ जाओ। वहीं दरवाज़े के पास एक सीट दिखी तो मैंने अपना सामान वहीं लगा लिया। एरिक ने फिर कहा, बैठ जाओ। मैंने पूछा कि क्या मैं उन से बात करने के लिए एक मिनट नीचे आ सकता हूँ। उन्होंने प्लेटफ़ॉर्म के बोर्ड पर समय देखा और कहा कि किसी भी समय दरवाज़े बंद हो जाएँगे। अंदर ही रहो। मैं अंदर ही रहा फिर भी बैठा नहीं। कैसे बैठता? एरिक ने फिर कुछ सोचा और अपना सामान नीचे रखा। जेब से उन्होंने वो टिकट निकाला जो उन्होंने हम दोनों के लिए ख़रीदा था। मुझे टिकट थमा कर बोले, "इसे अब तुम रखना... मेरे किसी काम का... मेरा काम हो गया है... मैं यही रेगेंसबर्ग तक ही सफ़र करने वाला था। मेरा बेटा बर्लिन में रहता है... वो किसी और दिन... तुम यह सँभाल कर... टीसी ... टीसी आएगा।"

जब से एरिक मुझे मिले थे तब से मैं यह सोच रहा था कि इस आदमी का ध्यान किसी एक जगह नहीं होता। वो एक साथ कितनी अलग-अलग बातें करते हैं। एक सीधी रेखा में शायद सोच नहीं पाते होंगे। पर उन्होंने कम-से-कम शब्दों में मेरी समस्या समझ ली थी। उसका समाधान खोज लिया था। उसे अमल में

ला चुके थे। और अब मेरे हाथ में टिकट भी थम चुके थे।

कितनी सारी यात्राओं में मेरे अनजान लोगों से संबंध बने हैं, रहे हैं, ख़त्म हुए हैं। पर इस दौरान हमेशा एक टीस बनी रही है। मुझे नहीं पता यह क्या है। मैं इसे ढूँढना भी नहीं चाहता हूँ। न इसे रोकना चाहता हूँ और न ही यह पता है कि इसका करना क्या है। यह बस है। हर बार। हमेशा।

एरिक मेरे सामने खड़े थे। वो मुझसे हाथ मिलाने भी आगे नहीं बढ़ रहे थे। बस घड़ी देखे जा रहे थे। मुझे इस समय क्या कहना है, क्या करना है कुछ पता नहीं था। मैं इतने रंगों, लोगों, उत्साह और एरिक के बीच एक ख़ालीपन महसूस कर रहा था। तभी एरिक मेरे पास आए और उन्होंने कहा, "वैसे तुम्हें कौन-से होफ़ जाना है?"

तब शायद मेरे ख़ाली चेहरे पर एक बड़ा-सा शून्य आ गया होगा। बिल्कुल आ गया होगा। यह क्या सवाल है? मैंने पुष्टि करने के लिए एरिक से फिर एक बार उनका सवाल दोहराने को कहा। एरिक का सवाल नहीं बदला।

"तुम्हें कौन-से... कौन-से होफ़ जाना है?"

"मतलब?"

"यहाँ जर्मनी में दो होफ़ हैं। क्या तुम सही होफ़ जा रहे हो? जर्मनी बहुत बड़ा देश है।"

यह समय मेरे जीवन का वो समय होने का प्रमाण दे रहा था जहाँ हर दूसरे क्षण में मेरा सामना आश्चर्य के बाद आश्चर्य से ही होने वाला था। यह क्या सवाल पूछ लिया था एरिक ने! इस आश्चर्य के लिए तो मैं बिल्कुल तैयार नहीं था। उसी क्षण मेरा सरवाइवल इंस्टिंक्ट मुझे खोजता हुआ मेरी ट्रेन में आ धमका। उसने मेरे कान में कहा कि अब इस ट्रेन से उतरना नहीं है। क्योंकि यह ट्रेन भी दो में से किसी एक होफ़ तक जाने वाली है। यानी पचास प्रतिशत सही की संभावना इसी ट्रेन से है। रही बात ग़लत होने की। तो वैसे भी मैं पुरुष हूँ। ज़्यादा से ज़्यादा क्या ही हो जाएगा। ग़लत होफ़ के स्टेशन पर पहुँचकर वहीं सो जाऊँगा। बस हो गया निर्णय।

एरिक ने कहा, "ज़्यादातर लोग इसी होफ़ की तरफ़ जाते हैं। इसी से जाना सही रहेगा। तुम, तुम... मेरा मोबाइल लिख लो।। और तुम मुझे अपना ईमेल एड्रेस दे दो। मैं तुम्हें... बेटे से मिलूँगा फिर उसके बाद समय मिलेगा... मैं तुम्हें

ईमेल लिख दूँगा। थाईलैंड से भी लिख दूँगा।"

हम दोनों ने एक-दूसरे को जल्दी से अपने नंबर और ईमेल दे दिए। ट्रेन का दरवाज़ा अभी भी बंद हुआ नहीं था। मैंने सोचा उतर कर उन्हें एक बार तो गले लगा ही लूँ। पर तभी एरिक ने कहा कि उन्हें देर हो रही है। और बाज़ार बंद हो जाने के बाद उन्हें तरकारी नहीं मिलेगी। उन्हें घर पहुँचकर खाना बनाना है। ऐसी तीन-चार बातें एक साथ कहकर एरिक अलविदा वाला कोई भी रिवाज़ निभाए बिना वहाँ से चले गए। ट्रेन का दरवाज़ा बंद हुआ। मैं दरवाज़े पर बैठा एरिक को अंडर-पास की सीढ़ियों पर नीचे उतरता देखता रहा। एरिक मुड़े नहीं। बस आँखों से ओझल हो गए। यह सब कितना फ़िल्मी है। सिचुएशन से लेकर किरदारों तक। मानो अंग ली की 'लाइफ़ ऑफ़ पाई' का क्लाइमैक्स चल रहा हो। प्रशांत महासागर के सुदूर पानी के रेगिस्तान से रिचर्ड पार्कर ने पाई को आख़िर बचा लिया हो... और फिर जैसे उसे जानता ही न हो ऐसे आविर्भाव में बिना मुड़े हमेशा के लिए रिचर्ड पार्कर पाई की आँखों से ओझल हो रहा हो।

ट्रेन चली तो पता चला कि यह जगह टीसी की होती है जहाँ मैं बैठा था। एक महिला ने बताया। जैसे ही टीसी आया तो मैं उसकी सीट पर से उठने लगा और उसे इशारे से यह बता दिया कि यह आपकी सीट है, मैं कहीं और बैठ जाता हूँ। टीसी ने कहा कि मैं उसकी सीट पर बैठ सकता हूँ। मैंने उसे अँग्रेज़ी में थैंक्यू कहा। उसने शायद जर्मन में वेलकम कहा होगा। किसी का अच्छा कहा और किसी का बुरा कहा समझने के लिए भाषा की आवश्यकता नहीं होती। भाषा की आवश्यकता होती है उन सारी बातों के लिए जो अच्छे और बुरे के बीच होती हैं।

शाम नारंगी से गहरी नीली और अब बैंगनी हो गई थी। पेड़ और घने होने लगे थे। दूर तक फैले मैदान सिकुड़ने लगे थे। मैं बाहर दिखते दृश्यों को डेस्कटॉप बैकग्राउंड में बदले जा रहा था। कुछ देर बाद मैंने ध्यान दिया कि लोग आते-जाते मुझे रुक-रुककर देख रहे हैं। मैंने पता नहीं क्यों अपने कंधे पीछे कर लिए और बिल्कुल सीधा बैठ गया। फिर मैंने अपने कपड़ों को देखा। चप्पलें देखीं। मेरे पैरों की उँगलियाँ फिर से अंदर की तरफ़ मुड़ गईं।

कितना ज़्यादा समय बीत चुका था मुझे घर से निकले। एक जोड़ी कपड़े में मैं लगभग तीन दिनों तक सफ़र कर रहा था। पूना से मुंबई। मुंबई से काएरो। काएरो से म्यूनिक। सड़कें, इतिहास, रहस्यमयता, नील, इमिग्रेशन अफ़सर,

एरिक, बस, ट्रेन, रेगेंसबर्ग, उलझन, निर्णय, कंधों का बोझ। कितना कुछ पार कर लिया था तीन दिनों में। अभी भी कितना दूर जाना बाक़ी था। कितना समय हो गया था मैं आराम से बैठा नहीं था। मैं थक गया था। अब मुझे बिल्कुल परवाह नहीं थी कि मैं सही जगह पहुँचूँगा भी या नहीं। मुझे ज़मीन चाहिए थी। जहाँ मैं भारत से ढो रहा अपना सारा बोझ फेंक सकूँ... ज़मीन पर लेट सकूँ।

शाम का उजाला अभी बहुत-सा बाक़ी था। एक घंटे से ज़्यादा समय बीत जाने के बाद टीसी मेरे पास आया और बोला कि अगला स्टॉप होफ़ है। वही आख़िरी स्टॉप है। गाड़ी आगे नहीं जाएगी। गाड़ी रुकी तो मैंने अपने चार-पाँच बैग उठाए और प्लेटफ़ॉर्म पर क़दम रखते ही अपने आप से कहा, "अब जो होगा देखा जाएगा।"

यहाँ पहुँचने के चक्कर में इतना कुछ हो गया था मेरे साथ कि अब मैं ऐसी हर परिस्थिति के लिए तैयार था जो मैंने सोची न हो। पर हुआ वो जो मैं सोचना बिल्कुल ही भूल गया था।

मैंने स्टेशन पर उतरते ही अपने हाथों में पकड़े सारे बैग ज़मीन पर रख दिए। सामने देखा तो अस्मी दौड़ती हुई मेरी तरफ़ आ रही थी। हमने एक-दूसरे को गले लगया और जब तक मैं यह समझ पाता कि सब कुछ बिल्कुल ठीक-ठीक हुआ है, अस्मी ने कहा, "तुम क्या सीधे किसी गाँव बीहड़ से आ रहे हो? यह सब क्या है? ट्रैक पैंट, चप्पल? और इतने बैग्स? लग रहा है तुम कोई मज़दूर हो जो सामान पहुँचाने का काम करता है।"

हम दोनों ज़ोर से हँसने लगे। उसने कुछ बैग उठा लिए और हम स्टेशन से बाहर आ गए। अब जब सब ठीक-ठीक हो गया था तो मुझे शाम का उजाला और भी सुंदर लग रहा था।

"मैंने टैक्सी बुलाई है। जल्दी से घर पहुँच जाएँगे।"

"अरे वेटिंग का पैसा देना पड़ जाएगा! कब से खड़ी है बाहर टैक्सी? मैं आ जाता फिर यहीं से कोई टैक्सी कर लेते ना? इतनी जल्दी किस बात की थी?"

"ये कोई मुंबई नहीं है जहाँ हाथ दिखाया और टैक्सी रुक गई। छोटा-सा गाँव है। यहाँ फ़ोन करके पहले से ही बुक करनी पड़ती है।"

यह बात कहते समय उसने बड़े अधिकार से डाँटने और समझाने के बीच का कोई सुर पकड़ लिया था।

घर तक के पूरे रास्ते मैं खिड़की से बाहर झाँक रहा था। पेड़, घास, हरा

रंग, शाम, घरों की छतें, रास्तों पर चलती गाड़ियों का अनुशासन और आसमान में घर लौटते बगुले। दूर-दूर तक कोई हॉर्न बजाने की सोचता भी नहीं है यूरोप में। फिर से मुझे एहसास हुआ कि मैं लंबी साँसें ले रहा हूँ।

होफ़ में अस्मी एक दोस्त के साथ घर शेयर कर रही थी। घर पहुँचे तो सबसे पहले मैंने वो कमरा देखा जो अस्मी ने मुझे स्काइप पर दिखाया था। वो खिड़की देखी जहाँ से गिरजा दिखता है। यहाँ की खिड़कियाँ अलग ही तरह से खुलती हैं। यहाँ लोग इसे किप्पेन कहते हैं। किप्पेन यानी खिड़की का ऊपरी हिस्सा बहुत थोड़ा-सा खुलना। पर मैंने आते ही पूरी खिड़की खोल दी। बहुत देर तक सामने शाम के गहरे होते रंग में गिरजे को देखता रहा। अस्मी मेरे लिए चाय बनाकर लाई। कमरे का दरवाज़ा खोलते ही वह ठिठुर गई।

"अरे इतनी खिड़की क्यों खोल रखी है? क्या तुम्हें ठंड नहीं लग रही?"

तब मुझे ध्यान हो आया कि मेरा शरीर पूरी तरह ठंडा पड़ चुका है। दृश्य आपको आप की उम्मीद से ज़्यादा बहका देते हैं।

"खाना बन चुका है। नहा लो, तो साथ खा लेते हैं। बहुत देर हो चुकी है।"

"देर? यहाँ लोग डिनर जल्दी कर लेते हैं?" मैंने पूछा।

"हाँ। और लोगों का डिनर हो चुका। अभी रात के नौ बज रहे हैं।"

मुझे बहुत आश्चर्य हुआ।

"नौ? यह कैसे संभव है? अभी तो बाहर काफ़ी उजाला है।"

"हाँ, इन दिनों यहाँ के आसमान में देर तक उजाला रहता है।"

नहाने के बाद कपड़े बदलने के लिए बैग खोला तो पता चला कि बैग के अंदर सारे कपड़े भीग चुके हैं। क्यों भीगे? कैसे भीगे? कुछ पता नहीं। उस रात मेरे कमरे में हीटर का मुख्य काम कमरा गरम करना नहीं मेरे कपड़े सुखाना था। अस्मी कुछ दिनों के लिए अपनी दोस्त के कमरे में शिफ़्ट हो गई और उसने अपना कमरा मुझे दे दिया था।

अगले दिन होफ़ देखना तय हुआ। अस्मी यहाँ की यूनिवर्सिटी में काम करने आई थी। उसने मेरे लिए आधे दिन की छुट्टी ले ली थी। हमें घर के बाहरवाले बसस्टॉप पर एक बजे मिलना था। मैं इतने गर्म देश से आया था कि यहाँ की ठंडी हवा से बचने का मेरा बिल्कुल भी मन नहीं था। न ही मैंने आने से पहले यहाँ का तापमान देखा था। पता चला होफ़ में इतनी ज़्यादा ठंड पड़ती है कि

उसे अलास्का ऑफ़ जर्मनी कहते हैं। मैं भारत से बस अपने कुछ कपड़े और एक स्वेटर लाया था। जाते समय मेरे एक दोस्त ने कहा कि मेरी जैकेट और कैमरा ले जाओ, पहली बार यूरोप जा रहे हो। यहाँ आने के बाद पता चला था कि मेरे दोस्त की जैकेट दरअसल मेरे लिए बहुत ही ज़्यादा बड़ी है। होफ़ देखने अस्मी के साथ निकला तो एक स्वेटर और चप्पल पहनकर। वैसे तो सर्द मौसम बदल गया था पर बाहर असहनीय ठंड अभी भी अपना क़ब्ज़ा जमाए थी। स्वेटर और चप्पल में मुझे देखकर अस्मी खिसियाने लग गई। मैंने ज़्यादा ध्यान नहीं दिया। पर वह अड़ कर बैठ गई कि मैं यहाँ केवल एक पतले-से स्वेटर और चप्पलों में नहीं घूम सकता क्योंकि कुछ ही देर में ठंड इतनी बढ़ जाएगी कि मैं सह नहीं पाऊँगा। मैंने कहा कि कुछ नहीं होगा। पर वह नहीं मानी। हम दोबारा घर गए और उसने अपनी अलमारी में पड़ी उसकी बहुत-सी जैकेट्स में से एक मुझे पकड़ा दी। अब जैकेट पहना तो वह जूतों पर आ गई। मैं उसे टालता रहा।

हम पहले तो होफ़ के मुख्य बाज़ार की तरफ़ गए जहाँ एक बहुत ही ख़ूबसूरत गिरजाघर था। मैं चलते-चलते रुक गया और उसकी नुकीली छत को देखने लगा। अस्मी ने मुझे जी भरकर उसे देख लेने दिया और कहा, "यही चर्च दिखाई देता है हमारी खिड़की से।"

मेरे लिए अचानक वो सारी स्पेस बदल गई। वैसे देखा जाए तो यही तो सबसे पहला दृश्य था जिसे देखकर मैं भारत से यहाँ तक आ गया था। मैंने पूरे यूरोप में जाने कितने ही चर्च देखे होंगे, कितनी ही ख़ूबसूरत चीज़ें देखी होंगी। पर आज जब मुड़कर यूरोप याद करने बैठो तो सबसे पहले मुझे यही चर्च याद आता है। Sistine Chapel और Michelangelo का नंबर बाद में आता है। मैंने इसका कारण कभी खोजना नहीं चाहा।

लोग यूरोप जाते ही कॉफ़ी क्यों पीने लगते हैं? मुझे कॉफ़ी से परहेज़ नहीं है पर कुछ ख़ास पसंद भी नहीं है। मैं चाय पीने वाला व्यक्ति हूँ। चाय मुझे हमेशा से अपनी लगती है। पहले मुझे लगता था कि लोग कॉफ़ी इसीलिए पीते हैं क्योंकि 'कॉफ़ी' बहुत अँग्रेज़ी सुनाई पड़ता है। चार लोग खड़े हों तो आदमी 'Let's have some coffee' कहना ही ठीक समझता है। उसे लगता है कि इससे शिष्टाचार पर आँच नहीं आती। मुझे आज भी यह बात कुछ हद तक सही लगती है। सामाजिक औपचारिकता में कॉफ़ी शब्द जितना जँचता हैं उतना 'चाय' नहीं

जँचता होगा। चाय! कॉफ़ी शब्द के सामने यह शब्द वर्नाक्युलर लगता होगा। शायद इसीलिए एक लड़का एक लड़की को हमेशा कॉफ़ी पर ही मिलने का न्योता देता है। चाय पर नहीं। अब इसमें चाय या कॉफ़ी का दोष नहीं है। लोगों के relevant रहने की फ़िज़ूल कोशिश का है।

मेरे बेहद पसंदीदा लेखक महेश एलकुंचवार कहते हैं कि 'स्वर नैसर्गिक है और शब्द कृत्रिम'। यही सिद्धांत मुझे चाय और कॉफ़ी के लिए भी सही लगता है। कॉफ़ी के कड़वे स्वाद की आपको आदत डालनी होती है। जबकि चाय का घूँट लेते ही आप उसे स्वीकार कर लेते हैं। कॉफ़ी मुझे कृत्रिम लगती है। चाय नैसर्गिक।

यहाँ यूरोप में हर जगह कॉफ़ी मिलती है। कहीं आपको एक अच्छी चाय नहीं मिलेगी। यह बात इतनी छोटी है कि किसी से कह दो तो उसे हमारा यह कहना खटक जाएगा पर ये सच्चाई कभी नहीं खटकेगी कि यूरोप ने शायद बिना किसी ठोस वजह के अपनी संस्कृति से चाय को हटा दिया है।

"कॉफ़ी पियोगे?"

"चाय?"

"चाय घर पर बना दूँगी। गिरनार सॅशे वाली। यहाँ कॉफ़ी होती है।"

"अभी तो मन नहीं है। बाद में?"

"ठीक है। बहुत ठंड है। नहीं?"

"नहीं तो।"

"मैंने यह फर वाला ओवरकोट और ये जूते यहाँ आते ही ख़रीद लिए थे।"

"अच्छा।"

"पहले दिन मेरे पैरों से मेरे शरीर में जो ठंड चढ़ गई थी। अगले दो दिन तक मेरी तबीयत ख़राब रही।"

"अच्छा।"

"मुझे पता था आज भी ठंड होगी। देखो, अभी भी टेंपरेचर सात के क़रीब है।" उसने अपने फ़ोन में मुझे टेंपरेचर दिखाया।

"अभी तो दोपहर के ढाई बज रहे हैं।" मैंने अब तक अपनी सस्ती घड़ी के काँटे यूरोप के समय से मिला लिए थे।

अस्मी अब तक मुझे चार-पाँच बार किसी ना किसी तरह से यह बताने का

प्रयास कर चुकी थी कि मुझे जूते ख़रीद लेने चाहिए। ठंड अब हल्की-हल्की मेरे पैरों को सन्न करने लगी थी पर मैंने अपने आप से कहा कि देखा जाएगा। बर्फ़ में थोड़े ही चलना है। पर तब तक अस्मी के धीरज का बाँध टूट गया था। उसने अपने सारे आवरण छोड़कर सीधे-सीधे मुझसे कहा, "सुनो, तुम्हें जूते लेने हैं और अभी लेने हैं। जहाँ हम जा रहे हैं वो एक बड़ी-सी झील है। बहुत खुली जगह है वहाँ। ज़्यादा हीरो बनने की ज़रूरत नहीं है।"

उसने इतने ज़्यादा अधिकार से मेरे पक्ष में बात करना शुरू कर दिया कि मैंने चुपचाप जूते ख़रीद लिए। फिर कहीं रुककर फ़ोन में प्रीपेड सिम कार्ड डलवाया और फ़ोन चालू कर दिया। हर कुछ देर बाद मैं अपने जूतों को देखता। इतने ज़्यादा सफ़ेद जूते मैंने पहले कभी नहीं पहने थे। पर यहाँ ज़्यादातर लोग सफ़ेद जूते पहने हुए थे तो मेरी भी हिम्मत हो गई। सफ़ेद, चकाचक जूते पहनकर सचमुच एक अलग ही आत्मविश्वास का अनुभव होता है। जूतों का एक और फ़ायदा भी है। अगर किसी लज्जा देने वाली परिस्थिति में आप अपने पैरों की उँगलियाँ अंदर मोड़ लें तो किसी को कुछ दिखाई भी नहीं देता।

Untreusee लेक का नाम लेने के लिए कुछ देर अभ्यास करना पड़ता है। लेक इतनी ज़्यादा सुंदर थी कि मेरी आँखें कम पड़ गईं उसे देखने के लिए। आस-पास के पेड़ों ने रंग बदलना अभी शुरू ही किया था। धूप का एक तिनका भी नहीं था आसमान में। वहाँ इतनी निपट शांति फैली थी कि मुझे मेरा वहाँ होना ही खटक रहा था। पूरी झील पर कुहरे की एक चादर थी। आस-पास कुछ लोग जॉगिंग कर रहे थे। इतना सुंदर दृश्य देखकर पहले तो मैं झील के किनारे-किनारे बहुत चला। कुछ दूर तक अकेला निकल गया। ठंड बढ़ रही थी। मेरे हाथ अपने आप मेरी जैकेट की जेबों में चले गए थे। मैं एक पेड़ के पास रुक गया। उसे बहुत देर तक देखता रहा। पेड़ से मेरी नज़र झील पर गई। फिर पानी पर फिसलती बत्तखों का एक खेल देखने में मैं व्यस्त हो गया। बत्तखें एक जगह से पानी के अंदर जातीं और दूसरी जगह से बाहर निकलतीं। फिर अंदर जातीं और किसी तीसरी जगह से बाहर निकलतीं। पानी के अंदर की दुनिया और बाहर की दुनिया में बत्तखें बारी-बारी आ-जा रही थीं। वे एक जगह रुक ही नहीं रही थीं। यह सब कुछ कितना हमारे जैसा है। हम यात्रा में नए शहर देखते हैं तो किसी

कारण हम अपने शहर की याद में खो जाते हैं। नई भाषा सुनते हैं तो अपनी भाषा से दूर होने का एहसास होता है। नए क़िस्म का खाना खाते हैं तो अपने नियमित खानों के स्वाद के क़रीब पहुँचने का प्रयास करते हैं। हम एक साथ दो दुनिया में ग़ोते लगाते रहते हैं। तभी अस्मी ने मुझे पीछे से आवाज़ लगाई। मैं जैसे ही मुड़ा उसने मेरी तस्वीर खींच ली। उस तस्वीर में मेरे चेहरे पर बिखरे अचरज और सुकून को आज भी ठेस नहीं पहुँची है।

झील के किनारे ही टीले जैसा कुछ था। दरअसल वह इतना छोटा था कि उसे टीला भी नहीं कहा जा सकता। उस पर एक कैफ़े बना था। दरवाज़ा खोलकर अंदर गया तो नर्म-सी हवा चेहरे को छू गई। पास ही में जल रही आग की गर्मी और किचन से आती ब्रेड और कॉफ़ी की महक... ऐसा लगा मानो किसी बर्फ़ीले वीराने को पैदल पार किया हो और अचानक किसी ने प्यार से गले लगा लिया हो। या अपनी गोद में सुला लिया हो। बचपन में जब टीवी पर विदेशी कार्टून हिंदी में डब होकर टेलिकास्ट होते, तो कई कार्टून्स में रेशम का बार-बार ज़िक्र होता। तब से मुझे यह चाह रही है कि एक बार रेशम को अपने हाथ में पकड़ूँ। देखूँ तो सही कि आख़िर वह कितना मुलायम होता है। पर रेशम भी इतना मुलायम नहीं होगा जितनी मुलायम इस कैफ़े की गोद थी। दीवार में लगी बेहद ठंडी खिड़की से बाहर बत्तखों का खेल दिखाई दे रहा था। पेड़ों से घिरी झील इतनी चित पड़ी थी मानो किसी ने कोई बड़ा आईना रख दिया हो। जैसे ही बादल हटेंगे तो ऊपर से उड़ते पक्षियों के प्रतिबिंब इस आईने पर तैरते नज़र आएँगे। थोड़ी दूरी पर कुछ नावें खड़ी थीं जिन्हें कोई चला नहीं रहा था। वो नावें साल के इस समय छुट्टी पर होती हैं। कुछ लोग बहुत धीरे-धीरे टहल रहे थे जिन्हें मैं कहना चाहता था कि आपको मुस्कुराना चाहिए क्योंकि ऐसे अद्भुत दृश्य बारह महीने आपकी आँखों के ठीक सामने रहते हैं। अपने अंदर चल रही अस्सी प्रतिशत बातों को हम अंदर ही रखते हैं। अपने हित के दृष्टिकोण से देखा जाए तो यह सही भी है।

अस्मी ने मेरे आगे मेन्यू कार्ड रखना चाहा। मैं गणित और मेन्यू कार्ड के सामने आते ही बहुत ज़्यादा, बहुत ही ज़्यादा उलझ जाता हूँ। सही-सही अनुमान लगाकर पहले से तय की हुई जगह पर बिना ग़लती किए पहुँचना और बहुत सारी अच्छी चीज़ों में से एक चीज़ चुनना मुझे मेरे जीवन की बहुत बड़ी ज़िम्मेदारियाँ लगती हैं। मैं हमेशा इन से पल्ला झाड़ना चाहता रहा हूँ। या वहाँ से बस भाग जाना चाहता हूँ। मेन्यू कार्ड वैसे दुनिया की बहुत बुरी चीज़ होनी

चाहिए। हर कोई इसे एक-दूसरे की ओर ढकेलता रहता है।

जब भी हम किसी रेस्त्राँ में जाते तो मैं कहता कि तुम ही चुन लो कुछ भी। और फिर आगे बिना कुछ भी कहे वह मेरे और अपने लिए कुछ मँगा लेती। फिर जब हम रोज़ मिलने लगे तो उसने मुझे कभी भी इस उलझन में पड़ने नहीं दिया। पर यहाँ अचानक उसकी बात क्यों निकाली मैंने? कोई भी तो कारण नहीं है।

मैंने अस्मी को इशारे से कहा कि कुछ भी चलेगा। वह तुरंत अपनी उँगलियाँ मेन्यू कार्ड पर फेरने लगी। उसे समय बरबाद करना पसंद नहीं है। बग़ल में खड़े वेटर को उसने ऐसी खड़ी जर्मन भाषा में ऑर्डर दिया कि इतनी देर जो मैं खिड़की के बाहर ध्यान लगाए मग्न बैठा था, पलटकर उसे अचंभे से देखने लगा।

"इतना कुछ नहीं हुआ है। अब दस साल से ज़्यादा हो गए हैं मुझे जर्मन सीखते-सीखते।"

"फिर भी... कैसे इतना?" मेरा अचरज उसके इस जवाब के बाद भी कम नहीं हुआ था।

"अब तो मैं जर्मनी के अंदरूनी गाँवों में बोले जाने वाले लोकल शब्द और डायलेक्ट्स भी सीख गई हूँ। यहाँ के कुछ लोगों को तो ऐसा लगा कि मैं यहीं पैदा हुई हूँ।"

"तुम वहाँ क्यों पैदा हुई?"

"अगर तुम चाहते हो कि मैं यह बात अपने माँ-बाप से पूछूँ तो मैं तुम्हें कह दूँ कि मैं मार नहीं खाना चाहती।"

हम भारतीय कितनी आसानी से मार खाने की बातें कर लेते हैं। उन पर हँस देते हैं। जैसे भारतीय बच्चों का मार खाना कोई बहुत ही प्रतिष्ठा वाली बात हो। हमें इसमें कोई शर्म नहीं है। इन बातों पर शर्म भी आनी चाहिए, यह समझ भी शायद हम भारतीय बच्चों ने विकसित नहीं की है। कई बार तो मैं ऐसी बातचीत का हिस्सा रहा हूँ जहाँ हम सब ज़ोर-ज़ोर से हँसकर ये बातें साझा कर रहे थे कि हमारे माँ-बाप हमें किस तरह पीटा करते थे। किसी ने कहा कि मेरी माँ ने मुझे एक बार ऐसा चाँटा मारा कि मुझे पूरे दिन भूख नहीं लगी। यह तो कुछ भी नहीं कहकर दूसरे ने कहा कि मेरी माँ मुझे झाड़ू से इतना पीटती कि झाड़ू टूट जाता। दूसरे की मार पर हँसकर तीसरे ने कहा कि मेरे पिताजी मुझे अपने जूतों से पीटते

थे। मौक़ा देखकर लेदर का जूता (भारत में जूता लेदर का है यह कहना बहुत ज़रूरी होता है) सीधा मेरे गाल पर जड़ देते। मेरी बारी आई तो मैंने हँसते-हँसते सब को पीछे छोड़ दिया। फिर हम लड़कियों के बारे में बात करने लगे। भारत में छोटी बातों से बड़ी बातों को ढक लेना उतना ही ज़्यादा महत्त्वपूर्ण है जितना ज़्यादा किसी बच्चे का बिना किसी कारण घंटों तक अपने बाप की मार खाना और बड़े होकर इस कृत्य को संस्कार का एक अभिन्न अंग बताना।

वेटर के टेबल पर कॉफ़ी और ब्रेड रखते ही बहुत भूख लग गई। कुछ देर अपने शरीर गर्म करने और दो-दो कॉफ़ी पी लेने के बाद हम कैफ़े से बाहर निकले। अब ठंडी हवा और ज़्यादा ठंडी लगने लगी थी। हम कैफ़े की सीढ़ियाँ उतर ही रहे थे कि मुझे लगा वो मेरे साथ यह दृश्य देखने के लिए क्यों नहीं है? उसे लगातार चाय पीते रहने के बीच अगर कह दो कि क्या आज कॉफ़ी पी जाए? तो वह बड़ा-सा मुस्कुरा देती, आँखें बड़ी करके उत्साहित होकर ज़ोर से हाँ कहती। इतना ख़ुश इंसान तब हुआ होगा जब उसने पहिये का आविष्कार किया होगा। वह हर छोटी बात पर पूरी शिद्दत से उत्साहित होती। अगर कोई बात करनी है तो अपनी पूरी शिरकत दे देती। कोई संबंध पूरी तरह समाप्त कर देना हो, तब भी वह इस प्रक्रिया में अपनी पूरी शिरकत दे देती है। अरे! फिर उसी की बात?

हमें चलते-चलते झील से बाहर की तरफ़ जाने वाले रास्ते पर मुड़ना था पर मैं सीधा-सीधा चलता रहा। अस्मी ने कुछ नहीं कहा। ज़्यादातर वह कुछ नहीं कहती। अगर बहुत जल्दी में कहीं जाना हो और उससे यह कहा जाए कि हमें और पाँच मिनट यहीं रुकना पड़ेगा बिना किसी वजह, तो उसे आश्चर्य ज़रूर होगा पर वह आपके साथ रुक जाएगी। मैं फिर झील की तरफ़ चल दिया था। तो वह भी मेरे पीछे-पीछे आ गई। बहुत देर तक तो न मैंने कुछ कहा न ही उसने। फिर हम बाहर की तरफ़ चल दिए।

"तुमने आख़िरी बार उससे कब बात की थी?"

मैं कुछ भी कहना तो नहीं चाह रहा था। फिर भी अचानक मेरे मुँह से यह सवाल पता नहीं कैसे बाहर आ गया। अस्मी को पता था मैं किस के बारे में पूछ रहा हूँ। वह बातें समझने में ज़्यादा समय नहीं गँवाती।

"मैंने ? जब पता चला कि यहाँ यूनिवर्सिटी में काम मिला है और साल भर के लिए यहाँ आना पड़ेगा, तब तैयारी के बीच एक दिन निकालकर हम मिले थे। क्यों ? क्या हुआ अचानक ?"

"कुछ नहीं। ऐसे ही पूछ लिया।"

फिर थोड़ी देर तक हम आगे चलते रहे। मैंने फिर पूछा।

"यहाँ आने के बाद तुम्हारी उससे बात हुई है ?"

"नहीं। एक तो महँगा बहुत पड़ जाता है और दूसरी बात यह कि उतने समय में मैं उसे वो सब बिल्कुल नहीं बता पाऊँगी जो मैं बताना चाहती हूँ।"

"फिर भी। लो कुछ देर बात कर लो।"

मैंने बिना कुछ सोचे उसका नंबर डायल कर दिया। अस्मी मेरी तरफ़ देखती रह गई। सामने से हैलो की आवाज़ आई तो मैं हड़बड़ा गया। जैसे-तैसे हैलो कहा तो उसने मेरी आवाज़ पहचान ली। मैं बोलना जैसे भूल ही गया। अस्पष्ट-से कुछ दो शब्द बड़बड़ा कर मैंने अस्मी को फ़ोन पकड़ा दिया। वे दोनों हँस-हँसकर बातें करती रहीं और मैं अस्मी की बातों से यह अनुमान लगाने में व्यस्त हो गया कि वह दूसरी ओर से क्या कह या पूछ रही होगी। बैलेंस ख़त्म हुआ तो फ़ोन कट गया। अब अचानक मैं ख़ुश था। जबकि मैंने उससे कोई बात नहीं की थी। मुझे बस उसके इस झील पर होने का अनुभव जैसा कुछ हो रहा था। इतना ही मेरे लिए बहुत था। फ़ोन लगाया मैंने था पर हमारे बीच चल रहे साल भर के मौन को मैं तोड़ नहीं पाया। फिर मैं इतना ख़ुश कैसे ? हर मौन अपने साथ इतनी सारी संभावनाएँ लेकर आता है कि हम अपने हिसाब से जो चाहे वो भाव मुहैया करने वाली संभावना चुन सकते हैं। मैंने अनगिनत संभावनाओं में से इस क्षण उसके और मेरे बीच सब कुछ ठीक हो जाने की संभावना को चुन लिया था।

"घर यहाँ से कितना दूर है अस्मी ?"

"ज़्यादा नहीं। चलकर गए तो बीस-पच्चीस मिनट शायद।"

"क्या हम पैदल घर जा सकते हैं ?"

"हाँ, जा सकते हैं।"

मेरी दोस्त किसी बात के लिए जल्दी से ना भी नहीं कहती। हम घर की ओर पैदल निकल पड़े। बीच-बीच में पक्की सड़कों को छोड़कर जाने वाले कच्चे रास्ते दिखाई पड़ते जो नहर से बिल्कुल सटकर निकलते। वे कच्चे रास्ते

रंगीन पन्नों से ढके हुए थे। मैं बार-बार उन रास्तों पर चलने के लिए अस्मी का साथ छोड़ देता और आगे किसी मोड़ पर फिर उससे मिल जाता। यह खेल घर आने तक चलता रहा। अस्मी ने मुझसे इस बचकानी हरकत के बारे में कुछ नहीं पूछा। न मुझे उससे कुछ कहने की ज़रूरत थी। आज यह लिखते समय स्पष्ट रूप से याद आ रहा है कि तब मेरी चाल में एक उछाल थी। और यह बात अस्मी को पता थी।

अगले दिन अस्मी, उसकी दोस्त और मैं, हम तीनों Prague के लिए निकल पड़े। होफ़, चेक रिपब्लिक की सीमा के बहुत नज़दीक है। प्राग के इतना पास आकर प्राग ना देखना बेवक़ूफ़ी होती। ख़र्च कम होगा इसीलिए हम तीनों ने एक साथ इस सुंदर शहर को देखने का फ़ैसला किया। जाते समय हमें Cheb नाम के एक छोटे-से गाँव में ट्रेन बदलनी थी। चेब पहुँचकर कुछ देर हमें प्राग वाली ट्रेन का इंतज़ार करना पड़ा। स्टेशन पर हम तीनों के अलावा कोई भी नहीं था। वे दोनों एक बेंच पर बैठी रहीं। मैं स्टेशन के आख़िरी छोर तक चला गया। कुछ तो था जो मुझे रह-रहकर असहज कर रहा था। बहुत सारे सुंदर दृश्यों की व्यस्तता में मैं बार-बार इस असहजता को अनदेखा कर रहा था। पर यहाँ, इस छोटे-से स्टेशन पर ध्यान भटकाने के लिए कुछ नहीं था। स्टेशन सुंदर था पर इतना छोटा था कि एक नज़र भर देख लेने से आपको उसकी पूरी सुंदरता का अंदाज़ा हो जाए। दूर तक बिछी रेल की पटरियाँ थीं। धूप तेज़ होते ही एक ठंडी हवा की लहर गाल-गरदन सहला देती। मैं ख़ुद से भाग भी नहीं सकता था। क्या थी यह असहजता? फिर अचानक दो-चार लोग स्टेशन पर आते दिखे तो मैं चौकन्ना हो गया। इतनी देर जो आराम से चल रहा था, एकदम सीधा चलने लगा। फिर सोचा ऐसे क्यों हुआ होगा। शायद यही कारण था कि मुझे अपनी असहजता अंदर से निरंतर कुरेद रही थी। मैं यूरोप में आकर भी ख़ुद को भारतीय ही समझ रहा था। मैंने भारत को दरअसल पीछे छोड़ा ही नहीं था। जब आप अपने देश की सामा लाँघ कर किसी दूसरे देश में यात्रा करते हैं तो आपको अपने देश को पूरी तरह पीछे छोड़ आना चाहिए। यह एक तरह का अभ्यास है जो आपको बहुत-सी यात्रा करने के बाद विदेशों में भी सहज बनाए रखेगा। प्राग आते-आते मैंने यह सोच लिया कि अब मैं ख़ुद को बिल्कुल खुला छोड़ दूँगा। किसी भी व्यक्ति, जगह, संस्कृति या भाषा के कारण असहज नहीं होऊँगा।

जिस हॉस्टल में हमने कमरा बुक किया था वह मुख्य स्टेशन से दूर था। हम मेट्रो से उस इलाक़े में पहुँचे पर फिर भी हॉस्टल दूर था। अस्मी ज़िद करके ज़माने के साथ चलने वाली लड़की है। उसने हम तीनों के लिए एक ऐसा टिकट ख़रीद लिया था जिसमें हम पूरे पाँच दिनों तक किसी भी बस, मेट्रो, ट्राम या रोपवे का प्रयोग कर सकते थे। प्राग में हर जगह, हर रास्ते पर ट्राम चलती है। शाम होते ही जब आसमान आख़िरी रौशनी के तिनके बटोर कर अपनी जेब में भर लेता है और गहरा होता चला जाता है, तब इन ट्राम की हेडलाइट रास्तों पर बिखरे जीवन को इतना प्रज्वलित कर देती है कि Steve McCurry भी इस दृश्य को अपने कैमरा में नहीं उतार पाएँगे। इस दृश्य को केवल आँखों से एक क्षण के लिए देखा जा सकता है। दूसरे क्षण भी यह दृश्य आपके सामने होगा पर आप इसे वैसा नहीं देख पाएँगे जैसा वो आपको पहले क्षण में दिखा था। ऐसा ही कुछ मुझे इस्तांबुल के Taksim Square में बर्फ़ के बीच से निकलती लाल ट्राम के बारे में भी लगता है।

हॉस्टल के रिसेप्शन पर जो आदमी था वह वहाँ आने वाली हर लड़की से फ़्लर्ट करता। छुप-छुपकर नहीं। सीधे-सीधे सबके सामने शुरू हो जाता। हमने उसे अनदेखा किया और फ्रेश होकर सीधे निकल गए Charles Bridge की ओर।

ओफ़्फ़! कितना सुंदर! कितना ज़्यादा सुंदर! बहुत सुना था चार्ल्स ब्रिज के बारे में। इंटरनेट पर बहुत सारी तस्वीरें देखी थीं। ब्रिज के बारे में जितना हो सके पढ़ लिया था। जितनी हो सके जानकारी बटोर ली थी। सोचा था जब भी वहाँ जाऊँगा तो मैं ठीक-ठीक कहाँ और समय में कितना पीछे हूँ इसका मुझे पूरा पता होगा। वह ब्रिज, वह जगह मेरे लिए महज़ एक पर्यटन स्थल नहीं होगा। मैं अस्मी से इस ब्रिज के बारे में ब्रिज पर खड़ा होकर बातें करूँगा कि कैसे यहाँ से एक तरफ़ ख़ूबसूरत प्राग Castle (क़िला) दिखाई देता है और कैसे दूसरी तरफ़ Old Town अपनी कहानियाँ लेकर सदियों से यही खड़ा है। इतना ही नहीं, मैंने ब्रिज के नीचे से बहती नदी का नाम जब पढ़ा तो बहुत देर तक उसका उच्चार नहीं कर पाया। फिर Youtube पर जाकर मैंने इसका उच्चार सीख लिया। Vltava River (वल्तवा नदी) चेक भाषा में इसका उच्चार और ज़्यादा सरल था। वल्तावा, मैंने यही उच्चार याद रखा।

पर जैसे ही मेरी पहली नज़र ब्रिज पर पड़ी मेरे अंदर कुछ थम गया। सूरज के पूरी तरह ढल जाने के बाद भी आसमान इतना तेजस्वी दिखाई दे सकता है यह कल्पना मैं कभी नहीं कर पाता अगर मैं इस समय ऐसी शाम देख नहीं रहा होता। यह वो जगह थी जहाँ संसार का हर चौथा लेखक इस दृश्य की तुलना किसी ना किसी तरह पेंटिंग से करने के मोह में पड़ जाता है। किसी अद्भुत दृश्य की तुरंत किसी पेंटिंग से तुलना करना इतना घिसा-पिटा लेखकीय तरीक़ा है कि इस समय मैं इस तुलनात्मक वर्णन को दुनिया की सारी किताबों में से एक झटके में मिटा देना चाहता हूँ। जिन्होंने ऐसे वर्णन लिखे हैं, उनके हाथों से क़लम खींच लेना चाहता हूँ। लेखन प्रकिया में यह जगह इतनी नाज़ुक है कि यहाँ आप किसी पेंटिंग का संदर्भ देकर पीछा नहीं छुड़ा सकते। लेखन को गंभीरता से लेने वालों को तो इतनी आसानी से पीछा छुड़ाना भी नहीं चाहिए। थम जाना चाहिए। सच कहना चाहिए। या फिर इस वर्णन के मोह में पड़ना ही नहीं चाहिए। पेंटिंग से तुलना करने वाले वर्णन, पाठकों को कोई अनोखा अनुभव देने की क्षमता तो नहीं रखते पर फिर भी लेखक को एक अजीब सुकून दे जाते हैं कि कैसे उसने कुछ बहुत ही अलग और अनोखा लिख दिया है।

कितना बड़ा धोखा है यह! न सिर्फ़ पाठकों के साथ बल्कि लेखक का अपने ख़ुद के साथ। अपने लेखन... अपने काम के साथ।

चार्ल्स ब्रिज ने मुझे विस्मृत कर दिया था। जो कुछ मैंने पढ़ा था और अपनी दोस्त को बताना चाहता था सब भूल गया। आस-पास बहुत से पर्यटक थे जो बहुत-सी तस्वीरें ले रहे थे। मैंने भी कुछ तस्वीरें लेने की कोशिश की। पता चला कि ली हुई तस्वीरें वैसी बिल्कुल नहीं आ रहीं जैसा दृश्य असल में दिख रहा है। मैंने कैमरा बंद करके बैग में रख दिया। हम चलते रहे। ब्रिज पर पहुँचने से पहले उत्साह और जिज्ञासा हमारे चलने की गति नियंत्रित कर रही थी। ब्रिज पर पहुँचने के बाद अचानक से एक ठहराव आ गया था।

जब भी हम किसी जगह का मन में कोई चित्र बना लेते हैं तब हम उस जगह की सुंदरता की मर्यादा भी तय कर लेते हैं। बहुत कम बार ऐसा होता है कि कोई जगह हमारे सामने आते ही हमारी पहले तय की हुई सुंदरता की मर्यादा को इतनी बेबाक होकर लाँघ लेती है कि हमारे पास शब्द नहीं होते किसी भी तरह के वर्णन के लिए। हम एक-दो क़दम चलते, फिर रुकते। फिर जितना हो

सके दूर तक फैले शहर को देखते।

फिर मुड़कर चमकते हुए प्राग कासल को देखते। फिर दो क़दम आगे बढ़ते। हम साथ-साथ बिल्कुल नहीं चल रहे थे। हम ब्रिज के बीचोबीच जाकर अपने आप रुक गए। मैंने एक ऐसी जगह देखी जहाँ से किसी पर्यटक को तस्वीर लेने में कोई रुचि नहीं थी। मैं वहाँ जाकर ओल्ड टाउन (पुराना शहर) को दोनों आँखों में समेटने की कोशिश करने लगा। इतने सारे पार्यटकों के हो-हल्ले के बीच मैंने भी तो तैयारी की थी एक आदर्श पर्यटक बनने की। फिर अचानक यह क्या हो गया था? यह सारा असर प्राग की सुंदरता का मेरी सुंदरता की संकल्पना में ना बैठ पाने का नतीजा रहा होगा।

जब चुप रहने के अलावा आपके पास विकल्प नहीं बचता तो ठीक उसी क्षण आप अपने दिमाग़ में तेज़ी से बड़बड़ाने लगते हैं। आपके होंठ बंद होते हैं पर जीभ अंदर ही अंदर हरकत कर रही होती है। वह अपने शब्द बोल रही होती है... हिसाब लगाते दिमाग़ की ग़ुलामी कर रही होती है। आपका ऐसा बर्ताव आपके बस में नहीं होता। यह बात समझने के लिए कुछ समय का बीत जाना बहुत ज़रूरी है। यह बात हम तब समझ पाते हैं जब भविष्य के किन्हीं बेहद ख़ाली क्षणों में रेंगते हुए हम अपने अतीत को देख रहे होते हैं।

उम्र के हर पड़ाव पर मुझे बहुत अलग-अलग सपने आते रहे हैं। इन में से कुछ सपने इतने सुंदर थे कि मैंने ज़िद करके उन्हें याद रखा है। वैसे ही मेरे शहर के व्यस्त चलन में और मेरी आने वाली यात्राओं की अनिश्चितता के बीच मैंने चार्ल्स ब्रिज के इन क्षणों को ज़िद से याद रखा है।

ब्रिज से उतरे तो एक घंटे से ज़्यादा बीत चुका था। तुरंत ही कैफ़ेज़ और रेस्त्राँ की रोशनियों से चमकती गलियाँ दिखाई दीं। मैं अचानक जैसे जग-सा गया। तो क्या मैं इतनी देर से ऊँघ रहा था? रौशनी हमारे भीतर कितना कुछ बदल देने का सामर्थ्य रखती है! लोग रास्तों पर बिछी टेबल-कुर्सियों पर सिर्फ़ और सिर्फ़ ख़ुश दिखाई दे रहे थे।

दुकानों से souvenirs ख़रीदे जा रहे थे। बीयर पी जा रही थी। मुझे हमेशा से लगता रहा है कि शाम के इस समय लोग अपना जीवन पूरी आत्मीयता से जी लेते हैं।

"क्या तुमने कभी चेक बीयर के बारे में सुना है?" अस्मी ने पूछा।

"हाँ मैंने बहुत सुना है। लेकिन यह भी सुना है कि बहुत कड़वी होती है।" अस्मी की दोस्त ने कहा।

अस्मी का यह सवाल मेरे लिए था। पर वह किसी को टालती नहीं। उसने अपनी दोस्त से कहा, "तुम कोई Apple Cider जैसी बीयर ले लेना। या फिर हम उनसे पूछ लेंगे की कौन-सी बीयर ज़्यादा कड़वी नहीं है। वही मँगा लेंगे,

don't worry!"

फिर अस्मी ने मेरी ओर देखा। मुझे यह बात पता थी कि सवाल मेरे लिए है। मैंने कहा, "नहीं। मैंने सुना तो नहीं कभी चेक बीयर के बारे में। ट्राय कर सकते हैं।"

हमने रोड पर ही एक खुला-खुलासा कैफ़े देखा और बाहर ठंडी हवा में ठंडी चेक बीयर लेकर बैठ गए। मुझ इतनी कड़वी नहीं लगी। मेरा एक दोस्त है जो सिर्फ़ नाटक करता है। उसने अपनी पढ़ाई होटल मैनेजमेंट में की है। उसने मुझे एक बार चीज़ों को चखने का सही तरीक़ा सिखाया था। कैसे कोई भी चीज़ जीभ पर रखने के बाद धीरे-धीरे बहुत आराम से... ध्यान देकर उसके स्वाद की भीतरी परत तक पहुँचना होता है। मुझे यह बात तब जितनी interesting लगी थी, आज भी उतनी ही interesting लगती है। इस बात को सीख लेने के बाद मैं बहुत-सी ऐसी चीज़ें ट्राय करने के लिए आतुर रहता हूँ। ऐसी चीज़ें जो पहले मेरे खान-पान का हिस्सा कभी नहीं रही हैं।

एक क्रोन में एक चेक बीयर मिल रही थी। यानी यह हुआ कि प्राग में पानी से बीयर ज़्यादा सस्ती है। हमने ख़ूब बीयर पी। ख़ूब बातें कीं। अस्मी बार-बार मुझसे कुछ कहती और फिर उसे अधूरा छोड़ कुछ और बोलने लगती। अपनी दोस्त के सामने वह मुझसे खुलकर बात नहीं कर पा रही थी। न मैं उससे कुछ पूछ पा रहा था।

"तुम खाने में क्या लोगे?" उसने फिर मेरी तरफ़ मेन्यू कार्ड रखना चाहा। मैंने उसकी ओर बस देखा ही था कि उसने वह वापस ले लिया। अस्मी बहुत जल्दी चीज़ें सीख जाती है।

"तुम कुछ नॉनवेज ट्राय करोगे?"

"नहीं-नहीं। बिल्कुल नहीं। मैं नहीं खा पाऊँगा।"

मैं जीवन में मांसाहारी खाना कभी चख नहीं पाया। मैं आज भी इस बात से दुखी नहीं होता हूँ।

"यहाँ यूरोप में बहुत मुश्किल हो जाएगा तुम्हारे लिए।" अस्मी ने वेज के ऑप्शन ढूँढते हुए कहा।

"वो देखा जाएगा। अच्छा जो भी मँगाओ, यह देखना कि उसमें केचप ना हो।"

"क्यों ?" अस्मी ने पूछा।

"क्यों कि केचप एक ऐसी चीज़ है जो खाने के असली स्वाद को मार देती है। फिर वह चीज़ खाने का मतलब ही क्या हुआ ?"

मुझे उसकी कही हुई बातें याद भी ठीक समय पर आती हैं। मन बहलाने वाली इतनी सारी चीज़ें आस-पास होकर भी उसकी बातों का याद आना किस निरंतरता का संकेत है ? जबकि हमारे संबंध में अब किसी भी प्रकार की निरंतरता को मैं ख़ुद ही विराम दे चुका हूँ।

अगले दिन हमें प्राग कासल देखने जाना था। और वो सब जो रास्ते में दिख जाए। ओल्ड टाउन के चौक में लगी प्राचीन घड़ी को देखने इतने लोग आए थे कि मैं घड़ी छोड़ बार-बार लोगों को देखने में लग जाता। पर जब किसी एक गली से होकर किसी दूसरे इलाक़े में जाना होता तो मैं बहुत ज़्यादा उत्साहित हो जाता। घरों की बनावट, लाल छतों पर पड़ती धूप, शांत गलियों में हमारे चलने की धीमी आवाज़ और बीच-बीच में रोमांच से भर देने वाले दुनिया से छिपे हुए गलियों के प्रवेशद्वार। मुझे लगा यह सब इतना सुंदर है कि इसके बारे में किसी को कभी पता नहीं चलना चाहिए। ये जो दृश्य में देख रहा हूँ ये मेरे दृश्य हैं और मैं इन्हें किसी से साझा नहीं करूँगा। अपनी दोस्त को भी नहीं बताऊँगा कि इन गलियों में चलते-चलते अगर अचानक पीछे मुड़ जाओ तो बहुत ही अद्भुत नज़ारा आपकी ओर देख रहा होता है। बताने से यह नज़ारा मैला हो जाता है। ऐसा मुझे आज भी लगता है। मैं आज भी अपनी देखी हुई जगहों के बारे में किसी को बताने से कतराता हूँ।

हम पूरे शहर में पैदल घूमते रहे। हर जगह एक चीज़ बार-बार खटक रही थी। हर किसी ने Franz Kafka को बाज़ार में बिठा दिया था। दीवारों पार, सोविनियर, कप, की-चेन, हर जगह काफ़्का को बेचने की जी-तोड़ कोशिश हो रही थी। जैसे प्राग में काफ़्का के अलावा कुछ है ही नहीं। जब वे जीवित थे तब किसी ने न तो उनको कोई पहचान दी और न किसी ने उनका लिखा पढ़ा। वे मरने के बाद मशहूर हुए। ग़नीमत है कि उनके रहते प्राग के लोगों ने उनको पहचाना नहीं। वरना उन्हें मरने भी न देते। कहते कि थोड़ा और कुछ लिखिए जिससे हम भविष्य में आपको और ज़्यादा बेच सकें। ऐसी कल्पना कीजिए कि 'ग्रेगॉर फिर नींद से उठा और उसने देखा कि वह फिर से एक बार आदमी बन

चुका है', अब इसके आगे लिखिए।

एक विचित्र कल्पना से मुझे हँसी आ गई। अगर काफ़्का सचमुच अपने जीवनकाल में ही मशहूर हो जाते तो Metamorphosis की शुरुआती लाइन शायद यह होती।

"एक दिन मैं नींद से उठा और मैंने देखा कि मेरे अलावा सब कीड़े बन गए हैं।"

काफ़्का के म्यूज़ियम के बाहर बैठने के लिए बहुत अच्छी जगह है। बाहर एक आइसक्रीम बेचने वाला भी है। म्यूज़ियम के अंदर इतनी अंतर्मुख कर देने वाली कड़वी सच्चाई के बाद शायद आइसक्रीम खाना ज़रूरी होता होगा।

मैंने सोचा कि किसी तरह काफ़्का को बाहर बुलाऊँ और उनसे थोड़ी ऐसी बातें करूँ जो शायद उन्हें पसंद ना आएँ। मैं Metamorphosis पढ़ने के बाद भरा बैठा था। अगर काफ़्का सचमुच बाहर आते तो मैं उनसे ज़रूर पूछता कि आप ने इतना दुख किसी ख़ुशी में खोजा है भई? आपके पिता आप से अच्छा बर्ताव नहीं करते थे इसलिए? या शारीरिक तौर पर वे आप से काफ़ी तगड़े और लंबे थे और आपको हमेशा लगता कि आप उनकी एड़ी के नीचे दब रहे हैं इसलिए? मैं उनसे पूछना चाहता था कि आख़िर क्यों उन्होंने माता-पिता को इतना महत्त्व दे रखा है। दुनिया में दो प्रकार के माता-पिता होते हैं। एक वे जो अपनी संतान को प्रेम देते हैं। और दूसरे वे जो अपनी संतान को जन्म के अलावा कुछ नहीं देते। जीवन में अधिकतर बच्चों के नसीब में दूसरे प्रकार के माता-पिता ही आते हैं। क्या यह बात समझने के लिए इतनी कठिन है? हमारे यहाँ तो बच्चे भी इसीलिए हो जाते हैं क्योंकि शादी हो गई है। अब आप कहेंगे कि माँ-बाप कैसे भी हों, आख़िर पालते तो वे ही हैं। आपका ख़र्च तो उठाते ही हैं। तो वे इसलिए पालते हैं कि उन्हें अपनी संतानों में अपने बुढ़ापे का सहारा दिखता होगा। वे जो हम पर ख़र्च करते हैं वो दरअसल हमारा ख़र्च नहीं है। वो उनके भविष्य के लिए बच्चों में किया हुआ निवेश है, Investment... मैं यह बात दावे से नहीं कह सकता पर अधिकतर ऐसा ही होता है।

"मैं अंदर जा रही हूँ। तुम चलोगे?"

"नहीं। तुम दोनों हो आओ।"

वे दोनों काफ़्का से मिलने अंदर चली गईं।

"हाँ। तो बताइए काफ़्काजी, मैं आपको फ्रांज़ कहूँ?"

First name से बुलाने पर बहुत-सी ग़ैरज़रूरी औपचारिक दीवारें हट जाती हैं। Advertising में सीखने लायक़ अगर कोई अर्थपूर्ण बात है तो वह यही है।

"हाँ बिल्कुल, I don't mind. The more informal, the warmer!"

"तो फ्रांज़, मुझे यह बताइए क्या हम यहाँ केवल माँ-बाप का प्रेम हासिल करने आए हैं?

"अरे! ऐसा क्यों पूछ रहे हो?"

"आप ऐसा क़तई मत समझना कि मैं यहाँ आपका कोई interrogation करने बैठा हूँ। मैं बस जानना चाहता हूँ। क्या हम यहाँ केवल माँ-बाप का प्रेम ही हासिल करने आए हैं?"

"पता नहीं। मुझे वह मिला नहीं इसीलिए शायद मैं उसे अपने लिखे में भी खोजता रहा। क़रीबी लोगों से प्रेम मिलना बहुत महत्त्वपूर्ण है जीवन में।"

उनकी यह बात मुझे बिल्कुल ठीक नहीं लगी। अपने जीवन का महत्त्व किसी और के प्रेम देने पर आख़िर क्यों निर्भर हो? मैंने अपने सवाल बिना किसी संकोच के, बिना किसी आवरण के उनके सामने रख दिए। मैं बस पूछता रहा।

"और अगर हमें उनका प्रेम ना मिले तो क्या हमें अपने आप को दुख और निराशा के कुएँ में धकेल देना चाहिए? प्रेम पाने की तड़प को अपनी पीड़ा का केंद्र बनाकर बार-बार वहाँ से बाल्टी-बाल्टी दुख लेकर अपने साहित्य की रचना करना कितना ज्यादा ग़लत लगता है। क्या आपको यह ग़लत नहीं लगता?"

काफ़्का को शायद ऐसे सवाल अपेक्षित नहीं थे। कुछ देर हमारे बीच मौन रहा। मैंने मौन तोड़कर सवाल जारी रखे।

"क्या माँ-बाप के प्रेम के बिना नहीं चल सकता?"

"पता नहीं। मेरे अंदर प्रेम पाने की लालसा इतनी ज्यादा थी कि मैंने शायद एक क्षण के लिए भी कभी सोचा नहीं कि वह ना मिले तो क्या होगा? I denied even the slightest possibility of the world beyond love.

"इसीलिए शायद आप बार-बार ब्रॉथेल भी जाते रहे?"

"यह तुमसे किसने कहा ?"

"एक टूअर गाइड ने। वह अलग-अलग देशों से आए बहुत से लोगों से पैसे लेकर उन्हें आपका जीवन बताता है, ताकि अपना जीवन अच्छे से बिता सके।"

काफ़्का बहुत, बहुत ज़ोर से हँसने लगे।

"तुम इतने चालाक हो, कि टुअर गाइड की बुराई भी नहीं की और उसके काम का अवमूल्यन भी कर दिया।"

"जिसके हेतु इतनी सरलता से पकड़े जाएँ वो कहाँ का चालाक ? मुझे आप साधारण ही रहने दीजिए।"

"वैसे मुझे तुम्हारे भीतर कुछ और होता हुआ भी दिखाई पड़ रहा है।" उन्होंने मुझे कुरेदकर देखना चाहा।

"अरे आप प्लीज़ किसी भी निष्कर्ष पर मत पहुँचिए। मैं केवल जानना चाहता हूँ कि क्यों है माँ-बाप का प्रेम इतना महत्त्वपूर्ण ?

"क्योंकि वे प्रेम का सबसे नज़दीकी स्रोत हैं। इसीलिए उनसे अपेक्षा भी सबसे पहले की जाती है।"

"पर बच्चा धीरे-धीरे बड़ा भी तो होता है। अगर बच्चे को बड़े होते समय इस बात की भनक ना लगे कि उसके माँ-बाप उसे प्रेम देने में पूरी तरह असमर्थ हैं, तो फिर वह बच्चा बेवक़ूफ़ है। वह और गहरी खाई की ओर बढ़ रहा है। वह बच्चा प्रेम न मिलने के ही लायक़ है।"

"तुम कुछ ज़्यादा चिढ़े हुए नहीं हो ?"

"विश्वास कीजिए मैं सिर्फ़ ऐसी बातें सीधे-सीधे कर रहा हूँ जो हमारे समाज को बहुत पहले से ही खुलेआम कर लेनी चाहिए थी। इसमें कोई आपत्ति नहीं है। होनी भी नहीं चाहिए।"

"हम्म ... तो तुम्हारा कहना है कि अधिकतर माँ-बाप को अपने बच्चों के प्रति प्रेम का कभी एहसास तक नहीं होता ?" उन्होंने सीधा मेरी तरफ़ देखते हुए पूछा।

"बहुत बार ऐसा भी होता है कि माँ-बाप अपनी संतानों को बुरी तरह मार-पीटकर, उन पर अपनी असफलता का frustration निकालकर उन्हें बड़ा करते हैं। फिर जब बच्चा अपने रास्ते निकल जाता है तब वे प्रेम discover करते हैं। तब उन्हें प्रेम हर मायने से अचानक समझ आ जाता है।"

"तो इसमें हर्ज ही क्या है ? उनको आख़िर अपनी संतान के प्रति प्रेम महसूस तो हुआ।"

"आपके इस वाक्य में 'आख़िर' शब्द बहुत महत्त्वपूर्ण है। बच्चों को प्रेम चाहिए होता है जब वो बच्चे होते हैं। तब नहीं जब वो ख़ुद चार ठोकरें खाकर प्रेम का अर्थ अपने हिसाब से खोज लें। आख़िर में माँ-बाप का प्रेम किसी काम का नहीं रहता।"

"तो फिर माता-पिता को अपनी संतान के प्रति आख़िर में जो महसूस होता है वह प्रेम नहीं होता ?"

"होता होगा। पर उससे बच्चे का अब क्या लेना-देना ? वो असल में बस एक पछतावा होता होगा जो उन्हें प्रेम लगता है। और आप ऐसे सोचकर देखिए कि जब संतान उनसे प्रेम की अपेक्षा अपने हाथों से नष्ट कर देती है ठीक तभी माँ-बाप उसे प्रेम देने और उसका प्रेम लेने चले आते हैं। यह और ज़्यादा दर्दनाक नहीं है ?"

"मेरे पिता तो नहीं आए ऐसे कभी।"

"यह ज़्यादा अच्छा है फ्रांज़। इसमें कम-से-कम यह बात पक्की हो जाती है कि अब कोई ड्रामा नहीं झेलना पड़ेगा। आदमी मुक्त होकर अपने रास्ते जा सकता है।"

"मैं आख़िर तक मुक्त नहीं हुआ शायद।"

"फ्रांज़... सच बताऊँ तो यह कितना ज़्यादा टॉर्चर है। जब चाहो बच्चे को कुचल-मसल डालो और जब चाहो अपना प्रेम लेकर उसे दिखाने आ जाओ। और समाज के नियमों के अनुसार संतान को भी उन्हें स्वीकार कर लेना चाहिए। अरे पर उन्होंने अपनी ही संतान को एक कभी न भरने वाला घाव दिया है उसकी accountability के बारे में इन पूजनीय माता-पिता से कौन पूछेगा ?

"पर इंसान उम्र के साथ बदलता भी तो है। किसी उम्र में उस पर क्रोध हावी रहता है। तो आगे चलकर उसका पछतावा भी तो होता है।"

"जिसका क्रोध एक बच्चे पर निकल जाए वो इंसान सौ बार बदलने पर भी थोड़ा कम इंसान ही रहेगा। इसीलिए मुझे हमेशा से ऐसा लगता रहा है कि बदला लेने में एक अभूतपूर्व समाधान है। जो मिला है उसे वैसा का वैसा लौटा दो। हो सके तो दोगुना करके।

"तुम्हारी बातों में हिंसा क्यों दिखती रहती है?"

"नहीं कोई हिंसा नहीं है। यह बस सीधा-सीधा सच है। और वैसे मैं यह बात दूसरी तरफ़ से भी कह रहा हूँ। अगर आपको सही समय पर सही प्रेम मिले तो उसे भी दोगुना करके ही लौटाना चाहिए।"

फ्रांज़ कुछ देर चुप रहे। वे बार-बार मेरे भीतर झाँकना चाह रहे थे। मैं बार-बार मुस्कुराकर उन्हें बाहर ही रोक लेता। फिर उन्होंने कहा,

"और अगर बूढ़े माँ-बाप को सहारे की ज़रूरत हो तो? उनकी मदद भी नहीं करनी चाहिए?"

"आप मुझे ग़लत समझ रहे हैं। मैं कठोर होने को नहीं कह रहा। मैं बस जो जैसा है उसे वैसा ही कहने को कह रहा हूँ। मदद करना न करना बहुत अलग विषय है। बूढ़े माँ-बाप को अगर ज़रूरत हो भी तो उन्हें सीधे-सीधे मदद माँगने में भी शर्म नहीं आनी चाहिए।"

"हम्म... तो इस हिसाब से मुझे भी बदला लेना चाहिए था अपने बाप से।"

"उन्होंने आपको पीटा नहीं कभी। एक शक्तिशाली बाप का अपनी कोमल संतान को घंटों तक पीटना एक अलग तरह से मर जाने जैसा है। पर हाँ, आपके साथ भी कुछ कम बुरा नहीं हुआ। तो आपको लेना चाहिए था बदला। तब मैं आप से मिलने वाले समाधान के विषय में बिना डरे और चर्चा कर सकता।"

"हाहाहा और कैसे बदला लेना चाहिए था मुझे?"

"फ्रांज़ आप अगर हिंदू होते तो मैं आपको कहता कि आपके पिता जब मर जाएँगे तो आप उन्हें मुखाग्नि क़तई मत देना। उन्हें भी इतनी आसानी से मुक्ति क्यों मिले? वो भी बस इसीलिए क्योंकि अब वे मर गए हैं? लेकिन ख़ैर यह नौबत ही नहीं आई। आप उनके पहले ही चले गए।"

उनका हँसना एकदम से रुक गया। वे कुछ देर मेरी ओर देखते रहे। पहले मुझे लगा कि मैंने शायद कुछ ज़्यादा ही बोल दिया। फिर सोचा फ्रांज़ से ये बातें करने में हर्ज़ ही क्या है। शायद वे ही समझ पाएँगे इन बातों को।

अस्मी और उसकी दोस्त म्यूज़ियम से बाहर आईं तो दोनों ही अपनी उम्र से बड़ी लग रही थीं।

"म्यूज़ियम से इतना थककर कौन आता है अस्मी?"

वह थकी-सी आकर मेरे पास बैठ गई और लगभग एक बोतल पानी पी लिया। कुछ देर एक पेड़ के नीचे सुस्ता कर हम प्राग में फिर एक बार पैदल चलते पर्यटक बन गए। बहुत चले। एक पर्यटक को प्राग में जितना कुछ देख लेना चाहिए वो सब हम देख चुके थे। मैं इस पर्यटन से अब ऊब रहा था। क्यों हमें देखना होता है सब कुछ? क्यों जानना होता है पूरे के पूरे शहर को? क्या हमारा हर बार इस एक बात को लेकर डरना ज़रूरी है कि कुछ देखना बाक़ी रह जाएगा? क्यों हमें हमेशा पहले योजना बनानी होती है और फिर समय से जूझते हुए उस योजना को पूरी तरह सफल बनाना होता है? मेरे मन में ये बातें चक्कर काट रही थीं तभी अस्मी ने पूछा–

"क्या हम इस कासल के अंदर चलें?"

"मेरा मन नहीं है। तुम दोनों हो आओ।"

"मन तो मेरा भी नहीं है। पर मुझे लगा तुमसे पूछ लेना चाहिए।"

"नदी किनारे चलकर बैठें?" मैंने पूछा।

अस्मी ने कहा, "वहाँ से होते हुए घर चले जाएँगे। यहाँ से चार्ल्स ब्रिज पास ही में है। कल वाले कैफ़े में चलें प्लीज़?" अस्मी को अचानक कल बिताए अच्छे समय की याद से जैसे ऊर्जा मिल गई थी।

"आओ तुम दोनों को बीयर पिलाता हूँ।"

फिर से एक बार हम उन्हीं रास्तों पर से होते हुए, उन्हीं अचंभे और शाम के गहरे नीले रंग के बीच से कैफ़े पहुँचे। सुबह से चल-चलकर पैर थक चुके थे। ठंड बहुत थी। बहुत बीयर पी गई। बहुत हँसा गया। बहुत खाया गया। बहुत बातें की गईं। उस दिन सब कुछ बहुत हुआ।

रात को खा-पी लेने के बाद प्राग की सड़कों पर मराठी लोक संगीत ज़ोर-ज़ोर से गाते हुए मैं चल रहा था। मेरे साथ चल रही दोनों लड़कियाँ मुझसे सुरक्षित दूरी बनाकर चल रही थीं। जिससे कम-से-कम ये पता चल सके कि मैं उनके साथ नहीं हूँ। हॉस्टल पर पहुँचे तो हर लड़की से फ़्लर्ट करने वाला रिसेप्शनिस्ट किसी लड़की को हॉस्टल के बाहर सड़क पर चूम रहा था। जबकि लाइट उसने रिसेप्शन की बंद कर रखी थी। कड़वी चेक बीयर का एक फ़ायदा यह भी है कि वो आपको आस-पास के सभी लोगों के लिए ख़ुश होना सिखा देती है। दिन भर की थकान और बीयर के बाद मैं थोड़ा ढीला-सा पड़ चुका था। मैं अपने बिस्तर पर जैसे ही लेटा मुझे लगा कि दिन भर का सारा जीया हुआ एक मिथ है, कहानी है जो मैंने अपने बहुत से ख़ाली समय में म्यूट टीवी के सामने बैठे-बैठे गढ़ दी है। एक शहर, उसकी ठंडी हवा, चलना, टीले के ऊपर से दिखाई देने वाली घरों की लाल छतें जैसे पूरे शहर पर कोई क़ालीन बिछा हो, इतिहास, उकता जाना, गुम होना, किसी अपरिचित भाषा के शब्दों को बस इसीलिए दोहराना क्योंकि वे आपका ध्यान लंबी दूरी की थकान से हटा देते हैं, काफ़्का, आइस्क्रीम, लोक संगीत, सड़क, चेक बीयर, कड़वी बीयर, चार्ल्स ब्रिज़, कासल, नदी के किनारे एक-दूसरे के प्रेम में बुरी तरह फँसे लोग, थकान...

सब कुछ। सब जैसे एक फ़िक्शन का कोई हिस्सा हो जिसे आप बस दूर से देख रहे हों। जैसे मरने के ठीक पहले आपका सारा जीवन आपकी आँखों के सामने से गुज़र जाता होगा, वैसे ही सोने के ठीक पहले दिन भर का सारा जीया हुआ आँखों के सामने से गुज़र रहा था। क्या आपके साथ भी ऐसा होता है ?

प्राग में अगले कुछ दिन हम ऐसे ही भटक रहे थे। कहीं कुछ अच्छा दिख जाता तो रुक जाते। कुछ देर बैठ जाते। कोई कैफ़े अच्छा और ख़ाली दिख जाता तो एक कॉफ़ी पी लेते। कहीं एक मेक्सिकन रेस्त्राँ मिल गया था। वहाँ का खाना

मुझसे ठीक से खाया जाता। पतली रोटी में टिक्की या फिर कोई सब्ज़ी भर के उसे बहुत ही आकर्षक तरीक़े से चटनियों के साथ सजाकर सामने रख दिया जाता। मेरी दोस्त मुझ पर हँस दी थी क्योंकि उसे लगा कि मैं किसी बहुत ही अनोखे खाने की सीधे-सीधे भारत की सब्ज़ी-रोटी से तुलना कर रहा हूँ। उसने बताया उन्हें यहाँ रोटी नहीं tortilla कहते हैं। फिर ऐसे ही कुछ नाम उसने उन सब्ज़ियों के लिए भी बताएँ जो अब मुझे याद नहीं। हमारा खाना हमसे कितना अंदर तक जुड़ा है यह बात हमें यूरोप में बहुत स्पष्ट रूप से पता चलती है। भारत का खाना मुँह से होते हुए हमारे पेट में नहीं जाता। वह हमारी तृप्ति की अंतिम सीमा तक जाता है।

एक दिन खाने के बाद दोनों लड़कियों को पास ही की दुकान से कुछ ख़रीदना था। मैंने साथ जाने से मना कर दिया। मैं बाहर की ठंडी हवा में कुछ देर एक धूप का छींटा पकड़कर अकेले बैठना चाह रहा था। ऐसा एक कोना मैंने जल्दी से खोज लिया और वहाँ पैर समेटकर बैठ गया। बहुत देर तक मैं शहर को दौड़ते हुए देखता रहा। ट्राम, बस, गाड़ियाँ, दूर से झाँकती सेंट वाइटस (चर्च) की नुकीली छत, बढ़ती ठंड के साथ लोगों के मुँह से उठता सिगरेट का धुआँ और भाप, ओवरकोट की जेबों में गर्माहट ढूँढते हाथ और अकेले चलते लोग। हर शहर का एक चलन होता है, जिसका ठीक-ठीक अनुमान हम तब बेहतर लगा सकते हैं जब हम उस शहर के साथ कुछ समय बिता लेते हैं। किसी शहर में जाते ही उस शहर के प्रति हमारी जो राय बन जाती है वह केवल उस शहर की हम पर पड़ी पहली-पहली छाप होती है, उसका चलन नहीं। इस हिसाब से मुंबई, टोकियो या न्यूयॉर्क जैसे शहरों के साथ बहुत अन्याय हो जाने की संभावना हमेशा बनी रहती है। और अन्याय होता भी है।

प्राग में जैसे ही ट्रेन से उतरा था तो लगा था कि बहुत ही आधुनिक जीवनशैली रखने वाले शहर में आ गया हूँ। मुझे ऐसी जगहों की आदत नहीं है तो कहीं मेरे किसी बर्ताव से इस जीवनशैली के शिष्टाचार को धक्का न लग जाए। मैं सतर्क हो गया था। पर कुछ ही दिन बिताने के बाद लगा कि यह शहर कितना सहज एक संतुलन बनाए है। यह होफ़ जैसा धीमा बिल्कुल नहीं है। न ही मुंबई जितना तेज़। यह मेरे शहर पूना जैसा है। भीड़ ढूँढने निकलो तो मिल जाएगी। एकांत ढूँढने निकलो तो भी आसानी से मिल ही जाएगा। दो बहुत ही

भिन्न शहरों में एक जैसी आत्मा को देख लेना हमारे पूर्वानुमानों को तहस-नहस कर देता है। किसने सोचा था कि एक दिन प्राग में मुझे पूना दिख जाएगा? किसे पता था कि यह शहर मुझे इतना सहज कर देगा कि मैं देर रात इसकी सड़कों पर भारतीय लोकसंगीत गाता नज़र आऊँगा? शहर में होना और शहर में घुल जाना... इन दो परिस्थितियों में यही सहजता अंतर पैदा करती होगी। मैं अपनी जगह पर बैठा प्राग की सड़कों को, सड़कों पर ट्राम की बिछी पटरियों को देख रहा था। पटरियों पर धूप पड़ती तो वे सुनहरी दिखने लगतीं। पटरियाँ शहर की नसों के समान प्रतीत हो रही थीं। मुझे आज भी वो दृश्य साफ़-साफ़ दिख जाता है। अजीब बात है यह कि आप जगहों की चाहे जितनी भी अच्छी तस्वीर क्यों न ले लें, उन जगहों को आप अतीत में जाकर ही याद करना पसंद करते हैं, तस्वीरों में नहीं।

बार-बार आ-जा रही धूप अचानक पूरी तरह से ग़ायब हो गई थी और मैं अस्मी से उधार लिए जैकेट और मफ़लर में ठिठुर रहा था। मेरे सामने वाले फ़ुटपाथ पर एक लड़की बहुत देर से चेक भाषा में कभी धीरे तो कभी ज़ोर से बातें कर रही थी। अब उसकी बातें बंद हो गई थीं। वह अपना फ़ोन जेब में रखकर किसी गहरी सोच में वहीं बैठी रही। फिर उठी और दूसरी तरफ़ मुँह करके रोने लगी। मैं अपनी जगह पर खड़ा हो गया। अगर मास्टर कैमरा लगाकर यह दृश्य कोई शूट कर लेता तो लगता जैसे मेरा और उस रोती हुई लड़की का कोई ऐसा संबंध है जो इस समय अपने बहुत ही नाज़ुक दौर से गुज़र रहा है। वो जितना रोती मैं उतना ही असहाय महसूस करता। पहले सोचा कि अस्मी आएगी तो उसे इससे बात करने के लिए भेज दूँगा। कुछ देर के बाद मुझसे रहा नहीं गया तो मैं ख़ुद ही उसके पास चला गया।

"Excuse me. Are you okay?"

मैंने बहुत हिम्मत जुटाकर उससे आख़िर पूछ ही लिया। पहले वह पलटी नहीं। फिर उसने अपनी जैकेट से रूमाल निकाला। आँखें और नाक पोंछ लेने के बाद वह पलटी और मुझसे उसने चेक भाषा में कुछ कहा। फिर वह वहाँ से जल्दी में निकल गई। मैं चेक बिल्कुल भी नहीं समझता। पर जिस तरह वह वहाँ से निकली थी, मुझे लगा उसने मुझसे दख़ल न देने के लिए कहा होगा। मैं बुरी तरह सहम गया और फिर अपनी जगह लौटा जहाँ मैं इतनी देर से बैठा था। अब

मुझसे बैठा भी नहीं जा रहा था। अचानक से एक उदासीनता-सी छा गई। लोगों से उनका दुख पूछ लेने से उनके दुख क्या आप से चिपक जाते हैं? अगर ऐसा है, तो दो देशों के, दो अलग-अलग भाषा बोलने वाले, एक-दूसरे से बिल्कुल अनजान व्यक्तियों का आपस में ज़रूर कोई नाज़ुक संबध है।

अजीब बात यह है कि आज भी जब मैं यह क़िस्सा याद करता हूँ तो मुझे उस लड़की का चेहरा बिल्कुल याद नहीं आता... पर रो-रोकर लाल पड़ चुकी उसकी नाक और आँखें वैसै की वैसी याद हैं। उसके शरीर का लंबा और दुबला-सा ढाँचा। कंधे आगे की तरफ़ झुके हुए और उनके बीच दबाए अपने चेहरे से वह बार-बार आँसू पोंछ रही थी। बीच-बीच में अपने गालों को उँगलियों से अंदर की तरफ़ दबाती और रोना एकदम से रोक देती। कुछ देर बाद फिर रोने लगती तो फिर अपने गालों को उँगलियों से अंदर दबाती। आदमी जब कभी पीड़ा के केंद्र में होता है तब इतना असहाय हो जाता है कि अपना ही ध्यान भटकाने के लिए हाथों या पैरों को कुछ काम दे देता है। यह डूब जाने के पहले हाथ-पैर मारने जैसा ही है। गहरे दुख के सामने सीधे-सीधे हार जाना शायद किसी को नहीं आता। दुख बहुत देर तक याद रहता है। आज इतने सालों बाद लग रहा है कि दुखी आदमी भी बहुत देर तक याद रहता है।

दिन के ढल जाने तक हम ओल्ड टाउन की सड़कों पर घूमते रहे। ठंड बढ़ जाने पर या पैरों को आराम देने के लिए बीच-बीच में रुककर कॉफ़ी पीते रहे। शाम को हमारे क़दम अपने आप चार्ल्स ब्रिज की ओर मुड़ जाते। और साथ ही पथरीली गलियों में बिछे उन कैफ़ेज़ की ओर जहाँ कड़वी चेक बीयर अब कुछ-कुछ मीठी लगने लगी थी। सच... विश्वास कीजिए!

प्राग में आते ही मेरी दोस्त ने इतनी सारी योजनाएँ बना ली थीं कि उन्हें पूरा करते-करते मैं उकता गया था। मैं बिना किसी कारण जहाँ चाहे वहाँ पैदल चलना चाह रहा था। यह हमारा प्राग में आख़िरी दिन था। आज कुछ नहीं करना तय हुआ। सुबह उठते ही मुझे बाक़ी बिताए हुए दिनों के मुक़ाबले बहुत हल्का लगने लगा। कॉफ़ी आराम से पी जा सकती थी। ब्रेक फ़ास्ट आराम से किया जा सकता था। दिन कुछ ज़्यादा सर्द था। हम आराम से तैयार होकर कुछ देर तक लॉबी में ही बैठे रहे। वहाँ पता चला कि आज शाम यहीं लॉबी में बीयर फ़ेस्ट है।

अलग-अलग देशों से आए लड़के-लड़कियाँ एक साथ एक टेबल पर बैठकर चेक बीयर और चीज़ के अलग-अलग प्रकार चखकर देखने वाले हैं। मेरा भी मन हुआ उसमें शामिल होने का। फिर यह तय हुआ कि शाम तक कहीं भटक लेते हैं और फिर बीयर फ़ेस्ट के लिए वापस आ जाएँगे। न चाहते हुए भी कुछ ना कुछ योजना बन ही गई।

हम अपने हॉस्टल से आख़िर निकल पड़े। कहीं पहुँचना नहीं था इसीलिए चलने की गति भी आज और दिनों के मुक़ाबले बहुत धीमी थी। मौसम भी किसी को इम्प्रेस करने के मूड में नहीं था। आज उसने अपनी ठंडी हवाओं पर नर्म धूप छिड़कना ज़रूरी नहीं समझा। रास्तों पर चलते लोग अपनी गर्दनों को कंधों के बीच दबाए, हाथों को जेबों में छुपाए कभी तेज़ तो कभी और तेज़ चल रहे थे। हवा कानों से सटकर निकलती तो एक बहुत मधुर आवाज़ होती। ऐसी आवाज़ जो एक क्षण के लिए आपको ही सुनाई देती है। मानो आपके लिए ख़ास कंपोज की गई हो। ऐसा शायद बाक़ी दिन भी हो ही रहा था। पर जब आपके सामने करने को कुछ नहीं होता तो आप अचानक सब कुछ बारीकी से देखने-सुनने लगते हैं।

हम दुकानों और लोगों को देखते हुए चल रहे थे। तभी मुझे एकाएक एहसास हुआ कि यह शहर कितना ज़्यादा पुराना है। मध्यकालीन समय में जब ऑर्किटेक्चर से लेकर जीवनशैली तक सब कुछ बहुत तेज़ी से बदल रहा था, तब प्राग इस बदलाव का केंद्र था। यहाँ गॉथिक स्ट्रक्चर्स हैं, पत्थरों से बने रास्ते, इमारतों, और घरों की बनावट... हर एक चीज़ मध्ययुग को अपने भीतर आज भी जीवित रखे हुए है। मेरी जिज्ञासा इतनी बढ़ गई थी कि मैं हर चीज़ में ज़बरदस्ती कुछ खोजने की कोशिश करने लगा। इस बात का एहसास भी तुरंत हो गया था। इतिहास एक ऐसी चीज़ है जो मुझे बहुत ज़्यादा आकर्षित करती है। मैंने बहुत-सी ऐसी जगहें भी देखी हैं जो आज अपने इतिहास से बिल्कुल मेल नहीं खातीं। वे काफ़ी बदल चुकी हैं। उन जगहों पर मेरा इतिहास का आकर्षण एक अवगुण बन जाता है। मैं बार-बार उस बदली हुई जगह को इतिहास में घसीटने की कोशिश करता रहता हूँ और हर बार उस जगह में आए नए... सुंदर बदलाव देखना भूल जाता हूँ। प्राग के साथ ऐसा नहीं था। यह शहर इतिहास में ही है। लोग जब प्राग आते हैं तो दरअसल वे इतिहास में जा रहे होते हैं। वे दूसरे

महायुद्ध में, साम्राज्यों के बनने, बिखरने में और साहित्य एवं रचनाओं के केंद्र में जा रहे होते हैं। ऐसा मुझे इसलिए महसूस हो रहा था क्योंकि मैं दूर से आती एक ट्राम को देख रहा था। बेशक आज प्राग में, मेट्रो है, तेज़ चलती गाड़ियाँ हैं, सुख-सुविधा के उच्चतम विकल्प हैं... पर प्राग में चलती ट्रामों को देखकर आप सब भूल जाते हैं। ट्राम मेरे लिए एक धागे जैसी थी जिसे पकड़कर मैं पहले थोड़ा पीछे... और फिर बहुत पीछे बार-बार जाता रहा।

"इस ट्राम में चलें?" मैंने अस्मी से पूछा।

"कहाँ?"

"जहाँ भी यह जा रही है। जहाँ सही लगे उतर जाएँगे।"

हम ट्राम में बैठे तो मुझे अजीब-सी ख़ुशी हो रही थी। मैं ट्राम में सिर्फ़ इसलिए बैठा था क्योंकि मुझे ट्राम में बैठना था। कहीं जाना नहीं था। हम नेशनल थिएटर के आस-पास कहीं उतरे और चलने लगे। कोई कुछ बोल नहीं रहा था। एक पूरा शहर अपनी मद्धम गति से चल रहा था और हम अपने-अपने विचारों के साथ आहिस्ता। चलते-चलते सामने एक पुल नज़र आया। जब आपको कोई भी पुल दिखाई देता है तो आप उसके दूसरे छोर तक चले जाने के मोह को नहीं रोक सकते। चलते-चलते मेरा ध्यान वाल्तवा पर गया। नदी को माता, जननी या देवी न बनाकर केवल एक साधारण नदी रहने दिया जाए तो इससे असाधारण बात प्रकृति के लिए कोई नहीं होगी। मैंने वाल्तवा को देखा। उसके बहते पानी को देखा। एम्बेंकमेंट पर चलते लोगों को पुल के ऊपर से देखते रहना बहुत सम्मोहित करने वाला दृश्य होता है। थोड़ी-थोड़ी दूरी पर नदी पर बने पुल दिखाई दे रहे थे। तभी अचानक हाथ में पकड़ा मेरा कैमरा पुल की दीवार से टकरा गया और उसका लिड पुल के किनारे से गिरते-गिरते रुक गया। तब मुझे उस दोस्त का चेहरा याद आ गया जिसका कैमरा मैं लिए घूम रहा था। उधार ली हुई चीज़ों का बोझ बहुत ज़्यादा होता है।

थोड़ी देर बाद लगा कि एम्बेंकमेंट पर टहला जाए। कुछ देर वहाँ टहलने के बाद हम बिना किसी कारण नेशनल थिएटर के सामने खड़े रहे। सुस्ताने के लिए वहीं किसी कैफ़े में कॉफ़ी और croissant (इसका उच्चार 'क्वा साँ' किया जाता है जो कि मेरे लिए बहुत ही पेचीदा है) लेकर बैठ गए। मैंने जैसे ही croissant को कॉफ़ी में डुबोया, अस्मी एकदम से बौखला गई। उसने इधर-

उधर देखा। अपनी दोस्त को देखा। मैंने उसकी बौखलाहट देख ली थी तो मैं खाते-खाते रुक गया। तभी उसने मेरे पास आकर धीरे से कहा, "तुम यहाँ पार्ले जी और चाय लेकर बैठे हो?"

"नहीं तो। क्यों? क्या हुआ?" मुझे उसका यह सवाल समझ नहीं आया।

"Croissant को कॉफ़ी में कौन डुबोता है? बेवक़ूफ़!"

मैं अपने जीवन का पहला croissant खाने बैठा था। अब मुझे क्या पता किस के साथ क्या और कैसे खाना होता है। तब मुझे पहली बार यह भी पता चला कि कड़वी कॉफ़ी का स्वाद बदलने के लिए croissant कॉफ़ी पीने के बीच-बीच में थोड़ा-थोड़ा खाया जाता है। छब्बीस साल के जीवन में मुझे पहली बार ऐसा लगा कि मैं ठीक से खाना भी नहीं जानता हूँ। मैं अपने आप पर ही हँसने लगा था।

हॉस्टल पहुँचे तो बीयर फ़ेस्ट शुरू हो चुका था। पहले मुझे लगा था कि बहुत से देशों के अलग-अलग लोगों के साथ बैठना... बातें करना बहुत अलग अनुभव होगा। पर जैसे ही पता चला कि उन लोगों के आपस में ही गुट बन चुके हैं और हमसे बात करने में किसी को रुचि नहीं है तो उन लोगों में मेरी दिलचस्पी बने रहने का कोई भी कारण नहीं बचा। मैंने अपना ध्यान चेक बीयर की ओर केंद्रित कर दिया।

सुबह सब कुछ समय पर हुआ। हम अपना-अपना सामान ट्रेन के डब्बे में लगा चुके थे। ट्रेन स्टेशन पर खड़ी थी। कंपार्टमेंट की किसी भी खिड़की से कोई भी दृश्य दिखाई नहीं दे रहा था। मुझे प्राग में बिताए दिन याद हो आए। किसी शहर को जब आप पीछे छोड़कर जाने लगते हो, ठीक उसी समय आपको उस शहर के प्रति बहुत गहरा जुड़ाव महसूस होता है। पिछले कुछ दिनों को याद करने के बीच में एक बात रह-रहकर मुझे उदास कर रही थी कि शायद मैं प्राग में दोबारा क़दम नहीं रखूँगा। शायद फिर कभी इस शहर में आना नहीं होगा। जीवन के सबसे उदास क्षणों को उनकी तीव्रता के हिसाब से मापा जाए तो किसी को फिर से न देखने वाली बात में सबसे ज़्यादा उदासी नज़र आ जाएगी। यह वही क्षण है जब शहर, शहर नहीं एक बहुत महत्त्वपूर्ण व्यक्ति बन जाता है।

ट्रेन निकली। मैंने सोचा कितना दूर आ गया हूँ मैं। मेरा भौगोलिक ज्ञान बहुत अच्छा है। दुनिया के कौन-से हिस्से में कौन-सा देश किस दिशा में है यह मैं तुरंत बता सकता हूँ। प्राग दुनिया के नक़्शे पर कहाँ है यह बात मैं काफ़ी समय से जानता था। पर ख़ुद को अपने शरीर और विवेक के साथ वस्तुतः यहाँ तक ले आना कितना अलग तरह का भौगोलिक आयाम है। यह आयाम आप के अर्जित किए हुए समूचे ज्ञान की अंतिम रेखा के बाद शुरू होता है। हमारे भीतर भावनाओं का एक महासागर है... एक विश्व है जो अमूमन यात्राओं के दौरान सामने आता है। जिसमें हर एक भाव एक आकाशगंगा जितना बड़ा है। आप उस आकाशगंगा के सौंदर्य को यात्रा के किन्हीं बेहद उदास और नीरव क्षणों

में निहार सकते हैं पर दूसरे ही क्षण वास्तविकता आपको बाहर खींच लेती है। तब आप के भीतर जो भाव रेंग रहा होता है वह आपको उस जगह से हमेशा के लिए जोड़ देता है। भविष्य में वही भाव आपको दोबारा उस जगह ले जाने की ताक़त समेटे हुए रहता है। भूगोल का यह आंतरिक आयाम मुझे पहली बार इतना साफ़-साफ़ समझ आ रहा था। प्राग जब भी याद आता है मैं उदास हो जाता हूँ। शायद वहाँ दोबारा न जा पाने की संभावना की वजह से या फिर वहाँ जो कुछ मेरे भीतर हो रहा था उस वजह से। या फिर कुछ और? मुझे इसका कारण नहीं पता। मैं कभी इसे खोजने बैठूँ तो भी उदास हो जाता हूँ।

मुझे फिर से यह एहसास हुआ कि मैं कितना दूर आ गया हूँ। हमारे पैर हमें कितनी दूर ले जा सकते हैं। हमारे पैर कितनी अद्भुत चीज़ हैं। मानव की उत्क्रांति में विवेक के बाद सबसे बड़ा हासिल उसके पैर ही हैं। मैंने अपने पैरों को देखा। अचानक वे मुझे सुंदर दिखने लगे थे। ट्रेन की हल्की मैली खिड़की से छन कर आती धूमिल रौशनी उन पर पड़ रही थी। मैं जीवन में पहली बार अपने पैरों के घुमाव और उन में इतने वर्षों से छिपी कोमलता को देख रहा था। मैंने तुरंत अपने पैरों की एक तस्वीर ले ली।

होफ़ लौटने पर वह पहले लगा था वैसा पराया बिल्कुल नहीं लगा। कुछ रास्ते, कुछ मोड़, कुछ इमारतें अब मुझे याद हो गई थीं। लगा जैसे अपने शहर, अपने घर को ही लौट रहा हूँ। मैंने जितनी भी यात्राएँ की हैं उन में हर बार अनजान शहरों ने मुझे झट से अपना लिया है। इससे पहले कि मैं उन्हें अपनाऊँ, वे मुझे अपना लेते हैं। हर बार यह बात मुझे यात्रा के ऐसे क्षणों में पता चलती है जिन क्षणों में मैं सहारे के लिए कुछ खोज रहा होता हूँ। प्राग से लौटने के बाद की थकान और उदासीनता होफ़ की तीखी हवाओं में तैर कर मुझसे दूर जाती हुई मैंने महसूस की। होफ़ के स्टेशन पर उतरना, रास्तों पर चलना, रास्तों का क्रॉसिंग कहाँ है यह पता होना... सब कुछ जैसे मेरे जीवन के एक पुराने हिस्से जैसा था। घर पहुँचे तो हम सब चुप थे। वो थकान नहीं थी... कुछ और था। बहुत दिनों बाद चाय पी गई, खिड़की से चर्च को देखा गया और फिर जाने-पहचाने बिस्तर पर आराम से लेट गया। लेटते ही मुझे लगा कि मैं होफ़ को जानता हूँ। होफ़ अब मुझे जानता है। मेरा यहाँ होना किसी यात्रा का हिस्सा नहीं है। मैं तो

यहीं का हूँ। पहले दिन होफ़ को देखकर जो अचरज हुआ था, उस अचरज की जगह अब अनुकूलता ने ले ली थी।

अगले दिन आलस में ख़ूब लोटपोट होने के बाद मैं उठा तो देखा कि घर में मैं अकेला हूँ। मैंने अपनी चाय बनाई और चर्च के साथ बैठकर बड़े आराम से पी। कुछ देर बाद तैयार होकर, नए जूते पहनकर मैं अस्मी से मिलने उसकी यूनिवर्सिटी Hochschule Hof चला गया। उसने कहा था कि वहाँ एक बहुत ही सुंदर कैफ़ेटेरिया है जो मुझे देखना चाहिए। मैं उसे उसकी काम की जगह पर पहली बार मिल रहा था। हमेशा आराम से हाथ कंधों से लटका कर चलने वाली अस्मी बिल्कुल सीधी और नाप-तोल कर चल रही थी। वह बहुत ही नम्रता से अपने सहयोगी से कुछ कह रही थी। बीच-बीच में बड़ी औपचारिकता से हँसती। जितनी साफ़ और बिना हिचकिचाहट के हम दोनों मराठी बोल लेते हैं ठीक उसी तरह वह बहुत सारा जर्मन बोल लेती है। अपनी साथी से बात करते समय मैं उसकी जर्मन भाषा के प्रभुत्व पर केवल अचरज ही कर सकता था। वह लड़की अब मराठी मध्यम वर्ग की कोई साधारण लड़की नहीं रह गई थी। वह एक जर्मन लड़की बन चुकी थी जो एक प्रगत देश में अपने भविष्य को पूरी तरह क़ाबू में किए चौबीस घंटों को किसी तरह तीस घंटों में बदलना चाहती थी ताकि वह फ्रेंच, इटैलियन, इंग्लिश भी बन सके। उस समय मेरे अचरज का अंदाज़ा शायद मेरे स्तब्ध होने से लगाया जा सकता था।

हम कैफ़ेटेरिया में आए और अपनी-अपनी कॉफ़ी लेकर हल्की धूप से उजले एक कोने में बैठ गए। ठंड इतनी ज़्यादा थी कि कॉफ़ी पीने से ज़्यादा गरम कप हाथ में दबाए रखना अच्छा लग रहा था। आस-पास के फूल, एक जैसी कटी घास और भीषण शांति से सारा कैंपस सन्न था। अजीब-सा लगने लगा। मैंने कहा, "मैं कल चला जाऊँगा।"

"कहाँ?" उसने आश्चर्य से पूछा।

"इतना surprise क्यों हो रही हो? तुम्हें बताया तो था।"

"अच्छा वो दिन आ भी गया?" वह हँसने लगी। क्यों हँसी पता नहीं।

"हाँ तो।"

"कहाँ जाओगे आगे?"

"मैं यहाँ से Basel जाऊँगा। Black Forest देखना है। फिर Zurich,

फिर आगे।"

"Wow! बहुत ही ज़्यादा सुंदर जगह है। पर इतनी जल्दी क्यों जा रहे हो? तुम नहीं जा रहे। रुक जाओ कुछ और दिन।"

"अरे... अजीब हो तुम। कहती हो कि जगह सुंदर है और जाने भी नहीं दे रही।"

"कभी बाद में चले जाना ना।"

"बाद में? मैं बिल गेट्स हूँ क्या? तुम्हें पता है ना हम जैसे लोग कितनी मुश्किल परिस्थितियों से आते हैं। ऐसी जगहों पर हमारा बार-बार आना संभव नहीं हो पाता है।"

"पता है। पर... अच्छा बताओ तुम्हारी बुकिंग हो चुकी है सारी?"

"हाँ।"

"पैसे एडवांस दे दिए हैं या देने हैं?"

"कुछ जगहों पर दे दिए हैं पर सिर्फ़ दस या बारह यूरो। बाक़ी वहाँ पहुँचकर देने हैं।"

"यहाँ आस-पास कुछ बहुत अच्छी जगहें हैं। मैं चाहती थी कि तुम ये जगहें देख लो।"

कुछ ही देर में मैं बहुत आसानी से न जाने के लिए मान गया था। ऐसा अमूमन तब होता है जब आप ख़ुद भी वैसा ही चाहते हो जो सामने वाला चाहता है। मैंने अपने Basel और Zurich की हॉस्टल बुकिंग cancel कर दी। जैसे ही cancellation confirm हुआ तो अचानक बहुत ख़ाली-ख़ाली लगने लगा। अब आगे की कोई योजना नहीं थी और बहुत दिन ख़ाली हो चुके थे। मेरी इस बेतरतीबी पर मैं ही हँसने लगा था पर कोई योजना न होने से मैं सहज भी महसूस करने लगा था। फिर हमारे बीच कुछ पुरानी बातें शुरू हुईं। अस्मी ने हम दोनों को बहुत समय तक साथ देखा है। हमारा संबंध और उस में आने वाले उतार-चढ़ाव बहुत क़रीब से देखे हैं। यहाँ अस्मी से उसकी बात होना बहुत स्वाभाविक था। मैं सब कुछ बताना चाहता था और नहीं भी। मुझे लगा कि मैं अपनी ही दोस्त के सामने (असल में उसी की वजह से मेरी और अस्मी की पहचान हुई थी) लाचार हो जाऊँगा। मैंने बात को काटते-काटते बात बिल्कुल बंद कर दी। तो अस्मी ने भी कुछ नहीं पूछा। वह अपने ही विचारों से घिरी हुई

दिखाई दे रही थी।

हम बातें करते-करते अचानक रुक गए। अपने आप। कैंपस की अपार नीरवता में हम अपनी-अपनी चुप्पी लिए घुल गए। मुझे फिर मन हुआ कि उसके बारे में अस्मी से बात करूँ। पर मुझे डर भी था कि मेरे ऐसे बरताव से वह अब मुझसे ऊब जाएगी। मैं चुप रहा। क्या उस समय उसे भी कुछ कहना था? उसका भी तो एक जीवन था। उसके भी तो संघर्ष होंगे।

आज भी कभी-कभी मैं इस बात पर पूरी तरह सहमत हो जाता हूँ कि बहुत सारा बोलना और कुछ भी न बोलना एक ही बात है। लोग अक्सर समंदर किनारे बैठकर जीवन के बारे में बात करने लगते हैं। पहाड़ों, जंगलों, नदी और खुले आकाश को देखकर भी आदमी रेट्रोस्पेक्टिव में सोचने लगता है। संक्षिप्त में देखा जाए तो ये सारी जगहें किसी कन्फ़ेशन रूम जैसी ही हैं। इनके संसर्ग में आते ही आदमी झूठ के सारे आवरण झटक कर अपने जीवन को साफ़-साफ़ देखने, बोलने लगता है।

अगले दिन मैंने सोचा Nuremberg देख आऊँ। होफ़ से दो घंटी की दूरी पर नाज़ी साम्राज्य का एक महत्त्वपूर्ण शहर। होफ़ से रोज़ एक ट्रेन नुरेंबर्ग के लिए निकलती है और नुरेंबर्ग से शाम के समय रोज़ एक ट्रेन होफ़ तक आती है। मैं जितना संभव था उतने गरम कपड़े पहनकर नुरेंबर्ग की ओर चल पड़ा। मुझे घर के बाहर से एक बस लेनी थी जो मुझे शहर के मुख्य बस स्टॉप तक ले जाए। वहाँ से बस बदलकर रेलवे स्टेशन की बस लेनी थी और फिर वहाँ से ट्रेन। मैंने अपना सफ़र शुरू किया और ठीक समय पर पहले बस स्टॉप पर पहुँचा। मेरे पास एक महिला अपने बच्चे को स्ट्रोलर में लिए खड़ी थी। यहाँ बच्चे को हाथ में उठाकर बस में नहीं चढ़ सकते। बस ठीक समय पर आई तो मैंने इशारे से उस महिला को पहले बस में चढ़ने के लिए कहा। वह बस के दरवाज़े पर जाकर रुक गई। उसके बाद जो हुआ वो मैं देखता रह गया। बस धीरे से फ़ुटपाथ की तरफ़ झुक गई और वह महिला अपने स्ट्रोलर के साथ बस में आसानी से चढ़ गई। बस फिर से सीधी हो गई। मैं अंदर गया तो मेरे पैरों के पास एक हीटर था जो ठंड में यात्रियों को गर्माहट देता है। बस का समय पर आना, बस का अपने यात्री की सुविधा के लिए फ़ुटपाथ की ओर झुक जाना और बस में हीटर होना। Third World Country के किसी आदमी को प्रगत देश के इतने

सारे संकेत एक साथ मिल जाएँ तो बौखला जाता है। भारतीय बसों का भीड़ के वज़न से हमेशा के लिए एक ओर झुक जाना और किसी बस का अपने यात्री के लिए अपने आप झुक जाना, इस क्रूर अंतर पर मुझे विडंबन करने का मन भी नहीं करता। मैं इस बात पर पूरी तरह आश्वस्त हूँ कि प्रगतिशील देश कभी भी एक प्रगत देश नहीं हो सकता। वह हमेशा प्रगतिशील देश से प्रगत देश होने के संक्रमण में ही फँसा रहेगा। और यह बात प्रगतिशील देशों के अनपढ़ नेता और पूँजीवादियों की पीढ़ियाँ हर रोज़ सुनिश्चित करती रहेंगी।

मेरी बस शहर के मुख्य बस स्टॉप पर पहुँची और मैंने जल्दी से बस बदल ली। जिस बस में जाकर बैठा था उस की ड्राइविंग सीट पर एक ड्राइवर एक बहुत ही सुंदर महिला से धीमी आवाज़ में बात कर रहा था। मैं उन दोनों के चेहरे पढ़कर अपने अनुमान लगाने लगा। क्या ये इस ड्राइवर की पत्नी है ? या फिर गर्लफ्रेंड जो इससे यहाँ मिलने आई है ? गर्लफ्रेंड है तो ड्राइवर बाहर क्यों नहीं गया ? और यह लड़की बस के शीशे से सटकर इतने आराम से कैसे बैठी है ? कोई अधिकारी कुछ बोल क्यों नहीं रहा। अचानक धूप आई तो उस लड़की के सुनहरे बाल और सुनहरे लगने लगे। मेरे सारे सवाल और अनुमान ग़ायब हो गए। अब मैं सिर्फ़ उसे देख रहा था। कुछ देर बाद वह उठी और नीचे गई। मेरी नज़र उसके पीछे चल पड़ी। वह बहुत ही आत्मविश्वास से चल रही थी। चलते-चलते वह पास वाली बस में चढ़ गई और देखते-देखते सीधे ड्राइवर सीट पर बैठ गई। इंजन में चाभी लगाई और यात्रियों को लेकर चली गई। हम जब अपने देश से बाहर घूमने जाते हैं तो कई बार यह भूल जाते हैं कि हमें हमारी संस्कृति को टटोलने वाले आश्चर्यों के लिए तैयार रहना है। Third world country से प्रगत देश में आए एक साधारण लड़के के दिन की शुरुआत बहुत अच्छी रही।

नुरेंबर्ग पहुँचा तो बहुत चहल-पहल दिखाई पड़ी। शांत रहने वाले छोटे-से होफ़ की तुलना में यह शहर बहुत अलग था। इस शहर में हर वो गुण था जो हर शहर को गाँव-खेड़ों से अलग बनाता है। बड़े रास्ते, बड़ी दुकानें, बड़े विज्ञापन, भीड़, तेज़ चलते लोग और इतिहास में एक महत्त्वपूर्ण स्थान। नुरेंबर्ग का मॉडर्न इतिहास में काफ़ी बड़ा स्थान है। यही वो शहर था जहाँ हिटलर ने अपनी रैली में पहली बार खुलेआम भेदभाव या पक्षपात करने वाले क़ानूनों की घोषणा की थी। और यही वो शहर था जहाँ दूसरे महायुद्ध के बाद, यहूदियों को लाखों

की संख्या में मारने वाले नाज़ी अफ़सरों के अपराधों की मित्र देशों की सेनाओं (अलाइड फ़ोर्सेस) के सामने सुनवाई हुई थी। जिसके बाद नाज़ी जर्मनी के कुछ बहुत ही बड़े अफ़सरों को मार दिया गया और कईयों को लंबे समय के लिए जेल में डाल दिया गया था। यह घटना Nuremberg Trials के नाम से इतिहास में दर्ज है। Nuremberg Trials उन्नीसवीं शताब्दी की सबसे बड़ी घटनाओं में से एक है।

ऐसा कुछ किसी शहर के बारे में पता होना और उस शहर में आपका होना आपको बहुत अजीब-सी जगह लाकर खड़ा कर देता है। एक तरफ़ इतिहास का आकर्षण होता है जिसके सामने आप पूरी तरह आत्मसमर्पण कर रहे होते हैं और दूसरी तरफ़ यूरोप में आने का उत्साह। इस बिंदु पर मुझे तय करना था कि मैं इतिहास की उदासीनता की ओर बढ़ूँ या यूरोप में होने का उत्साह बनाए रखूँ। प्राग का म्लान ठंडापन मुझ में अभी भी कही रेंग रहा था। मैं और थकना नहीं चाहता था। सो मैंने तय किया कि मैं किसी भी भयावह इतिहास (जो मेरा बहुत ही पसंदीदा विषय है) के बारे में नहीं सोचूँगा।

मैं तुरंत एक कॉफ़ी शॉप में गया। मुझे पता था यहाँ चाय के बारे में पूछना भी ग़लत होगा। फिर भी मैंने बड़े अक्षरों में मेन्यू लिखे हुए बोर्ड पर चाय खोजी। ख़ूनी इतिहास हो या कॉफ़ी का ज़बरदस्ती किया हुआ चुनाव, किसी भी वजह से मैं उदास नहीं होना चाहता था। मैंने कॉफ़ी को खारिज कर एक हॉट चॉकलेट ले लिया।

कड़क ठंड में हॉट चॉकलेट पीना भी एक बेहद नर्म अनुभव है। मैं पास ही एक इमारत की सीढ़ियों पर बैठ गया और गले में पहना मफ़लर कानों तक खींच लिया। सोचा अगर सब योजना के अनुसार होता तो शायद आज मैं Basel में होता। मुझे ध्यान आया कि मैंने Basel और Zurich cancel कर तो दिए हैं पर वहाँ से आगे मैं कहीं जाने वाला था और कुछ दिन गुज़ार कर अंत में Paris जाने वाला था। अब मुझे कुछ दिन किसी दूसरी जगह जाना ही पड़ेगा। अगर सीधे पेरिस गया तो बहुत सारे दिन उसी शहर में गुज़ारने पड़ जाएँगे। मैंने कुछ मिनट सोचा और तय किया कि Rome देख लिया जाए। मैं हॉट चॉकलेट पीते-पीते अपने फ़ोन पर रोम में हॉस्टल खोजने लगा। एक हॉस्टल अच्छा लगा। मेरे बजट में भी था। मैं बुक करने लगा पर किसी वजह से मेरा यूरो कार्ड काम नहीं

कर रहा था। मैंने बिना समय गँवाए अपने एक दोस्त को पूना में फ़ोन लगाया।

"आशीष!"

"मेरे भाई मेरे भाई... बहुत घूम रहा है... बहुत मस्ती..."

"सुन सुन सुन... मेरे पास फ़ोन में लिमिटेड बैलेंस बचा है। फ़ोन किसी भी समय कट सकता है। जल्दी से सुन ले। मैं कहीं फँस गया हूँ।" मुझे उसकी बात बीच में काटनी पड़ी।

"हाँ बोल... बोल..." वो सतर्क हो गया।

"मैं तुझे एक हॉस्टल का नाम भेज रहा हूँ जो रोम में है। तुझे वहाँ मेरे लिए डॉरमेटरी में एक बेड बुक करना है। मेरे यूरो कार्ड से हो नहीं पा रहा है और बहुत से हॉस्टल बुक हो चुके हैं। अगर इस वाले में बुकिंग नहीं मिली तो शहर के और ज़्यादा बाहर रहना पड़ जाएगा।"

"ठीक है... मुझे नाम और बाक़ी सब कुछ मैसेज कर दे... मैं बुक करके तुझे ईमेल भेज देता हूँ।"

"ठीक है... शायद एडवांस बुकिंग के दस यूरो भरने पड़ेंगे। भर देना। मैं लौटते ही तुझे पैसे दे दूँगा।"

"... कोई बात नहीं... मज़े करना... मेरे हिस्से के भी।"

कुछ ही देर में उसने बुकिंग कर दी थी और मुझे ईमेल भी आ गया था। अब सिर्फ़ जर्मनी से रोम और रोम से पेरिस की ट्रेन की बुकिंग बाक़ी रह गई थी। अस्मी ने मुझे आश्वस्त कर दिया था कि ट्रेन का टिकट सीधे स्टेशन से ही मिल जाएगा। अब मैं बेफ़िक्र होकर नुरेंबर्ग देख सकता था।

यूरोप के ज़्यादातर शहरों में टूरिस्ट सेंटर होता है जो बस और रेलवे स्टेशन के पास ही बना होता है। वहाँ से आपको शहरों का नक़्शा और जानकारी मुफ़्त में मिल जाती है। मालूम हुआ कि यहाँ कहीं एक वुड कार्वर (लकड़ी के टुकड़े पर नक़्क़ाशी बनाने वाले) की दुकान है। वह ग्राहकों के सामने लकड़ी के टुकड़ों पर सुंदर नक़्क़ाशी बनाता है जिसे लोग याद के तौर पर घर ले जा सकते हैं। मुझे यह बात बहुत रोचक लगी। नक़्शा हाथ में लिए मैं शहर के अंदरूनी इलाक़ों की ओर चल पड़ा। नक़्शा होने के बावजूद मैं दुकान खोज नहीं पा रहा था। जिस इलाक़े में खड़ा था वहीं आस-पास कहीं यह दुकान होनी चाहिए थी। मैं किसी अनजान प्रदेश में या इलाक़े में कोई जगह खोजूँ और वो मुझे न मिले ऐसा कभी

होता नहीं। हुआ भी होगा तो बस एक-दो बार। अगर मैं कोई जगह खोजूँ और वो मुझे ना मिले तो मुझे लगने लगता है कि मैं बुरी तरह परास्त हो गया हूँ। अब मैं दुकानों और राह चलते लोगों से उस वुड कार्वर की दुकान का पता पूछने लगा।

"Do you know where I will find this wood carver ?"

(क्या आप बता सकते हैं कि यह नक़्क़ाशी बनाने वाले की दुकान कहाँ होगी ?)

नुरेंबर्ग में भी बहुत लोगों को अँग्रेज़ी नहीं आती है। हर दुकानदार शायद मुझे जर्मन में यही कह रहा होगा कि भाई जर्मन में बात कर लो। मैंने फिर भी पूछना नहीं छोड़ा, इस उम्मीद में कि कोई तो जवाब दे देगा। आख़िर एक आदमी ने जवाब दे दिया। पर उससे मुझे ख़ास ख़ुशी नहीं हुई। पता चला दुकान सामने दिखने वाले एक पथरीले टॉवर के ठीक नीचे है पर आज के दिन वह बंद रहती है। लगभग आधा घंटा जिस दुकान को खोजने में गँवा दिया था, वह बंद थी। मैं उस टॉवर के पास से पाँच बार गुज़र चुका था पर मुझे दुकान दिखाई नहीं पड़ी थी। अब चाहे जो हो जाए मुझे उस दुकान को देखना ही था। मैंने नक़्शा समेटकर जेब में रख दिया और उस ओर फिर से चल दिया। तभी अचानक पीछे से आवाज़ आई, "Do you know where will I find this wood carver ?"

नक़्शे पर बने वुड कार्वर की दुकान के चित्र पर उँगली रखते हुए एक लड़की ने सवाल किया। मुझे हँसी आ गई। वह मेरी हँसी देखकर उलझन में पड़ गई। मैंने कहा,

"Even I was trying to find it. But the bad news is it remains closed today." (मैं भी इस दुकान को खोजने में लगा था पर आज के दिन दुकान बंद रहती है।)

"Ohh ! Bad news ." अब वो भी हँस रही थी। मुझे उसकी हँसी में एक तरह की सहजता भी मिल गई थी। कोई तो मिला जो मेरी अतिआत्मविश्वास से लबरेज़ अँग्रेज़ी को सहारा दे सके। मैंने कहा, "इस दुकान को ढूँढने में मैंने बहुत समय गँवा दिया है, तो अब बंद ही सही पर मैं इसे देखे बिना जाऊँगा नहीं। आप साथ चलना चाहें तो चल सकती हैं।"

"हाँ। मैं भी कब से इसे ही ढूँढ रही थी। चलिए देख आते हैं कि कम्बख़्त

आख़िर है कहाँ ये दुकान?"

हम दोनों उस दुकान पर पहुँचे और बंद दुकान को कुछ देर तक देखते रहे। अचानक हम जैसे रुक गए थे। जैसे यात्रा के बीच में यात्री सुस्ताने के लिए रुकते हैं। मील के पत्थर एक-एक कर जैसे पीछे छूटते जाते हैं वैसे-वैसे उनके ऊपर लिखा किलोमीटर का आँकड़ा भी कम होता जाता है। हमारे दिमाग़ में एक अलग दौड़ शुरू हो जाती है। हमें मानसिक तौर पर समाधान तब मिलता है जब हम मील के पत्थर पर शून्य देख लेते हैं। ये दुकान जैसे हमारा मील का वो पत्थर था जिस पर शून्य लिखा था। हमें लग रहा था जैसे हमने नुरेंबर्ग का पहला पड़ाव पार कर लिया हो।

"मैं यहाँ से castle (क़िला) देखने जा रहा हूँ।"

उसने कहा, "आप को कोई हर्ज तो नहीं अगर मैं साथ चलूँ? मैं भी वही castle देखने जा रही थी।"

"क्यों नहीं। हम साथ में देख सकते हैं।

हम दोनों Castle की ओर चलने लगे।

"क्या आप भी अकेले यात्रा करना पसंद करती हैं?" मैंने पूछा।

"कभी-कभी। पर ज़्यादातर मैं अपनी माँ के साथ यात्रा करती हूँ।"

"क्या आप अमेरिकन हैं?"

मैं एक्सेंट पहचान लेता हूँ। वेस्ट का सिनेमा देखा हो तो अमेरिकन एक्सेंट पहचानना बड़ा आसान हो जाता है। इंग्लिश और ऑस्ट्रेलियन एक्सेंट पहचानना हम क्रिकेट कॉमेंट्री से सीख ही जाते हैं।

"हाँ। मैं वॉशिंगटन से हूँ। आप कहाँ से हैं?

इंडिया कहते ही मैं उसकी तरफ़ देखने लगा। इस अपेक्षा से कि वह कुछ टिप्पणी ज़रूर करेगी। उसने कहा, "Oh I want to visit India. The Himalayas." (मुझे भी भारत देखना है। हिमालय देखना है।) हिमालय कहते समय उसकी आवाज़ में उत्साह चमक आया था। मैं उससे कहना चाहता था कि हिमालय के पहाड़ आदमी को नम कर देने वाले पहाड़ हैं। जिस उत्साह से हम उन्हें देखने जाते हैं उतना ही उनके सामने आ जाने पर स्तब्ध रह जाते हैं। पहाड़ों के साथ चाय पिएँगे, तस्वीर लेंगे जैसी हमारी तुच्छ इच्छाओं से हमें ही शर्म आने लगती है। हम उनके सामने इतने बौने हो जाते हैं कि हमें हमारे जीवन

में बनाए लक्ष्य फिर से एक बार याद करने पड़ जाते हैं जिससे हमें हमारे इस पृथ्वी पर होने का कुछ तो अर्थ प्राप्त हो सके। पर मैंने उसे ऐसा कुछ भी नहीं कहा। बस इतना कहकर बात ख़त्म कर दी कि तुम हिमालय देखने ज़रूर भारत आना। दुनिया के हर यात्री को अपने जीवन में एक बार हिमालय ज़रूर देख लेना चाहिए। हम आगे चलने लगे। चलते-चलते वह एकदम से रुक गई और उसने पूछा, "आपका नाम क्या है ? मैं पूछना बिल्कुल ही भूल गई।"

उसने यह सवाल ऐसे पूछा जैसे न पूछ कर उसने कोई बहुत बड़ा अपराध कर दिया हो। वेस्ट के लोग इतने ज़्यादा तमीज़दार होते हैं कि कभी-कभी लगने लगता है कि हमारे रहन-सहन, जीने और बात करने का तरीक़ा कितना पिछड़ा है। मैंने उसे अपना नाम बताया। असलियत में ऐसा न भी हो तो भी यह भावना मन में घर कर जाती है क्योंकि उनके बात करने के तरीक़े में एक तरह की औपचारिकता हमेशा हावी रहती है। मेरा नाम सही तरह से लेने के लिए उसे तीन-चार बार प्रयास करना पड़ा। कोई और होता तो नाम लेते-लेते अपने ग़लत उच्चारों को छिपाने के लिए हँसता, पर यह लड़की बिना अपनी ग़लतियाँ छिपाए, प्रयास करती रही।

"... और आपका नाम क्या है ?" मैंने पूछा।

"एलिज़ाबेथ। मैं जानती हूँ मेरा नाम काफी बड़ा है। पर तुम मुझे लिज़ बुला सकते हो। वॉशिंगटन में मेरे जानने वाले सभी मुझे इसी नाम से पुकारते हैं।"

हमारे बीच अचानक कुछ दोस्ती जैसा माहौल बन गया था। मैं उसे बताना चाहता था कि हमारे यहाँ भी बड़े नाम होते हैं पर भारत में असली नामों को पूरी तरह भुलाकर नए, छोटे नाम रखने का रिवाज़ भी बहुत पुराना है। पिंटू, पप्पू, मैडी, पैडी, रॉकी जैसे नामों का आविष्कार ऐसे ही हुआ है। मैडी का माता-पिता द्वारा दिया हुआ असली नाम दरअसल महादेव होता है यह बात हमें जीवन में बहुत देर से पता चलती है। जब फ़ोन पर कोई कहता है कि, "भई मैं प्रमोद बोल रहा हूँ तो हम उसे तब तक नहीं पहचान पाते जब तक वो ये नहीं कह देता कि मैं पप्पू बोल रहा हूँ। मैंने लिज़ को यह सांस्कृतिक जानकारी देना ज़रूरी नहीं समझा। पर ये सारी बातें सोचकर मैं ही मुस्कुराने लगा था। लिज़ को मेरा उस समय हँसना कुछ अजीब लगा होगा शायद।

कुछ देर चलने और यहाँ-वहाँ की बातों में हम कासल तक पहुँच गए। नुरेंबर्ग कासल मध्यकाल में रोमन साम्राज्य का एक बहुत महत्त्वपूर्ण क़िला हुआ करता था। इस क़िले के पत्थरों पर समय इतनी देर से बैठा है कि इसे देखते ही आप आस-पास फैले आज के आधुनिक नुरेंबर्ग शहर को भूल जाते हैं। दूसरे विश्वयुद्ध के दौरान नाज़ी जर्मनी के कई उच्च पदाधिकारी इस जगह बैठा करते थे। क़िले का रख-रखाव, सफ़ाई, कैंपस बेहद सुंदर था। वो एक टीले पर बना था। वहाँ से नुरेंबर्ग शहर को देखकर उसका महत्त्व और ज़्यादा लगने लगता है। मैं और लिज़ एक घंटे से ज़्यादा देर तक कासल के अंदर अलग-अलग जगह घूमते रहे। कासल की दीवारों पर हाथ टिका कर शहर को अलग-अलग जगह से देखते रहे। भारत आने के कुछ सालों बाद पढ़ने में आया कि यह कासल दूसरे विश्वयुद्ध के दौरान हवाई हमलों से लगभग पूरी तरह ढह गया था। इसे फिर से मज़बूती से खड़ा करने के लिए जर्मन सरकार को तीस साल का समय लगा। मुझे लगता है कि किसी चीज़ के ढह जाने पर उसे दोबारा तैयार कर बाज़ार में खड़ा कर देना उस चीज़ के ढह जाने से भी ज़्यादा दुखद है। हिंसा हो या प्रेम, जो जिस चीज़ को जैसा और जितना मिला है उसे वैसा ही रहने दिया जाना चाहिए। इससे उस चीज़ के संघर्षों का पता चलता है। उसके अपनी जगह टिके रहने की ज़िद दिखाई देती है। यह बात जितनी सुंदर है उतनी ही हमारी समझ के बाहर भी है। पता नहीं क्यों हमें हमेशा सब कुछ सही और अच्छा करने की होड़ क्यों लगी रहती है।

बात करते-करते मैं और लिज़ अपने आप चुप हो गए थे। तब मुझे ध्यान हो आया कि मेरे हाथ ठंड से सुन्न हो रहे हैं। मैं उन्हें जैकेट की जेबों में और कैमरे के बैग में बारी-बारी से डाल रहा था। लिज़ के लिए शायद ठंड ज़्यादा नहीं थी। वह अपने पतले-से नीले जैकेट में बेहद आराम से चुपचाप पेड़ों और नुरेंबर्ग को देखते हुए टहल रही थी।

"तुम क्या करते हो?" लिज़ ने बहुत देर बाद कुछ कहा।

"मैं विज्ञापन लिखता हूँ। नाटक... हाँ... बस विज्ञापन लिखता हूँ।"

मैं उसे कहना चाहता था कि मैं कविता भी लिखता हूँ। पर मैंने नहीं कहा। मैं कविता लिखता हूँ यह बात मैं वैसे भी किसी से नहीं कहता। न ही कभी किसी को पकड़कर ज़बरदस्ती कुछ सुनाता हूँ। कविता और कवियों पर बहुत ही भद्दे

मज़ाक़ और कौन-से देश में होते होंगे?

"वाह! यह तो काफ़ी क्रिएटिव है।"

Creative या Artist जैसे शब्दों से मुझे बहुत चिढ़ है। मैंने उससे कहा कि विज्ञापन लिखने के लिए ज़्यादा मेहनत की ज़रूरत नहीं होती। अगर आपका व्याकरण ठीक-ठाक हो और सोच बाज़ारू हो, तो आप मॉडर्नाइज़ेशन की आड़ में कुछ भी लिख कर कुछ भी बेच सकते हैं। वहाँ झूठ बोलना और सच ना बताना इस अंतर को खींच-तान कर इतना बड़ा और गहरा गड्ढा बना दिया गया है कि प्रोडक्ट बेचने की फ़ेहरिस्त में सबसे पहला नंबर Ethics और Morals का ही आता है। जो लेखक इन दो चीज़ों को बेचने में समय लगाता है वह इंटर्न होता है। और जो रोज़ दिन में दस बार बेच लेता है वो Ad Guru।

"तुम क्या करती हो?"मैं यह सवाल कौतूहल से भी पूछ सकता था पर मैंने बड़े नीरस तरीक़े से पूछ लिया।

"I run."

लिज़ का यह जवाब इतना अनोखा था कि अब मुझे इस जवाब के बारे में और जानना था। तुम क्या करते हो? इस घिसे-पिटे सवाल के जाने कितने ही घिसे-पिटे जवाब मैंने आज तक सुने थे। पर 'मैं दौड़ती हूँ' ऐसा जवाब आज तक मुझे किसी ने नहीं दिया था। मालूम हुआ कि लिज़ का सबसे पसंदीदा काम दौड़ना है। वह मैराथन दौड़ती है। यही करना उसे बेहद पसंद है। वैसे पेशे से वह फ़िज़ियोथैरेपिस्ट हाल ही में बनी थी।

हम कुछ देर साथ चलते और मैं रुक-रुककर तस्वीर लेता। मुड़कर देखता तो लिज़ आगे निकल चुकी होती। पर उसकी चाल धीमी पड़ जाती। वह मुझे यह क़तई दिखाना नहीं चाहती थी कि वह मेरे लिए रुक रही है। इसलिए वह आगे बढ़ती ज़रूर पर कहीं पहुँचती नहीं थी। वह अपने साथ एक छोटा-सा बैग लाई थी जिसमें ज़रूरत के कुछ पैसे या काड्‌र्स होंगे। उसके पास न तो फ़ोन था और न कोई कैमरा।

घूमते-घूमते हम एक म्यूज़ियम में चले गए। दूसरे विश्वयुद्ध और हिटलर की जानकारियों से म्यूज़ियम भरा पड़ा था। हमने पूरा म्यूज़ियम देख डाला। अचरज इस बात का था कि म्यूज़ियम देखने के बाद भी मैं उदास नहीं हुआ था। जब नुरेंबर्ग पहुँचा था तो इसी विश्वयुद्ध के इतिहास से मैं डर रहा था। उसके साथ आने वाली उदासी से डर रहा था। पर अब अचानक क्या हो गया? म्यूज़ियम भी देख डाला। तो कहाँ है उदासी? अगर किसी अनजान व्यक्ति के साथ होने से विश्वयुद्ध की उदासी भी चेहरे से उड़ जाना संभव है, तो यह बात सिपाहियों को सबसे पहले बता देनी चाहिए जो एक-दूसरे से बिल्कुल अनजान होते हैं।

टूरिस्ट सेंटर से उठाए नक़्शे जेबों में चले गए और हम दिशाहीन नुरेंबर्ग की सड़कों पर चलने लगे। लिज़ मेरे साथ चलती पर एकदम चुपचाप। वह स्वभाव से शांत है या फिर कुछ और बात है? मैं उससे पूछना चाहता था कि वह इतनी शांत क्यों है। दो व्यक्तियों की औपचारिक हँसी और संवादों के बीच एक निजी सवाल दोनों व्यक्तियों को खटकता है, जिसके बाद सवाल पूछने वाले के हाथ में औपचारिक संबंध रखने का अधिकार भी बाक़ी नहीं रहता।

हम अपने औपचारिक संबंध सँभाले घूमते रहे। नुरेंबर्ग सचमुच बहुत सँभाल कर बनाया हुआ शहर है। हर चौक पर धातु से बनी मूर्तियाँ। कुछ सीधे-सीधे अर्थ बताने वाली, कुछ एब्सट्रैक्ट तो कुछ पौराणिक कथाओं से प्रेरणा लेकर बनाई हुईं। मेरे हाथ में पहली बार महँग कैमरा था तो फ़ोटोग्राफ़ी में रुचि अचानक बढ़ गई थी। मैं तस्वीर खींचने के लिए कभी बैठ जाता तो कभी कहीं चढ़ जाता। एकाध फ्रेम को तस्वीर खींचने से पहले बहुत देर तक कंपोज़ करता रहता। तस्वीर लेने के बाद पता चलता कि तस्वीर में काफ़ी अँधेरा है और मैं कैमरा रौशनी के हिसाब से सेट करना भूल गया हूँ। आज भी उन तस्वीरों को देखता हूँ तो बहुत मज़ा आता है। हर तस्वीर के साथ उसे खींचने वाले फ़ोटोग्राफ़र की मूर्खता, भोलापन, उत्सुकता और श्रेष्ठता भी क़ैद होती रहती है। या तो मैं बहुत

मूर्ख था या फिर बहुत भोला। जैसा आप ठीक समझें।

मैं और लिज़ चलते-चलते एक चर्च के सामने जा पहुँचे। इस चर्च की इमारत भी मध्यकालीन हाथों से बनाई गई थी। एक आधुनिक शहर के बीचोबीच जब आप किसी पुरानी इमारत को देखते हैं तो आपकी कल्पना एक ही क्षण में आपको पुराने दौर में खींचने लगती है। मैंने रुककर चर्च की तस्वीर ले ली। लिज़ चलते-चलते धीमी हो गई थी। हम एक साथ चर्च के भीतर गए। बाहर से वह जितना पुराना लग रहा था, उससे कहीं ज़्यादा पुराना भीतर जाने पर लग रहा था। काँच लगी खिड़कियों पर येशु के पैदा होने और क्रूसिफ़िकेशन की कहानियाँ चटक रंगों से पेंट की गई थीं। इन रंगीन खिड़कियों के कारण बाहर का उजाला और फीका होकर अंदर आता। कुछ म्यूरल्स बने थे जो बहुत ज़्यादा उदास चेहरा लिए पाँच सौ सालों से एक ही जगह खड़े थे। एक पुरानी-सी टेबल पर बहुत-सी मोमबत्तियाँ लगी थीं। जो लोग टेबल के पास से गुज़रते उनके चेहरे एक पल के लिए चमक उठते। जैसे किसी नाटक में किसी किरदार के एंट्री लेते ही लाइटमैन ने उसके चेहरे पर स्पॉट डाल दिया हो। मैं जल्दी ही बेढंगे चित्रों और मोमबत्तियों से ऊब गया और इमारत को अंदर से देखने लगा। जिन खंभों के आधार पर ये चर्च सदियों से खड़ा था वे बहुत ही ज़्यादा सुंदर थे। पर्यटक और प्रार्थना करने आए लोगों के हाथों के स्पर्श के कारण खंभे नीचे की तरफ़ मुलायम हो गए थे। ऊपर की तरफ़ वे अभी भी अनछुए थे। वहाँ रौशनी भी मुश्किल से पहुँच रही थी। खंभे इतने लंबे थे कि बहुत ऊपर की तरफ़ वे त्रिकोण आकार में तराशी हुई छत में ग़ायब हो जा रहे थे। मैं एक खंभे से सटकर खड़ा हो गया और बहुत देर तक छत की ओर देखता रहा। कुछ देर बाद मेरा ध्यान लिज़ की ओर गया। वह चर्च से बाहर जाने वाले रास्ते पर बहुत धीरे-धीरे चल रही थी।

हम दोनों बाहर आ गए और औपचारिक बातों का सहारा लेकर आगे चलने लगे। मेरे और उसके के बीच हुए संवादों से यह लगने की संभावना है कि लिज़ बहुत ही बहिर्मुखी या खुले विचारों वाली लड़की है। पर ऐसा बिल्कुल नहीं था। वह बहुत ही शांत, थोड़ी-सी झुकी हुई और अंतर रखकर साथ चलने वाली लड़की थी। उसके वाक्य भी संक्षिप्त थे। वह उतना ही बताती जितना ज़रूरी है। मुझे बुरा न लगे इसीलिए शायद एकाध सवाल बीच-बीच में पूछ लेती रही होगी।

हमने पाँच से छह घंटे एक-दूसरे के साथ गुज़ारे। इतना चलने के बाद हम थोड़े थक गए थे। उसने मुझे याद दिलाया कि मेरी ट्रेन सवा पाँच बजे की है। मैंने कहा हम एक कॉफ़ी तो पी ही सकते हैं। लिज़ ने मेरी ओर देखा और कुछ रुककर कहा ठीक है, पी सकते हैं। तब तक हम चलते-चलते वहीं आ गए थे जहाँ हम सुबह पहली बार मिले थे। वह शायद शहर का मुख्य चौराहा था जिसे लोग यहाँ मेन स्क्वेयर कहते हैं। यूरोप में जहाँ एक साथ आपको बहुत सारे कैफ़े दिख जाएँ वह अक्सर मेन स्क्वेयर ही होता है। हम दोनों ने एक जैसी कॉफ़ी मँगाई और पाँच घंटों से बनाए हमारे औपचारिक बातों के ढर्रों पर कुछ और औपचारिक बातों का बोझ चढ़ाने लगे। मैं बहुत चाहता था कि लिज़ मुझे अपने उस जीवन के बारे में बताए जो हम कभी-कभी किसी अनजान व्यक्ति के सामने बिना किसी वजह या डर के रख देते हैं। ऐसा करने से उस अजनबी को हमारे निजी जीवन का एक पात्र बनने का मौक़ा मिल जाता है। लिज़ ने मुझे वो मौक़ा नहीं दिया। उस दिन मुझे पहली बार एहसास हुआ था कि किसी को अपनी निज में आने देना उस व्यक्ति के लिए कितना बड़ा प्रिविलेज है।

हमने कॉफ़ी ख़त्म की। लिज़ तुरंत अपना बैग खोलने लगी। मैंने कहा, "तुम पैसे मत दो। कॉफ़ी मेरी तरफ़ से है।"

वह अचानक रुकी और आश्चर्य से मुझे देखने लगी। उसने कहा, "नहीं। तुम मेरी कॉफ़ी के पैसे क्यूँ दोगे?"

"क्योंकि इस समय तुम्हें thank you कहने का और कोई रास्ता मुझे समझ नहीं आ रहा।"

"किस बात के लिए Thank you?"

"ऐसे ही बिना वजह मेरे साथ दिन बिताने के लिए।"

उसने फिर एक बार पूछा, "Are you sure?"

मैं मुस्कुराया और कॉफ़ी के पैसे टेबल पर रख दिए।

"तुम्हारी ट्रेन का समय हो चला है। तुम्हें स्टेशन की ओर चलना चाहिए।"

लिज़ ने धीमी आवाज़ में कहा। मैंने तुरंत घड़ी देखी। अब मुझे सचमुच जाना था।

"तुमसे मिल के अच्छा लगा एलिज़ाबेथ। जर्मनी में मज़े करना।"

"ट्राय करूँगी। तुमसे मिल कर ख़ुशी हुई।"

मैं चाहता था कि लिज़ मेरे साथ स्टेशन तक चले। पर मैंने उसे इस उलझन में डालना ठीक नहीं समझा। हमने एक-दूसरे की ईमेल आईडी ली ताकि संपर्क में रह सकें। मैंने लिज़ से हाथ मिलाया और स्टेशन की ओर चल पड़ा।

होफ़ के रास्ते पर मैं फिर से वही दृश्य देख रहा था जो मैंने यहाँ पहले दिन देखे थे। दृश्य देखते-देखते मैं स्थिर हो गया। मुझे ध्यान हो आया कि मैं फिर से लंबी साँसें ले रहा हूँ। होफ़ पहुँचा तो घर का रास्ता मालूम था।

घर पहुँचकर जूते उतारे तो देखा कि जूते अभी भी वैसे के वैसे हैं जैसा मैंने उनको दुकान से ख़रीदा था। सफ़ेद रंग अभी भी उतना ही सफ़ेद था जितना पहले दिन। मुझे इतना ज़्यादा आश्चर्य हुआ कि मैंने भीतर काम कर रही अपनी दोस्त को बाहर बुलाया और कहा, "देखो ये अभी भी नए के नए हैं। जूते ख़रीदने के बाद मैं कितना घूमा हूँ। फिर भी कैसे?"

वह हँसने लगी। उसने कहा, "अरे यहाँ धूल-मिट्टी नहीं होती ज़्यादा। जूते यहाँ बहुत देर से ख़राब होते हैं। पैर भी जल्दी ख़राब नहीं होते।"

उसका यह वाक्य सुनकर मुझे कुछ अजीब-सा लगा। क्या लगा यह मैं ठीक-ठीक नहीं बता पाऊँगा। शायद मुझे ठीक-ठीक पता भी नहीं है। पर मुझे लगा जैसे मैं सिमट गया हूँ। मैं एक ऐसे देश में था जहाँ लोगों के पैर जल्दी ख़राब नहीं होते। मैं एक ऐसे देश से आता हूँ जहाँ पैरों में छाले पड़ जाना आम बात है। कई सालों तक माँ अपने पैरों के दर्द और एड़ियों में पड़ी दरारों को छिपाने में कामयाब रही। बीच रात पानी पीने के लिए उठ जाओ तो वह अँधेरे में अपने पैरों को सहलाती हुई दिखाई देती। इस दृश्य की उदासीनता समझने के लिए अपनी ख़ुद की एड़ियों में कितनी दरारें पड़ने की ज़रूरत होती है? किसी के पैरों का दर्द क्या अपने पैरों में लिया नहीं जा सकता? क्या बहुत देर से ख़राब होने वाले यूरोपियन जूते पहनकर भारतीय माँओं की एड़ियाँ सुरक्षित नहीं रह सकतीं?

अस्मी ने खाना तैयार रखा था। वह लोगों का ध्यान बहुत अच्छे से रख लेती है। चाहे वो लोग उसे पसंद हों या ना हों। मैंने उसे लिज़ के बारे में बताना शुरू किया और लगा जैसे ग़लती कर दी। लिज़ को ये बात शायद बिल्कुल अच्छी नहीं लगती कि मैं हमारे बिताए समय के बारे में किसी को बता रहा हूँ। किसी को कोई अपने निज में इतनी जल्दी कैसे आने दे सकता है? मैंने बात बीच में

ही लपेट ली। रात को बिस्तर पर लेटा तो सोचा लिज़ को ईमेल कर दूँ। मैंने फ़ोन निकाला और लिखा-

Dear Liz, it was a lovely day. Exploring the city with you was fun. I wish we had more time to see things we didn't see. I wish I had planned a stay in Nuremberg. Nevertheless, it was a super Monday. I am glad that I met you (out of nowhere).

Have a super fun journey ahead. See as much as you can. To be honest, I was very happy to see you without a camera. There is a lot your eyes see when you are travelling without a camera. I will have to give up the camera habit soon. Because I eventually end up watching everything though the lens. I will be sending your photographs soon. Shall write as and when time permits. You keep in touch and let me know about places you see. And let me know if you have any plans for India. Hope we meet soon in a new city.

Do write back.

बिस्तर पर पड़े-पड़े मैंने ईमेल को भेजने के बाद दो बार पढ़ डाला। ऐसा शायद इसलिए भी किया था क्योंकि मैं तसल्ली करना चाहता था कि मैंने ऐसा तो कुछ नहीं लिख दिया जिसे पढ़कर लिज़ का जवाब ही न आए। लेकिन कुछ ही मिनट बाद उसका जवाब आया।

Hello friend! I agree, today was fun! Yes, keep me posted on your journey. It sounds like you have many adventures to come. I will as well. Pen pals! I braved some sausage for dinner, and it wasn't half Bad :)

Talk to you soon,

Liz

मैं मुस्कुराया और सो गया। हम दोनों ने एक-दूसरे को एक एक ख़त लिखा। फिर दोनों अपनी-अपनी यात्रा में व्यस्त हो गए और कुछ दिनों बाद अपने-अपने जीवन में भी। इसके बाद हमने कभी एक-दूसरे को ख़त नहीं

लिखा। न उसने कुछ लिखा, न मैंने कुछ भेजा। हम दोनों एक-दूसरे को वैसे ही भूल गए थे जैसे वर्तमान जी कर उसे भूतकाल में ढकेल देने के बाद हम फिर वर्तमान जीने में व्यस्त हो जाते हैं।

भारत लौटने के बाद कुछ महीनों में मैंने जब इंस्टाग्राम अकाउंट खोला तो लिज़ ने मुझे फ़ॉलो करना शुरू किया। मैं किसी काम के बीच में था सो उसका नोटिफ़िकेशन देखकर भूल गया। जब यह किताब और लिज़ को लिखने का तय किया तो सोचा उसे इंस्टाग्राम पर फ़ॉलो कर लूँ। उसका अकाउंट खोलते ही उसकी तस्वीर दिखी। नीचे Remembering Elizabeth लिखा हुआ था।

सहयात्री, उसके सान्निध्य में बीता हुआ समय और उससे जुड़ी हुई ना समझ आने वाली भावना हमें उस सहयात्री का एक ऐसा दस्तावेज़ बना देती है जिस पर सिर्फ़ धूल जम सकती है।

लिज़ के नाम के आगे remembering शब्द पढ़कर मेरे भीतर अचानक जैसे धड़ाम से कोई एक दरवाज़ा बंद हो गया। मेरी आवाज़ मेरे अंदर ही क़ैद हो गई। मैं किसी भी तरह से कुछ भी व्यक्त नहीं कर पाया। बस बैठा रहा।

मैं लिज़ के बारे में किसी निर्णय पर पहुँचना नहीं चाहता हूँ। मैंने उसे फ़ॉलो करने की रिक्वेस्ट भेज रखी है। इस बात को भी अब साल होने को आया। रिक्वेस्ट अभी भी वैसी की वैसी ही पड़ी है। कई लोगों के जीवन में ऐसा बहुत बार होता है कि वे किसी चीज़, घटना, वस्तु या व्यक्ति के लिए अंत तक रुके रहते हैं। लिज़ का मेरी रिक्वेस्ट क़बूल करना... इस घटना के लिए मैं अंत तक रुकना नहीं चाहता।

कुछ दिन होफ़ में बिना किसी प्रयोजन के गुज़ारे। कुछ नहीं था करने को। घर से दूर रहकर बार-बार घरवालों से बात करना कितना बाँध देने वाला काम है। मैं उन्हें भी फ़ोन नहीं करना चाहता था। कहीं जाना नहीं था। कही पहुँचना या कहीं से निकलना नहीं था। मेरे सामने जर्मनी का एक ऐसा गाँव था जिसे शायद आज भी बहुत लोग नहीं जानते। तीखी सर्द हवाएँ थीं जिनको मैंने कभी अपने शरीर पर महसूस नहीं किया था। एक दोस्त थी जो ज़्यादातर अपने काम में व्यस्त रहती। मेरे साथ समय बिताने और मुझे मेरी अपनी पर्सनल स्पेस देने के बीच उसने बड़ी सरलता से एक ग़ज़ब संतुलन साध लिया था। जो रास्ता ख़ाली दिखाई देता, मैं उस पर चलने लगता। ख़ाली समय और ख़ाली रास्ते हमेशा एक-दूसरे को खोज ही लेते हैं। गहरे दुख और अपार सुख के ठीक बीच एक दरार, एक जगह, एक अंतराल होता है। इस अंतराल में सिर्फ़ चाह होती है। और कुछ भी नहीं। हमें जो कुछ चाहिए होता है, जो कुछ हासिल करना होता है, जिस किसी चीज़ की हम मंशा रखते हैं वो सारा कुछ इस अंतराल में समाया हुआ होता है। मैं इसी अंतराल में था। इस समय मैं चाह रहा था... कि किसी तरह... वो मेरे साथ हो।

"Mödlareuth चलें?" अस्मी ने रात के खाने पर पूछा।

"क्या नाम बताया?" मुझे नाम बहुत ही अनोखा लगा तो दोबारा पूछ लिया।

"म्यो ड ल रॉ इथ..." उसने शब्द को तोड़कर उच्चार किया ताकि मैं समझ जाऊँ। वह आगे बोलती रही।

"बहुत कमाल की जगह है। दूसरे विश्वयुद्ध के बाद जब जर्मनी के कुछ हिस्सों को तोड़कर ईस्ट और वेस्ट जर्मनी बना दिया था तब म्योडलरॉइथ भी बँट गया था। बर्लिन की तरह वहाँ भी दीवार खड़ी कर दी गई थी। एक तरफ़ सोवियत का क़ब्ज़ा था तो दूसरी तरफ़ अमेरिका। अमेरिकी लोग म्योडलरॉइथ को लिटिल बर्लिन भी कहते थे।"

इतनी सब दिलचस्प जानकारी पाकर मैं किसी बच्चे की तरह उछल पड़ा।

"हाँ-हाँ। हम चलेंगे। कल चलें?"

"अ###... पता नहीं मैं कल छुट्टी ले पाऊँगी या नहीं। पर एक फ़ोन करके देखती हूँ।"

उसने किसी का नंबर मिलाया और वह फिर से एक जर्मन महिला बन गई जो वहीं पैदा हुई थीं। फ़ोन पर उसकी बात ख़त्म होते-होते मैं जान गया था कि उसे छुट्टी मिल गई है। दुनिया के सारे लोग दर्द और ख़ुशी को हर भाषा में पहचान जाते हैं।

"ठीक है। कल चलेंगे। गाँव ज़्यादा दूर भी नहीं है। चालीस-पचास मिनट में कैब से पहुँचा जा सकता है। मैं अभी फ़ोन लगाकर कल के लिए कैब बुक कर देती हूँ।"

म्योडलरॉइथ का सफ़र बहुत ही ज़्यादा सुंदर और शांत था। पीले खेत और हरे मैदानों के बीच उग आए घरों पर बहुत देर तक नज़र ठहर जाती है। मैं ज़्यादा ख़ुश इस बात से था कि यहाँ के लोगों को रास्ते बनाने आते हैं। ये लोग पूरे मन से, पूरी शिद्दत से रास्ते बनाते हैं। रास्तों पर एक भी गड्ढा नहीं था। गाड़ी बिना आवाज़ किए इतने आराम से चल रही थी मानो हम एक जगह से दूसरी जगह फिसल कर जा रहे हों। अब यह बात पढ़ने में जितनी भी सतही और छोटी लगे पर मेरे लिए यह बहुत बड़ी बात थी। जीवन में पहली बार मैं एक ऐसे रास्ते पर था जिस पर गड्ढे नहीं थे। ऐसे रास्तों पर गाड़ियों में तेज़ चलना एक अद्‌भुत अनुभव होता है। गाड़ी बिना किसी रुकावट के जब चलती है तो लगता है आप किसी ट्रांस में जा रहे हैं। या ध्यान में बैठे हैं और बड़ी आसानी से ध्यान लगा भी पा रहे हैं। मुझे लगता है हर भारतीय जो यूरोप आता है, उसे कम-से-कम एक बार यहाँ के रास्तों पर गाड़ियों में चलना चाहिए। अच्छे रास्तों की हम भारतीयों की जो व्याख्या है वो जीवन में एक बार पूरी तरह मिट जाना बहुत आवश्यक है।

म्योडलरॉइथ पहुँचे तो जैसे वहाँ कुछ था ही नहीं। इतने दिन मुझे लग रहा था कि होफ़ बहुत शांत जगह है। पर म्योडलरॉइथ शांत की परिभाषा को बदल देने वाला गाँव है। कुल मिलाकर पचास लोग भी नहीं थे आस-पास। एक अजीब-सा सन्नाटा था माहौल में। मैं और अस्मी अपने आप ही धीमी आवाज़ में बात करने लगे। हवा तेज़ी से बह रही थी और धूप का कहीं पता नहीं था। सारा

कुछ ग्रे के अलग-अलग शेड्स में दिखाई दे रहा था। हवा का बहाव अचानक तेज़ हो जाता तो कानों के पास एक गहरी-सी आवाज़ होती। हम दोनों म्यूज़ियम के भीतर चले गए।

मैंने आज तक जितने म्यूज़ियम देखे हैं उनसे काफ़ी अलग था यह म्यूज़ियम। अक्सर म्यूज़ियम शब्द सुनने पर हमारी आँखों के सामने पेंटिंग्स, म्युरल्स, मूर्तियाँ, दस्तावेज़ जैसी चीज़ें आ जाती हैं। पर यहाँ ऐसा कुछ नहीं था। ये संग्रहालय बना था पूर्व और पाश्चिम जर्मनी में बँटे लोगों के संघर्षों से। परिवारों के अलग होने और मिलने से।

दुनिया के अधिकतर संग्रहालय अगर इंसान की कला को समर्पित हैं, तो म्योडलरॉइथ का संग्रहालय केवल इंसान और उसकी मूल प्रवृत्तियों को समर्पित है। मानव की क्रूरता, करुणा, प्रेम, क्रोध, लोभ, चाह, आतुरता, मायूसी, प्रयास जैसी सारी भावनाएँ इस संग्रहालय में देखने को मिल जाती हैं। यहाँ सारा कुछ तस्वीरों में दर्ज है। दीवार का होना, टूटना, लोगों का एक-दूसरे को कसकर गले लगाना... सब कुछ।

मैं काँच से बने दो बक्सों के बीच खड़ा था। एक तरफ़ विश्वयुद्ध के बाद म्योडलरॉइथ पर क़ब्ज़ा ज़माने वाले सिपाहियों की वर्दी टँगी थी। दूसरी तरफ़ बक्से में यहाँ के स्थानीय लोगों की दीवार के दूसरी तरफ़ पहुँचने की जद्दोजहद के सबूत थे। उस बक्से में तरह-तरह के जूते थे जिन में लोहे के नाख़ून चिपकाए गए थे। इन्हीं जूतों को पहनकर लोग रात में दीवार फाँदने की कोशिश किया करते।

कभी कोई पकड़ा जाता। कोई मार दिया जाता। तो कोई दीवार के दूसरी तरफ़ अपने लोगों के पास पहुँच जाता। इन्हीं जूतों के पास कई कामचलाऊ आँकड़े रखे हुए थे जो दीवार फाँदने के काम आते थे। सिपाहियों वाले बक्से में उस ज़माने की सबसे अच्छी दूरबीन दिखाई दे रही थी। एक ओर बल, अधिकार और उत्पीड़न था तो दूसरी ओर प्रेम और लगाव की तीव्र लालसा। पता नहीं क्यों मुझे आइज़ैक न्यूटन की बात याद हो आई।

"For every action, there is always an equal and opposite reaction." यह बात कितनी ज़्यादा सच है!

मुझे लगता है कि मानवता से जुड़े कुछ मूलभूत सवालों को जानबूझकर

केवल सवाल रहने दिया गया है। किसी को उनका जवाब खोजने में कोई दिलचस्पी नहीं है। जैसे कि अख़बारों, न्यूज़ चैनलों, लेख, भाषणों में पूछा जाने वाला यह सवाल- 'दुनिया में जंग क्यों होती है?' किसी के यह सवाल करते ही सुनने वालों के मन में पूर्ण विराम लग जाता है। पर किसी को ऐसा क्यों नहीं लगता कि इस सवाल के आगे भी निकल लिया जाए। वहाँ नहीं जहाँ माइक पर चीख़ रहा एक अनपढ़ धार्मिक नेता हमें ले जाना चाहता है। वहाँ जहाँ हमें हमारी विकसित मानवीय सोच ले जाए।

मेरी यह राय आपको खटक सकती है पर मुझे सचमुच ऐसा लगता है कि युद्ध से कुछ हासिल है तो वो प्रेम है, सद्भावना है, विनम्रता है। मैं यह नहीं कह रहा कि इन चीज़ों के लिए युद्ध होना चाहिए। मैं बस कह रहा हूँ कि युद्ध टल नहीं सकता तो उसका हासिल भी टल नहीं सकता।

मैं जब अपने आपको और समझने लगूँगा... जब मैं मेरे लेखन की ज़मीन को और ज़्यादा कस लूँगा, तो किसी दिन सम्राट अशोक के भीतर आख़िर क्या बदल गया था उसे टटोल कर देखना चाहूँगा।

हम म्यूज़ियम में धीरे-धीरे आगे बढ़ते रहे। तस्वीरों का सेक्शन शुरू हो गया था। मेरे सामने बहुत ऐतिहासिक तस्वीरें थीं। 1990 में म्योडलरॉइथ की दीवार को बुलडोज़र से तोड़ दिया गया। तब लोगों को हुई ख़ुशी का एहसास इन तस्वीरों से हो सकता है। लोगों के गले मिलने की तस्वीरें। एक-दूसरे को पकड़कर रोने की तस्वीरें। आसमान की ओर देखकर ज़ोर-ज़ोर से हँसने की तस्वीरें। एक तस्वीर ऐसी भी थी जो मुझे अद्‌भुत लगी। दो वयस्क, जो शायद बचपन के दोस्त रहे होंगे, गिरी हुई दीवार के मलबे पर बैठकर तस्वीर के लिए पोज़ दे रहे थे। उनकी मुस्कुराहट कब मेरे चेहरे से आ चिपकी मैं ख़ुद नहीं जानता। जब ध्यान आया तो मैं बहुत हल्का-सा मुस्कुरा रहा था। मैंने आस-पास देखा कि कोई मुझे देख तो नहीं रहा। मेरे पास और मेरे पीछे तीन-चार लोग मेरे ही जैसे खड़े मुस्कुरा रहे थे। अचानक बहुत हल्का लगने लगा था। भावनाएँ भारी होती हैं। उनका बोझ एक हल्की-सी मुस्कुराहट ही उतार सकती है।

हम म्यूज़ियम की दूसरी तरफ़ से बाहर निकले। वहाँ आज भी उस दीवार का एक हिस्सा बचा है जिसे यादगार के लिए म्योडलरॉइथ के लोगों ने तोड़ा नहीं। गाँव और लोगों को बाँटने के लिए वहाँ सिर्फ़ एक दीवार नहीं थी। दीवार

के पीछे अलग-अलग तरह की बाड़ लगाई गई थी। जिससे अगर कोई आदमी एक चीज़ से बच जाए तो दूसरी से न बच पाए। आज यह दीवार टूटी हुई बेहाल और लाचार-सी मेरे सामने खड़ी थी। सोचा कितने लोगों को इस दीवार ने मरते हुए देखा होगा। फिर देखा कि इस दीवार को चारों तरफ़ से घास ने घेर लिया है। घास लंबी होती जा रही है। पास से गुज़रती एक ठंडे पानी की नहर यह सुनिश्चित कर रही है कि घास बढ़ती रहे। घास के बीच से सफ़ेद रंग के छोटे-छोटे फूल अपना सिर उठाए दीवार को बौना और कमज़ोर महसूस करा रहे हैं। हर तरफ़ लहलहाती हरी घास मानो पाश की सिखाई पंक्तियाँ बोल रही हो–

मैं घास हूँ
मैं आपके किए धरे पर उग आऊँगा
बम फेंक दो चाहे विश्वविद्यालय पर
बना दो हॉस्टल को मलबे का ढेर
सुहागा फिरा दो भले ही हमारी झोपड़ियों पर
मेरा क्या करोगे?
मैं तो घास हूँ
हर चीज़ पर उग आऊँगा
मैं आपके किए धरे पर उग आऊँगा

जो दृश्य इस समय मेरे सामने था वह मेरी यूरोप यात्रा के कुछ सबसे ख़ास दृश्यों में से एक है। इस जगह की दो तस्वीरें हैं मेरे पास। एक उस घास की जो अपने बीच खड़ी दीवार पर क़ब्ज़ा जमा रही थी। और दूसरी तस्वीर जो अस्मी ने मेरी खींची थी जब मैं समय के इस खोल को घास के पक्ष में होता हुआ हैरत से देख रहा था। मैंने जो तस्वीर खींची थी वो आज भी मेरी सबसे पसंदीदा तस्वीरों में शुमार है।

हवा में नमी बिल्कुल नहीं थी। सूखी सर्द हवा जैसे शरीर को भेदकर निकल जा रही थी। मैं ठिठुर रहा था। अपने आप मेरे हाथ मेरी जेबों में चले गए थे और कंधे कानों के पास सिकुड़ आए थे। कुछ आगे चलने के बाद अस्मी ने मुझे दीवार से सटकर खड़े रहने को कहा ताकि वह यादगार के लिए मेरी एक तस्वीर ले सके। मैं अपनी जैकेट उतार दीवार से लग कर खड़ा हो गया। उस तस्वीर में

आज भी मैं नहीं ठंड ज़्यादा दिखती है।

कुछ देर बाद हम दोनों के साथ म्योडलरॉइथ के गूढ़ वातावरण ने सुलह कर ली थी। एक कैफ़े दिखा तो हम अपने आप ही उसकी ओर चल पड़े। कॉफ़ी और croissant के रिवाज़ का पालन करते हुए कुछ समय हमने कैफ़े की गर्माहट में बिताया। कॉफ़ी का आख़िरी घूँट लेकर अस्मी अपनी कुर्सी में पीछे आराम से बैठ गई। हम दोनों अपनी-अपनी जैकेट में गड़ गए थे। कुछ देर सुस्ताने के बाद उसने कहा, "घर चलें?"

मैं इस सवाल के लिए तैयार नहीं था। लगा जैसे... 'बस... हो चुका? अब क्या वाक़ई निकलना है यहाँ से? वापस कभी न आने के लिए?'

मैंने कुछ कहा नहीं। बस मुस्कुराकर सिर हिलाया। उसे जो समझना था वो समझ गई और हम अपनी टैक्सी में जाकर बैठ गए। पहली बार इस गाँव में क़दम रखा था तो लगा था क्या है यहाँ? कुछ भी तो नहीं। पर अब जब वहाँ से जाने का समय हो चला था तो लगा और कितना कुछ देखना बाक़ी रह गया है। कितने सारे लोग होंगे यहाँ जिनकी अपनी-अपनी कहानी होगी। दीवार के पहले का जीवन और बाद का समय कितना कुछ लिए चुपचाप बैठा होगा यहाँ। सतही तौर पर यहाँ देखने के लिए केवल एक म्यूज़ियम और दीवार का टुकड़ा है। पर घट रहे और घट चुके में बहुत कुछ दबा था जो मैं आज अच्छी तरह समझ पा रहा हूँ। शायद इसीलिए म्योडलरॉइथ से निकलते समय मेरे पैर घर की दिशा में आसानी से मुड़ नहीं रहे थे।

मैं जो कुछ यहाँ दर्ज कर रहा हूँ वो एक तरह का romanticised वर्णन लगने की पूरी संभावना है। या फिर पूरी तरह झूठ। पर विश्वास कीजिए ये सारा कुछ सच है जो मैं तब नहीं जानता था। पर आज मैं तब के उस अस्थिर लड़के को ठीक-ठीक समझ पा रहा हूँ। म्योडलरॉइथ के पूरे सफ़र में धूप का एक तिनका भी नज़र नहीं आया था। बस मेरे भीतर कुछ धीरे से चमक गया था। यह बात भी मैं तब नहीं समझ पाया था। या फिर समझ गया था लेकिन दोहराना नहीं चाहता था। जैसा आप ठीक समझें।

अगले दिन सुबह उठा तो एक अजीब-सी थकान शरीर में रेंग रही थी। मैं उठा और देर तक बिस्तर पर ही बैठा रहा। मेरे शरीर की गर्माहट मेरी रज़ाई में क़ैद हो गई थी। अच्छी नींद आने के लिए हमें शारीरिक तापमान के एक विशिष्ट बिंदु पर पहुँचना होता है। ये बिंदु हर इंसान के लिए अलग होता है। ये बिंदु हमें ज़्यादा ठंडा और हल्के से ज़्यादा गर्म के बीच कहीं खोजना होता है। ज़्यादा ठंडा हमें सोने नहीं देता और हल्का गर्म हमें नींद से जगा देता है। जब भी पहाड़ों या सर्द इलाक़ों में जाता हूँ तो ज़्यादातर मेरी सुबह की नींद रज़ाई में क़ैद मेरे ही शरीर की गर्मी से खुल जाती है। जब-जब मैं श्रीनगर या हिमाचल के किसी कोने में होता हूँ तो मेरी सुबह बहुत जल्दी हो जाती है। तब मैं उठते ही कुछ क्षणों के लिए बहुत असहज हो जाता हूँ और रज़ाई हटाकर कुछ देर के लिए खिड़की खोल लेता हूँ। आज भी वही हुआ था। मैं अजीब तरीक़े से असहज होकर उठा था। उठते ही मैंने पहले हीटर बंद कर दिया और खिड़की किप्पेन कर दी। ऊपर से आधी खुली खिड़की तुरंत ही खटकने लगी। खिड़की के काँच पर बाहर की तरफ़ कोहरा जम गया था सो चर्च को ठीक से देख नहीं पा रहा था। मैंने खिड़की पूरी खोल दी। बाहर की बेहद सर्द हवा ने मुझे ऐसे गले लगा लिया जैसे बहुत दिनों बाद दोस्त एक-दूसरे से मिलते हैं। चर्च देखकर कुछ तसल्ली हुई। लगा सब ठीक है। नहीं है तो भी कुछ देर में ठीक हो ही जाएगा।

मैं अकेला रहना पसंद करता हूँ। इसमें एक तरह की असीम स्वतंत्रता है और साथ ही घनघोर अकेलापन। अकेले रहने वाले इंसान को इन दोनों अनुभवों के बीच स्विच करते रहना पड़ता है। दोनों से जूझने के तरीक़े हर बार एक जैसे नहीं होते। पर वे हमेशा एक जैसे नहीं होंगे इस बात की पूरी समझ देर से आती है। और जब तक वह नहीं आती तब तक हम इस विश्व में कई जगह घूम आते हैं। समझ आते-आते इसकी लत लग चुकी होती है।

इस समय घर में मैं अकेला था। खिड़की पूरी खुली थी। सामने चर्च था और शरीर पर होफ़ की ख़ून जमा देने वाली हवा। सब ठीक था। अच्छा लग

रहा था। और अचानक अच्छा लगते-लगते मैं फिर असहज हो गया। जिस सर्द हवा के लिए मैंने खिड़की खोली थी वहाँ से कुछ ज़्यादा ही ठंड कमरे के भीतर आ गई थी। मुझे ध्यान हो आया कि मैं केवल अपने बॉक्सर शॉर्ट्स में हूँ। मैंने रात को आधी नींद में उतारकर फेंकी हुई टी-शर्ट खोजकर उसे तुरंत पहन लिया। खिड़की फिर से किप्पेन कर ली और भीतर चाय बनाने चला गया। मैंने अपने लिए चाय-नाश्ता बनाया और घर समेटकर तैयार हो गया होफ़ के ख़ाली रास्तों पर चलने के लिए।

पिछले कुछ दिनों से मेन स्क्वेयर से गुज़रते हुए बार-बार नज़र एक कैफ़े पर पड़ रही थी। छोटा, कोने में दबा हुआ जहाँ ज़्यादा भीड़ नहीं होती थी। वैसे तो पूरे होफ़ में भीड़ नहीं होती पर तुलनात्मक नज़रिये से देखा जाए तो इस वाले कैफ़े पर कम भीड़ देखी थी। मैं घर से सीधे वहीं पहुँचा तो बाज़ार अभी पूरी तरह से खुला नहीं था। पिछली शाम दुकानें बंद करने के बाद जिन सारी छतों को बंद कर दिया गया था उन्हें धीरे-धीरे खोला जा रहा था। एक के ऊपर एक लदी कुर्सियों को सुलझाकर फिर से फ़ुटपाथ पर सजाया जा रहा था। मुझे लगा शायद मैं जल्दी आ गया। जब आपका दिन शुरू हो गया हो और आस-पास का जीवन आपके दिन से थोड़ा पीछे चल रहा हो तो आपके पैर अपने आप ही धीरे चलने लगते हैं। मैं धीरे-धीरे कैफ़े के दरवाज़े पर आकर रुक गया। एक बुज़ुर्ग महिला जो इतनी देर से आस-पास की चीज़ें ठीक करने में लगी थीं, मेरी तरफ़ देखकर मुस्कुराईं और कुर्सी की तरफ़ हाथ दिखाकर जर्मन में कुछ कहा। उनका हँसना, चीज़ें सही जगह रखना और कुर्सी की तरफ़ हाथ दिखाना इन सारी बातों को जोड़कर मैं यह जान गया था कि कैफ़े खुला है और मैं बैठ सकता हूँ। पूरा कैफ़े ख़ाली था। मैं कोई भी कुर्सी चुन कर किसी भी दिशा में मुँह करके बैठ सकता था। मैंने चर्च की ओर कुर्सी मोड़ी और बैठ गया। मेरे सामने पूरा चौराहा था और उसके अंत में एक गिरजा जो सीधे मेरी तरफ़ देख रहा था। कुछ देर बाद बुज़ुर्ग महिला आईं और मेरे सामने मेन्यू कार्ड रख दिया।

"Good Morning!" मैंने कहा।

"Aah yes! Good Morning!" उन्होंने जवाब दिया। गुड मॉर्निंग से पहले उनकी 'आह' में 'हाँ मैं अँग्रेज़ी समझती हूँ' की पुष्टि थी।

मैंने आगे अँग्रेजी बोलना शुरू ही किया था पर मेरी बात पूरी होने से पहले

वे जर्मन में बोलने लगीं। उनकी दबी-दबी हँसी और हाथों को ना की दिशा में हिलना देखकर मैं समझ गया कि उन्हें बहुत थोड़ी-सी अँग्रेज़ी आती है। मैंने मुस्कुराकर 'ठीक है' वाला हाथ दिखाया। वे फिर कुछ जर्मन में कहने लगीं तब मैं उनके हाथ पढ़ रहा था। उनका कहना था कि वे कुछ काम पूरा करके आ रही हैं। तब तक मैं मेन्यू में मुझे क्या-क्या चाहिए देख सकता हूँ।

मैंने चॉकलेट croissant का ऑर्डर दिया। उन्होंने इशारे से पूछा कि क्या मैं कुछ पिऊँगा नहीं? मैंने फिर से मेन्यू देखा। उन्होंने कहा, "Cappuchino?"

मैंने उनकी तरफ़ देखा तो वे हाथों से भी बता रही थीं कि वे कॉफ़ी बहुत अच्छी बना लेती हैं। मैं कॉफ़ी पीना नहीं चाहता था पर अचानक लगा कि पी भी सकता हूँ। उन्होंने ऑर्डर लिया और भीतर चली गईं।

मैं चौराहे को ध्यान से देख रहा था। कुछ सोच नहीं रहा था। बस देख रहा था। धीरे-धीरे चौराहे पर हलचल बढ़ रही थी। दुकानें खुल रही थीं। लोग एक-दूसरे को सड़क के किनारों से शायद गुड मॉर्निंग ही कह रहे होंगे। दुकानों के मालिक और उनके यहाँ काम करने वाले बहुत आराम-आराम से सारे काम पूरे कर रहे थे। किसी को कोई जल्दी नहीं थी। जो लोग चौराहे से होकर आगे अपने काम पर जा रहे थे वे भी कोई ख़ास जल्दी में नहीं थे।

मेरी कॉफ़ी और croissant टेबल पर आ गए। मैंने हिम्मत करके उन्हें जर्मन में धन्यवाद कहा, "Danke!"

वो मेरी ओर देखने लगीं और फिर उन्होंने आगे कुछ अच्छा कहा। नहीं मालूम वो अच्छा क्या था, पर अच्छा था। मैंने कॉफ़ी में दो चम्मच शक्कर डाल दी, दूध डाल दिया और अपने पीने लायक़ कॉफ़ी बना ली। धीरे-धीरे कॉफ़ी से मेरी शिकायत थोड़ी कम हो रही थी। दोस्त के साथ न होने का मैंने पूरा फ़ायदा उठाते हुए croissant को कॉफ़ी में डुबोकर खाया। कुछ देर बाद मुझे अपने आप ही ऐसा करना ग़लत लगने लगा। तो मैं दोस्त के सिखाए तरीक़े से खाने लगा। एक निवाला croissant का और उस पर एक छोटा घूँट कॉफ़ी का। मैंने अपनी कॉफ़ी और croissant ख़त्म किया और फिर से चौराहे को देखने लगा।

हर मौन आपको सबसे पहले वो बात याद दिलाता है जिससे आप हमेशा अपनी व्यस्तता दिखाकर दूर भाग लेते हैं। इस समय मैं व्यस्त नहीं था तो ज़ाहिर है भाग भी नहीं सकता था। यही वो समय होता है जब वो मेरे निज में आकर

चुपचाप बैठ जाती है। ऐसे समय वो भी चुपचाप चौराहे को देखती रहती। या फिर मुझे ऐसी कोई बात बताती जो मुझे मेरी समझ से दिख जाना कम-से-कम उस समय तो संभव नहीं था। मैंने फ़ोन निकाला। सोचा उससे बात कर लूँ। पर क्या बात करूँगा? ऐसा क्या बचा रह गया था जो मैं कहता और वो सुनती? हमारे संबंध में ऐसी कौन-सी जगह बाक़ी रह गई थी जहाँ मैं और वो कुछ देर साथ बैठ सकते? कुछ भी तो नहीं था। इस समय वो मेरे सामने होती तो मैं उससे कहता, "सुनो, तुम कुछ बहुत बड़ी ग़लतियाँ कर लो। अपने व्यस्त दिनों से और लगातार पीछे भागते पेशे से कुछ समय निकाल लो और ग़लतियाँ कर लो। ऐसी ग़लतियाँ जो मैं क़तई माफ़ नहीं कर सकता। फिर तुम आकर मुझे वो सारी ग़लतियाँ बता देना। या बेहतर हो कि मेरे सामने ही उन्हें कर लेना। मेरी परवाह किए बिना। फिर मैं कुछ नहीं कहूँगा। सब कुछ अनदेखा कर दूँगा। अपनी सारी पीड़ा को तुम्हारी पीड़ा के सामने रख दूँगा। और फिर हम दोनों बराबर हो जाएँगे। फिर से सब कुछ शुरू करने के लिए हम एक जगह एक मार्क पर खड़े होंगे। क्या तुम्हें यह समझौता मंज़ूर है? अगर तुम्हारे मन में समझौता करने का और कोई तरीक़ा हो तो बता दो... मुझे स्वीकार है।"

ये... या फिर ऐसा कुछ कहकर मैं उसके साथ हँसना चाहता था। पर मैं इस समय बहुत दूर था। यह वो समय था जब मैं अपनी स्वतंत्रता से अकेलेपन की तरफ़ स्विच कर जा रहा था। मैंने अस्मी को फ़ोन मिलाया। सोचा कि उसे ही यहाँ बुला लूँ। इसके पीछे एक छिपा हुआ कारण यह भी था कि अगर अस्मी यहाँ आती है तो मैं दोबारा उसे फ़ोन लगाकर अस्मी को पकड़ा सकता हूँ। अस्मी ने फ़ोन नहीं उठाया। मैं बेचैन हो रहा था। इस समय किसी से बात करना बहुत आवश्यक था। मैंने घर फ़ोन लगाया। माँ से कुछ देर बात की तो उसने पूछ लिया, "तबीयत ठीक नहीं है क्या?"

बहुत से लोग ठीक होने का अभिनय अच्छा कर लेते हैं। मुझे लगता है हर किसी को ठीक होने का अभिनय अच्छे से कर भी लेना चाहिए। इसलिए नहीं कि कोई हमारा ख़राब अभिनय पकड़ ले और हमें दया दिखाए। बल्कि इसलिए कि किसी को हमारी पीड़ा में खींच कर ले आना और उससे सहारा लेना किसी इंसान को शोभा नहीं देता। दयनीय अवस्था मजबूरी नहीं चुनाव होता है। दयनीय अवस्था के सामने हमेशा कई अच्छे विकल्पों को हम अनदेखा कर देते हैं जो

इंसान की गरिमा बरक़रार रख सकते हैं। मैंने माँ को कुछ देर होफ़ और प्राग के बारे में बताया और फ़ोन रख दिया।

आस-पास लोग आकर बैठ चुके थे। मुझे ध्यान हो आया कि चार लोगों की टेबल पर मैं अकेला बैठा हूँ। वो भी बिना कुछ लिए। मैंने तुरंत एक और croissant का ऑर्डर दिया। इस बार croissant के साथ केचप भी था।

एक किसी कॉलेज की कैंटीन में हर बार पराठे के साथ खाने के लिए मैं केचप उठा लाता। एक दिन उसने कहा, "तुम जानते हो ना केचप किसलिए बनाया गया है?"

"नहीं। तुम अभी बताने वाली हो?"

"बच्चे जब कोई पौष्टिक चीज़ खाने से मना करते हैं तो स्वाद बदलने के लिए उन चीज़ों पर केचप डाला जाता है।"

"अच्छा आइडिया है ना?"

"तुम ने ठीक से सुनी नहीं ना मेरी बात?"

"क्या?"

"मैंने कहा, स्वाद बदलने के लिए केचप होता है।"

"तो?" तब मैं खा ही रहा था।

"तो कुछ नहीं। क्या किया दिनभर?"

"नहीं बात पूरी करो। बताओ मुझे। क्या स्वाद बदलना?"

"मैं बस इतना कह रही हूँ कि हर बार केचप लेना ज़रूरी नहीं होता। असल में केचप बिल्कुल ज़रूरी नहीं होता। केचप उस चीज़ के स्वाद को पूरी तरह मार देता है जो हमने असल में खाने के लिए पैसे देकर मँगवाई है।"

उसकी यह बात मेरे साथ रह गई है। यही बात मेरे साथ यूरोप चली आई थी। मैंने केचप को दूर किया और croissant का एक निवाला खाया। पहली बार जब croissant खाया था तो बेस्वाद लगा था। आज मैं उसके भीतरी स्वाद को अच्छे से चख पा रहा था। बिना केचप के।

दिन का कुछ समय बीत गया था। लेकिन अभी दोपहर का गुज़र जाना, शाम का और अस्मी के फ़ोन का आना जैसी सारी चीज़ें बाक़ी थीं। मैं होफ़ की सड़कों पर अपना ख़ाली समय लेकर पहुँच गया। उसी कच्चे रास्ते को ढूँढने की कोशिश की जिस पर से मैं तब गुज़रा था जब Untreusee (होफ़ की झील) पर उससे बात करने के बाद हम घर लौट रहे थे। मैंने वो रास्ता कुछ ही देर में खोज लिया। देर तक नहर के किनारे-किनारे चलता रहा। दूसरी तरफ़ से बाहर निकला तो एक और कच्चा रास्ता दिखाई दिया। मैं उस पर चलने लगा। मैं अपने साथ कैमरा लिए था। धूप आ-जा रही थी पर मुझे इस बात से कोई फ़र्क़ नहीं पड़ा। मैं लगातार पेड़ों की छाया में चल रहा था। बैठ रहा था। नहर को सुन रहा था। पेड़ों के बदले हुए रंगों को देख रहा था। जब आप अपने मोबाइल फ़ोन के ग़ुलाम नहीं होते तो कितना कुछ कर लेते हैं। कितना समय बचाया जा सकता है जो घट रहे जीवन को ध्यान से देखने में हम व्यतीत कर सकते हैं।

जहाँ-जहाँ मुझे ठीक लगता वहाँ-वहाँ रुककर मैं कैमरा ऊपर की तरफ़ करके तस्वीर खींच लेता। तब मुझे कैमरा चलाना नहीं आता था। वैसे आज भी मुझे नहीं आता। यह काम फ़ोटोग्राफ़र का है तो उसी को करने दिया जाए। उसी के हाथ में कैमरा जँचता भी है। कैमरा न चलाने वाला जब तस्वीर खींचता है तो उसकी बनाई झूठी मुद्रा से ही उसके फ़ोटोग्राफ़र न होने का पता चल जाता है। ऐसा ही कुछ मेरे साथ भी है। पर फिर भी मैं बेझिझक कैमरा बैग से बाहर निकालता हूँ और जो सही लगे उसकी तस्वीर उतार लेता हूँ। मैं कहाँ-कहाँ गया हूँ, क्या-क्या देखा है, इसका एक संग्रह मेरे पास बना रहे इस उद्‌देश्य से मैं तस्वीर खींचता हूँ।

हर थोड़ी दूरी पर मुझे पेड़ों में अद्‌भुत रंग दिखाई दे रहे थे। तस्वीर खींचने का ज्ञान न होने की वजह से वो सारी तस्वीरें धुँधली हैं। पर मुझे इस बात का अफ़सोस नहीं है। मेरी यात्रा का संग्रह पूरा है।

कुछ देर बाद अस्मी का फ़ोन आया।

"कहाँ हो ?"

"मुझे पता नहीं पर यहाँ बहुत पेड़ हैं।"

"यहाँ बहुत पेड़ वैसे भी हैं। तुम कहाँ हो ?"

"यार मैं... कहीं हूँ। पता नहीं कहाँ पर... हाँ वो जो नहर है न... जहाँ से हम उस दिन चलकर घर पहुँचे थे।"

"वहाँ क्या कर रहे हो... इतनी दूर ?"

"यहाँ कोई नहीं था तो मैं आ गया।"

"अब क्या करें ? कहाँ मिलोगे ? मैं वहाँ आऊँ ? पर कहाँ आऊँ ? वो रास्ता भी तो बहुत लंबा है। तुम्हें मुझे ठीक-ठीक बताना पड़ेगा कि तुम... या फिर एक काम करो..."

मैंने उसकी बात बीच में काटते हुए कहा, "सुनो, मैं भी बात करूँगा। थम जाओ। तुम मेन स्क्वेयर आ सकती हो ?"

"तुम मेन स्क्वेयर कैसे आ सकते हो ? दूर है।" उसने कहा।

"मेरी चिंता मत करो। मैं पहुँच जाऊँगा।"

"ठीक है। मुझे पंद्रह-बीस मिनट लगेंगे वहाँ पहुँचने में।"

"मुझे पता नहीं कितना समय लगेगा पर पहुँच जाऊँगा। तुम्हें चर्च के बाहर मिलूँगा।"

"आ जाओगे न ?"

"डरने-डराने जैसा क्या है इसमें ? अभी पाँच बज रहे हैं और यहाँ वैसे भी रात के साढ़े नौ बजे तक अँधेरा नहीं होता। चर्च के बाहर मिलो... बाय !"

फ़ोन हो जाने के बाद एक-दो मिनट तक मैं एक बड़े-से वृक्ष के नीचे बैठा उसे निहारता रहा। चर्च के पास पहुँचा तो अस्मी ने अपने सीने पर हाथ रखा और लंबी साँस ली। मैं हँसने लगा।

"बच्चा हूँ क्या जो खो जाऊँगा।"

"अरे यहाँ लोग इंग्लिश नहीं जानते। और तुम्हें जर्मन नहीं आती।"

"मुझे लॉजिक आता है। चलो कॉफ़ी पिलाओ।"

हमने कॉफ़ी पी और यहाँ-वहाँ टहलते रहे। कुछ और पेड़ दिखे तो मैंने अस्मी को मेरे देखे हुए पेड़ों के बारे में बताया। तब उसने कहा कि यहाँ बसंत की शुरुआत हो चुकी है। अब सारा होफ़ रंग बदलने लगेगा। तुम यहाँ कुछ और

दिन रुक जाओ। यहाँ का बसंत देखकर चले जाना, जहाँ जाना है।

उसके ऐसा कहते ही मुझे एक दबाव महसूस हुआ। उसे ना कहने का दबाव। बहुत दिन हो गए थे होफ़ में। मुझे अब तक यहाँ से निकल जाना चाहिए था। यह बात ख़ैर वो भी समझ ही गई थी। मैंने कोई जवाब नहीं दिया। न उसने दोबारा सवाल पूछा।

हम आगे-आगे चलते गए। सोचा था डिनर करके ही घर चलेंगे। चलते-चलते एक ऐसा नज़ारा दिखा जो आज तक मैंने केवल टीवी या इंटरनेट पर देखा था। दस-बारह लड़के अपनी खेलने वाली पोशाक पहने बर्फ़ के मैदान पर Ice Hockey खेल रहे थे। मैं वहीं बैठ गया और देखने लगा। हम थोड़ी दूर ऊँचाई पर बैठे थे तो सब कुछ साफ़-साफ़ दिखाई दे रहा था।

एक धक्का मारते ही लड़के इतनी आसानी से एक जगह से दूसरी जगह जा रहे थे कि कुछ देर विश्वास करना मुश्किल हो जाता। यह दृश्य इतना सम्मोहित कर देने वाला था कि हम दोनों के मुँह खुले रह गए। इस बीच वे खेलते, एक-दूसरे को टक्कर मारते और बात भी करते। कोई भी काम एक जगह स्थिर रहकर किया नहीं जा रहा था। एक पल के लिए मुझे लगा जैसे हम दोनों मानव प्रजाति के सबसे शिथिल लोग हैं और सामने खेल रहे लड़के दुनिया के सबसे तेज़ और फुर्तीले लोग हैं। कुछ देर वहीं बैठकर हमने उनका खेल देखा। हम दोनों ने अपने-अपने खिलाड़ी चुन लिए थे और कौन गोल करेगा पर कई शर्तें भी लगा लीं।

अँधेरा हो चला था। उसने कहा, "अब चलें डिनर करने? यहाँ सब कुछ जल्दी बंद हो जाता है। अगर कहीं कुछ खाने को नहीं मिला तो घर पर भी नहीं मिलेगा। मैं थक चुकी हूँ और तुम्हें कुछ बनाना भी नहीं आता।"

रेस्त्राँ के रास्ते पर चलते हुए मुझे क्या-क्या बनाना आता है इस पर हम दोनों में ख़ूब चर्चा हुई। डिनर करने के लिए हम जहाँ गए थे वो जगह मुझे बहुत पसंद आई। लकड़ी से बनी टेबल-कुर्सियाँ किसी ज़माने में बनाई हुई लग रही थीं। ज़मीन पर फ़र्श या कार्पेट नहीं बल्कि लकड़ी ही थी। धीमा और हल्की आवाज़ में चल रहा जर्मन संगीत माहौल को आरामदेह बना रहा था। वेटर सर्व करने के लिए एक टेबल से दूसरी टेबल जाते तो लकड़ी के फ़र्श से एक मीठी आवाज़ आती। कुछ देर बाद अस्मी की दोस्त भी आ गई। अस्मी ने पहल की।

"तुमने चेक बीयर ट्राय की है ना? अब जर्मन ट्राय करो। ये लोग प्रोफेशनल दारूबाज़ होते हैं।"

"मैं कॉकटेल लूँगी जो थोड़ा मीठा हो।" अस्मी की दोस्त ने कहा।

"मैं वो लूँगा जो तुम्हें लगता है कि मुझे ट्राय करना चाहिए।" मैंने कहा।

"ठीक है। तुम्हारे लिए ख़ास जर्मन बीयर मँगवा देती हूँ। मुझे लगता है तुम्हें अच्छी लगेगी।"

"सुनो... मैंने इस यात्रा पर पहली बार बीयर चखी है। अब तक तो सारी कड़वी लगी है। हाँ... कड़वाहट कुछ कम ज़रूर हुई है। यहाँ की बीयर कैसी होती है?"

अस्मी ने कहा, "बहुत कड़वी होती है। चुपचाप पी लो। मीठा चाहिए तो कोई जूस मँगा लो। मीठी बीयर कौन पीता है?"

मैंने उसकी दोस्त की तरफ़ देखा और अस्मी का मुझ पर किया हुआ मज़ाक़ असल में उस पर किया गया है यह स्पष्ट रूप से जता दिया। मैं ज़ोर से हँसने लगा तो अस्मी सहम गई और अपनी दोस्त को कहा, "मेरा इरादा तुम्हें कुछ भी सुनाने का नहीं था। मैं इसे कह रही थी कि इसे यहाँ की चीज़ें ट्राय करनी चाहिए।"

मेरी हँसी रुक नहीं रही थी। अस्मी ने मेरे हाथ पर एक चपत लगाई।

"क्यों हँस रहे हो? उसे सचमुच लगने लगेगा कि मैंने उसे सुनाया है।"

वह अपनी दोस्त की तरफ़ मुड़ी और उसे सॉरी कहा। उस दोस्त को इस बात का बुरा नहीं लगा था। बस मैं ही हँसे जा रहा था।

वेट्रेस आई तो सबसे पहले उस ने हमारी टेबल पर तीन कोस्टर रखे। कुछ देर बाद जब वह हमारे ड्रिंक्स लाई तो सबसे पहले उसने ट्रे टेबल पर रखी, हमारे कोस्टर्स उठाकर उनके पीछे हमारी ड्रिंक्स के दाम लिखे और फिर उन पर गिलास रख दिए। फिर 'एंजॉय योर ड्रिंक' कहकर वहाँ से दूसरी टेबल पर चली गई। जाने से पहले अस्मी ने बिना भूले उसे धन्यवाद कहा। मैं उस वेट्रेस के काम करने का तरीक़ा देखता रह गया।

"यह क्या किया इसने अभी?"

"उसने हर एक कोस्टर के पीछे ड्रिंक का दाम लिखा है। ताकि डिनर हो जाने पर जिसने जितना खाया-पिया है उससे उतना पैसा ले सके। कॉलेज के

लड़के-लड़कियाँ आते हैं तो उनको भी हिसाब करने में आसानी हो जाती है।" अस्मी ने मुझे समझाया। उसकी दोस्त तुरंत बोली, "यह तरीक़ा मुझे बहुत पसंद है। आओ, खाओ, पियो और अपना-अपना बिल चुकाओ।"

अस्मी–"और क्या। ऐसा हिसाब हर जगह होना चाहिए। कौन बाद में पैसों के लिए अपने ही दोस्तों से लड़े?"

दोस्त–"और हर ग्रुप में एक तो ऐसा होता ही है जो हमेशा कहता है कि अभी मेरे पैसे चुका दो मैं बाद में दे दूँगा, और कभी नहीं देता।"

अस्मी–"मैंने तो बहुत पहले से ऐसे लोगों के साथ बाहर जाना छोड़ दिया है।"

दोस्त–"मुझे भी ये करना है। पर मैं कर नहीं पाती। I just can't say no to people. पर अब मैं ये करने वाली हूँ।"

उनकी बातें ख़त्म होने का नाम नहीं ले रही थीं और मैं चियर्स करने के लिए गिलास हाथ में पकड़े बैठा था। आख़िर मुझे बोलना पड़ा, "मैं कल-परसों तक रुक सकता हूँ।"

दोस्त–"मतलब?"

अस्मी–"कुछ नहीं... चियर्स चियर्स..."

हम वहाँ आराम से खाते-पीते रहे। कोई नहीं था जो बार-बार बिना कुछ कहे पीछे पड़ जाए कि उठिए साहब! बहुत लोग खड़े हैं बाहर। आपका हो गया हो तो दफा हो जाइए। मुझे वहाँ कुछ देर और बैठने का मन था पर इन दोनों के पास उतना ख़ाली समय नहीं था जितना मैं लेकर आया था। बहुत खा लिया था तो सोचा घर तक चलकर जाया जाए। तभी अस्मी ने पूछा,

"टैक्सी नहीं करना चाहते हो न? मतलब... चलने में कोई..."

"मैं तुम्हारे यहाँ मेहमान बन कर आया हूँ क्या? हर बार मुझसे पूछना ज़रूरी है? तुम्हारा चलने का मन है तो सीधे-सीधे बता दिया करो कि मुझे चलना है और तुम्हें भी मेरे साथ आज चलना है। हम चलकर घर जाएँगे।"

"तुरंत चिढ़ जाते हो तुम। तुम यहाँ पहली बार आए हो तो मैं सोचती हूँ कि सब तुम्हारे हिसाब से हो तो सही रहेगा। इसीलिए पूछ लेती हूँ। अब नहीं पूछूँगी। अब रोज़ चलना तुम।"

"तुम्हें पता है न तुम फिर भी मुझसे पूछ ही लोगी।"

"तुम्हें आज मार खा के ही सोना है? चलो चुपचाप।"

हमारी दोस्ती बहुत अद्भुत है। हमारे संवाद में आने वाले सारे भाव, सारी परतें, उद्देश्य... हम ही जानते हैं। कुछ ही लोगों के साथ मेरी ऐसी दोस्ती है। जो हमें सुन रहा होता है (जैसे इस समय अस्मी की दोस्त) वो हमारी दोस्ती को लेकर अचंभित हो जाता है। सुनने वाले को ऐसा लगने की पूरी संभावना बनी रहती है कि हम एक-दूसरे को क़तई पसंद नहीं करते। चलते-चलते अस्मी ने मुझे बताया, "दो घंटे की दूरी पर एक छोटा-सा टाउन है, Bamberg, तुम्हें वो ज़रूर देखना चाहिए।"

"कितनी दूर है?"

"चल के नहीं जाया जा सकता। ट्रेन से दो घंटे लग जाते हैं। जाना चाहोगे?"

"अभी तो बहुत नींद आ रही है।"

"जाना है?"

"हाँ बिल्कुल जाना है।"

"तो ठीक है। मैं परसों छुट्टी ले लूँगी। सुबह निकलेंगे और शाम को लौट आएँगे। बाक़ी ट्रेन वग़ैरह का मैं सब देख लूँगी।"

"तुम इतनी धड़ाधड़ छुट्टियाँ ले रही हो... आगे तुम्हें दिक़्क़त तो नहीं होगी?"

"मेरी बहुत-सी छुट्टियाँ बाक़ी हैं। तुम आने वाले थे इसलिए मैंने बचा कर रखी थीं।"

"मेरे साथ नीलेश भी आता तो तुम दोनों को शादी से पहले कुछ समय साथ घूमने का मौक़ा मिल जाता।"

"तुम्हें मुझे अभी याद दिलाना ज़रूरी है? कल ही झगड़ा हुआ है हमारा।"

"तुमने झगड़ा किया?"

"मैं झगड़ा करती हूँ?"

"कब हुआ झगड़ा?" अचानक उसकी दोस्त की जिज्ञासा जाग गई। अब झगड़े की बात मेरी वजह से निकली थी तो उसे मैंने ही जवाब दिया।

"अस्मी झगड़ा भी बहुत धीमी आवाज़ में करती है। तुम्हें कभी पता नहीं चलेगा।"

अस्मी ने मेरी ओर गुस्से से देखा। मैंने तुरंत अपना जवाब बदल दिया।

"मेरा कहने का मतलब है कि झगड़ा जैसा कोई बड़ा झगड़ा नहीं करते ये दोनों। एक-दूसरे को दो-चार बातें सुना देते हैं बस। वैसे नीलेश भी बहुत अच्छा लड़का है। झगड़ालू बिल्कुल नहीं है।"

मैंने अचानक इतना ज़्यादा कवर कर लिया था कि अस्मी हँस पड़ी।

बाम्बेर्ग जाने के लिए हमने दिन की शुरुआत जल्दी की। बाम्बेर्ग पहुँचे तो दोनों बहुत भूखे थे। तुरंत एक कैफ़े में रुककर नाश्ता किया और शहर देखने निकल पड़े। बाम्बेर्ग के बारे में मुझे आज भी जो पहली बात याद आती है वो है उस शहर की कोमलता। शहर का अपने आप को देखने का दृष्टिकोण। वहाँ के पुल, गली-चौराहों पर लगाई मूर्तियाँ, साइकिलें, घर... सब कुछ जैसे बनाया नहीं सजाया हो।

चलते-चलते अचानक मेरी नज़र एक साइकिल पर थम गई जिसे ऊनी कपड़े पहनाए गए थे। कोई भी कपड़े नहीं... साइकिल के लिए ख़ास सिले हुए कपड़े। मैं सोच में पड़ गया कि ऐसा क्यों है? अस्मी से पूछा तो उसे भी पता नहीं था। थोड़ा आगे चले तो देखा कि फ़ुटपाथ पर चल रहे लोगों की सुरक्षा के लिए जो छोटे खंभे लगाए गए हैं, उन्हें भी ऊनी कपड़े से ढक दिया गया है और उनके सर पर ऊनी टोपियाँ पहनाई गई हैं। मैंने उनकी तस्वीर ले ली और ऐसा क्यों किया गया है यह सवाल मन से निकल दिया। सोचा यह जो है... बस है, अच्छा है।

इस शहर में पत्थर का उपयोग कुछ ज़्यादा ही किया गया है। ज़्यादातर रास्ते पत्थरों से बनाए गए हैं। अगर एक जगह ठहरकर ध्यान से देखा जाए तो पत्थरों में कोई भी आकार बनाया जा सकता है। हम शहर के मेन स्क्वेयर तक पहुँच गए। लंबी साँस लेने के लिए लोगों के मुक़ाबले हमेशा शहर ज़्यादा होना चाहिए। जब शहर से ज़्यादा लोग हो जाते हैं तो जीवन मुरझाया-सा लगने लगता है। खुली जगहों पर जीवन की भव्यता और उदारता हमें नम्र बनाए रखने में मदद करती है। ख़ाली-से स्क्वेयर में लोग आराम से चल रहे थे। कुछ इमारतों की दीवार से लगी बेंचेज़ पर लोग इतनी धीमी आवाज़ में बात कर रहे थे मानो इशारों में बात कर रहे हों। चलते-चलते कुछ देर हो गई थी तो मुझे लगा कि कुछ देर इनके बीच बैठ जाऊँ। एक ख़ाली बेंच भी दिखाई दी पर पता नहीं क्यों मुझे लगा

जैसे मैं किसी के व्यक्तिगत इलाक़े में घुस रहा हूँ। मैं आगे चलता रहा। पत्थरों से बनाए प्रवेशद्वार हर थोड़ी दूरी पर सजे थे। कोई तो बात थी जो ये शहर चुपचाप अपने आप में एक उत्सव जैसा कुछ मना रहा था जिससे हम अनजान थे। धूप नहीं थी पर उजाला था। शायद ऐसा था कि धूप को इस समय बाम्बेर्ग में आने का बहुत मन था पर कोई बड़ा-सा सुस्त बादल उसके सामने पसरा पड़ा था।। उजाला धुमैले बादलों से छन कर हम तक आ रहा था।

चलते-चलते हम एक छोटे बाज़ार की तरफ़ पहुँच गए। सब एक-दूसरे से हँस-हँसकर बात कर रहे थे। वहाँ ग्राहक कम ही थे। ज़्यादातर लोग एक-दूसरे के साथ बातों में डूबे हुए थे। मुझे एक दुकान के बाहर एक बड़ा-सा घोंसला दिखाई पड़ा। मुझे लगा कि कहीं से गिर गया होगा या दुकानदार ने जान-बूझ कर ग्राहकों को आकर्षित करने के लिए बनाया होगा। पास जाकर देखा तो घोसले में रंगीन अंडे थे। मैंने ऐसा कुछ पहले कभी नहीं देखा। मैं सोच में पड़ गया कि ऐसा कौन-सा पक्षी पाल रखा है इस दुकानदार ने जो ऐसे रंगीन अंडे देता है। ध्यान से देखा तो दुकान कपड़ों की थी। कपड़ों की दुकान और बाहर अंडे? कुछ भी समझ में आने से बहुत दूर था। थोड़ा आगे चले तो देखा एक और घोंसला। मैंने ज़रा ठहरकर यहाँ-वहाँ नज़र दौड़ाई तो मुझे कई दुकानों के बाहर कई घोसले दिखाई दिए। हर घोसले में रंगीन अंडे। रंग भी एक-दूसरे से अलग। मुझे कुछ अजीब लगा। मैंने सोचा अंडे नक़ली हैं। किसी अंधविश्वास के कारण लोग ऐसा करते होंगे। मैंने अस्मी को घोसले दिखाए। उसने एक दुकान के पास जाकर घोसले में अंडों को देखा। मैंने पूछा,

"ये लोग ऐसा क्या पालते हैं जो इतने रंगीन अंडे देता है।"

वह ज़ोर-ज़ोर से हँसने लगी। मुझे कुछ समझ नहीं आया। उसने कहा, "यहाँ कोई रंगीन अंडे नहीं देता। यहाँ की मुर्ग़ियाँ भी सफ़ेद अंडे ही देती हैं। अंडे देने के बाद लोग इन पर रंग लगाते हैं।"

"ऐसा क्यों करते हैं ये लोग?" मैंने पूछा।

"क्योंकि इन्होंने अभी-अभी ईस्टर का त्योहार मनाया है। येशु के फिर से पैदा होने की ख़ुशी मनाने के लिए ईस्टर का त्योहार मनाया जाता है। मुर्ग़ियों और बत्तखों के अंडों को रंग देकर ऐसे घोंसलों में रखा जाता है। एक-दूसरे को खाने पर न्योता दिया जाता है। घर को रौशनी से सजाया जाता है।"

"कब है ईस्टर ?"

"शायद पिछले महीने हो चुका। तुम आने वाले थे न... उसके ठीक पहले।"

"तो अभी तक अंडे खाए नहीं इन्होंने ?"

मेरे सवाल पर वह फिर हँसने लगी। हँसते-हँसते उसका पेट दर्द करने लगा। उसे देखकर मैं भी हँसने लगा। उसने कहा, "मुझे नहीं पता लोग इन रंग लगे अंडों का क्या करते हैं। हमारे यहाँ जैसे दिवाली के बाद महीनों कंदील लटका रहता है, बस वैसे ही इनका भी हिसाब होगा। अब आगे चलें या अंडे खा के जाएँगे ?"

"I am a pure vegetarian. और तू ? मेरा धरम भ्रष्ट करना चाहती है ?"

सत्तर के दशक में हिंदी फ़िल्मों में बोले जाने वाले डायलॉग के स्वर में मैंने उससे कहा और वहाँ से आगे बढ़ गया। किसी एक रास्ते पर देर तक चलने के बाद लगने लगता कि शहर ख़त्म हो जा रहा है। जैसे ही ऐसा लगने लगता कि हम लोगों से, मुख्य इलाक़ों से दूर जा रहे हैं, मुझे बहुत मज़ा आता। तभी मेरी दोस्त मुझे पीछे खींच लेती और कहती, "हम बहुत बाहर की तरफ़ आ गए हैं। हमें चर्च या मेन स्क्वेयर की तरफ़ चलना चाहिए।"

मैं समझ नहीं पाता था कि क्यों चलना चाहिए। क्या है ऐसा वहाँ जो अगर न देखो तो बहुत बड़ा नुक़सान हो जाएगा ? मैं यह बात बहुत देर से सीख पाया हूँ कि अगर किसी गाँव या शहर को देखना हो तो उसकी मुख्य जगहों को सब से पहले छोड़ देना चाहिए। हम फिर उलटे रास्ते चलते। अस्मी लोगों से रुककर कहीं का पता पूछ लेती। मेरी नज़र लगातार साइकिलों पर पड़ रही थी। हर जगह साइकिलें थीं। चलती हुई, थमी हुई, पार्क की हुई, छोड़ दी गई, गिरी हुई। हर जगह बस साइकिलें। मेरे मन में कई विचार उमड़ने लगे। यहाँ के लोग शायद शरीर गर्म रखने के लिए साइकिलें चलाते होंगे। या फिर ये यहाँ बहुत सस्ते दामों पर मिलती होंगी। या फिर यहाँ के लोग पर्यावरण को लेकर काफ़ी जागरूक होंगे। ऐसा बहुत कुछ मैं सोचने लगा। आज भी जब बाम्बेर्ग का एलबम खोल के देखता हूँ तो हर तीसरी तस्वीर में साइकिल दिख जाती है।

हम चलते-चलते बाम्बेर्ग के साप्ताहिक बाज़ार में आ गए थे। लोग शांति से अपने-अपने ज़रूरत की चीज़ें ख़रीद रहे थे और अपने-अपने रास्ते निकल

जा रहे थे। यह रास्ता अस्मी को चलने के लिए ठीक लग रहा था तो इसी रास्ते पर आगे-आगे चलते रहे।

एक फव्वारे के पास आते ही काफ़ी लोग दिखने लगे। लोगों के दिखते ही अस्मी को सुरक्षित महसूस होने लगता है। हम रुक गए। लोगों को जहाँ जगह मिली वहीं बैठ गए थे। फव्वारे से लगी सीढ़ियों पर, कैफ़े की कुर्सियों पर, रास्तों पर, बंद दुकानों के दरवाज़ों पर, साइकिलों पर... हर जगह। लोग बस इस जगह आकर ठहर गए थे। ऐसे में हमारा ठहरना भी इतना स्वाभाविक था कि हम ठहर ही गए। वैसे भी चलते-चलते अब काफ़ी समय हो गया था। बड़े-बड़े रंगीन छातों के साए में कैफ़ेज़ की कुर्सियाँ एक-दूसरे से सटकर बैठी थीं। जैसे गाँव की किसी गली या नुक्कड़ पर सर्दियों में आग सेकने के लिए लोग एक-दूसरे से सटकर बैठते हैं।

इस चौराहे पर लगभग हर दुकान एक कैफ़े थी। सबने बाहर खुले में अपनी-अपनी कुर्सियाँ बिछा रखी थीं। ग्राहक अपनी-अपनी कॉफ़ी पीकर कुर्सी से उठते तो कुर्सी आगे-पीछे हो जाती और धीरे-धीरे अड़ोस-पड़ोस की कुर्सियों में जा मिलती। कई बार ग्राहक एक-दूसरे से बात करते दिखाई देते कि कौन-सी कुर्सी किस कैफ़े की है। हमने कोई एक कैफ़े पकड़ा और वहाँ जाकर अपने थके हुए शरीर कुर्सियों पर डाल दिए।

मैं आस-पास देखने लगा। कुछ लोग खा रहे थे तो मैं उनकी प्लेट में देखने लगा कि क्या खा रहे हैं। मुझे ऐसा कुछ खाना था जो मैंने पहले कभी चखा नहीं था। कोई चीज़ जो यहाँ की हो। बहुत देर मेन्यू कार्ड पर ऐसी कोई चीज़ खोजने की कोशिश भी की पर बात नहीं बनी। अंत में दोबारा टेबल पर कॉफ़ी थी और एक ऐसा sandwich जिसमें कोई स्वाद नहीं था। ऐसा लग रहा था कि किसी ने हमसे पैसे लेकर sandwich की जगह धोखा दे दिया हो। पर पेट को स्वाद समझ नहीं आता। उसे केवल उसका ख़ाली होना और भर जाना समझ आता है।

मैं अपनी कॉफ़ी धीरे-धीरे पीना चाहता था। और वैसी की वैसी जैसे यहाँ मिलती है। कड़वी। मैं आज कॉफ़ी की कड़वाहट को उसकी पूरी तीव्रता से चखने के मूड में था। आख़िर मैं भी तो देखूँ कि ऐसा क्या है इसमें जो लोग बार-बार कॉफ़ी-कॉफ़ी करते रहते हैं। कॉफ़ी सामने आई तो ऐसे मग में आई जिस पर बाम्बेर्ग शहर का चित्र बना हुआ था। पारदर्शक मग में कॉफ़ी डालते

ही सारा शहर भूरा दिखने लगा था। जैसे-जैसे कॉफ़ी ख़त्म होती वैसे-वैसे शहर फिर से सफ़ेद होता जाता। कॉफ़ी मग में चल रहे इस खेल को मैं ऐसे ही देखता रहा। फिर सोचा क्या बचपना है। और कोई interesting चीज़ बची नहीं है क्या बाम्बेर्ग में जो मैं कॉफ़ी का मग देख रहा हूँ? शायद थकान इतनी हो रही थी कि ऐसी फालतू चीज़ों में भी मैं मनोरंजन खोज रहा था।

आस-पास देखा तो बहुत से लोग बैठे थे फव्वारे के पास। एक माँ अपने बच्चे की आइसक्रीम पकड़े बैठी थी और बच्चा पानी से खेल रहा था। माँ उसे बातों में उलझा लेती और जल्दी से थोड़ी-सी आइसक्रीम खिला देती। वह बीच-बीच में अपनी घड़ी भी देख रही थी। कुछ बच्चे फव्वारे के पास अपना हेल्मेट पहने साइकिल चला रहे थे। उनके माता-पिता दूर से उनको सूचनाएँ दे रहे थे। हर कोई एक-दूसरे से सुरक्षित दूरी बनाए बैठा था। दो लोगों के बीच में अगर एक और आदमी के बैठने की जगह हो तो वहाँ कोई नहीं बैठता था। वो जगह ख़ाली छोड़ दी जा रही थी। लोग आगे चलते और अपने लिए दूसरी जगह खोजने लगते। मुंबई के मरीन ड्राइव पर बैठे लोगों की याद इस समय हो आना स्वाभाविक भी था और क्रूर भी।

कुछ लड़के-लड़कियाँ भी अपने-अपने प्रेमियों के साथ फव्वारे के पास बैठे दिखाई दिए। कोई हाथ पकड़कर बैठा था तो कोई अपनी प्रेमिका को गोद में लिए बैठा बातें कर रहा था। वे बीच-बीच में एक-दूसरे को बिना देखे मुस्कुरा लेते। ऐसा नहीं था कि वहाँ केवल युवा जोड़े बैठे थे। कुछ बुज़ुर्ग भी अपने-अपने प्रेम को जकड़े बैठे थे। प्रेम को... प्रेमियों को नहीं। वे भी कुछ बात करते और हँसते। युवाओं और बुज़ुर्गों के हँसने में अंतर यह था कि बुज़ुर्ग खुलकर हँस रहे थे। वे ज़्यादा निडर लग रहे थे। मैं ऐसा नहीं कह रहा कि युवा जोड़े सहमे हुए थे या कम प्रेम में थे। वे उस समय शायद केवल एक-दूसरे से प्रेम लेना चाहते थे। जबकि बुज़ुर्ग एक-दूसरे को प्रेम देना चाहते थे। या फिर वे ख़ुद 'प्रेम' हो चुके थे? किसका प्रेम कितना गहरा या ऊँचा था ये बात मैं बता नहीं सकता। कोई कैसे बता भी सकता है? मैं केवल प्रेम के दो अलग-अलग अध्याय, जो मेरे सामने थे, उनको बता सकता हूँ।

बुज़ुर्ग एक-दूसरे को ताली दे रहे थे। युवा एक-दूसरे को चूम रहे थे। बुज़ुर्गों के हाथ हवा में यहाँ-वहाँ लहरा रहे थे तो युवाओं ने हाथ या तो समेट लिए थे

या फिर एक-दूसरे के हाथों में फँसा लिए थे। बुज़ुर्गों का एक-दूसरे के घुटनों को छूना बहुत ज़्यादा सहज था। जबकि कम उम्र वाले प्रेमियों का एक-दूसरे को छूना बहुत नाज़ुक। हर बार एक-दूसरे को छूने पर वे एक-दूसरे को पूरी जान लगाकर देखते और फिर एक-दूसरे के ओवरकोट में छिपे सीनों में जैसे घुल जाते। कोई मूर्तिकार इन युवा जोड़ों को देखता तो एक ही पत्थर से इनकी एक एब्स्ट्रैक्ट मूर्ति तराश देता।

किसके प्रेम में ज़्यादा शिद्दत थी यह मैं सच में नहीं बता सकता। मैं अपने सामने खिल रहे प्रेम को भी बता नहीं सकता। शायद वे भी बता नहीं सकते। पर मेरे मन में एक प्रश्न ज़रूर उमड़ा। क्या हर प्रेम को ओवरकोट में छिपे सीने से घुटनों को छूते झुर्रियों वाले हाथों तक आना होता है ? क्या यही है प्रेम की यात्रा ? मुझे इस प्रश्न का उत्तर नहीं चाहिए।

हमने पैसे चुकाए और सुबह से जो सबसे ज़्यादा किया था वो करने निकल पड़े। चलना। वो भी तेज़ नहीं... धीमे। हम अगर अपने ही शहर में एक दिन अचानक चलने लगें तो हमें शहर बहुत अलग नज़र आने लगता है। चलना अपने आप में एक पूरा विश्व है। उसमें भी हमारे चलने की गति ये बात तय करती है कि हम कौन-सा विश्व देखेंगे। तेज़ चलने में हमें स्पष्ट रूप से जो दिखाई देता है वो है हमारी मंज़िल और वहाँ पहुँचने की हमारी जद्दोजहद। गाड़ियाँ चला कर थकते हुए हमारे शरीर से हमारा संघर्ष। धीरे चलना, चलना नहीं तैरने जैसा है। ठीक वैसा जैसे बर्फ़ पर आइस हॉकी खेलते होफ़ के वो लड़के फिसल रहे थे। बस इस वाले फिसलने की रफ़्तार बहुत धीमी होती है। सब आपको पीछे छोड़ आगे निकल जाते हैं और आप पीछे-पीछे, और पीछे तैरते रहते हैं। सब से पीछे चलने का फ़ायदा यह है कि आपको चलना बेहद सुंदर लगने लगता है। भागती हुई भीड़ जल्दबाज़ी में जो आश्चर्य देखना भूल जाती है वो सारे के सारे आपके लिए बचे रह जाते हैं। यही आश्चर्य भविष्य में जाते हुए आपके लिए वापस लौटने का रास्ता भी बनाते जाते हैं। कई बार इन्हीं रास्तों पर आपको अपनी कहानियाँ खोजने लौट आना पड़ता है।

हम धीरे चल रहे थे। चलते-चलते हमने ऐसे ही एक रास्ता पकड़ लिया जो अचानक सारी दुकानों को पीछे छोड़ने लगा और शांत होता गया। यह शायद

एक रहवासी इलाक़ा था। यहाँ केवल लोगों के घर थे। बड़े ध्यान और प्रेम से सजाई बालकनियाँ देखकर किसी को भी मोह हो जाए कि बाम्बेर्ग के इस इलाक़े में उसका ऐसा ही एक घर हो और घर की सबसे सुंदर जगह बालकनी हो। पत्थरों से बनाए रास्तों पर चलते-चलते अचानक एक बड़ा-सा दरवाज़ा आता जो एक गली से दूसरी गली में जाने के लिए खुलता। हर दरवाज़े के ऊपर आर्क बनी हुई थी। पत्थरों से बनी आर्क पत्थरों से बने सुंदर खंभों पर टिकी हुई थी। बग़ल में पत्थर से बना छोटा-सा चबूतरा। इन आर्क से देखने पर सामने का दृश्य रंगीन घरों से कोने-कोने तक भर जाता। आर्क आस-पास के आसमान को काट कर आपको बाम्बेर्ग के सुंदर घर और घर तक जाती गली का अद्‌भुत दृश्य दिखाती हैं। ऐसे में अगर धूप का छींटा गली में पड़ जाए तो आपके ज़ेहन में ये दृश्य हमेशा के लिए छप जाना तय है।

ऐसी आर्क यहाँ हर थोड़ी दूरी पर बनी थी। धूप, बारिश और बर्फ़ से बचने के लिए शायद इन्हें बनाया गया हो। या फिर यहाँ के लोगों को शायद पता था कि एक दिन भारत से कोई यायावर इस ओर आएगा तो उसे यहाँ बैठना अच्छा लगेगा। सत्ता हाथ में रखने वाले यहाँ आम लोगों के बारे में इतना सोच लेते हैं कि हमारे आज तक के जिए हुए की बुनियाद हिल जाती है।

मैं कुछ देर चबूतरे पर बैठ गया और सामने मुस्कुरा रहे घरों की बनावट देखता रहा। वहाँ से उठकर आगे चला तो एक गुलाबी रंग के घर और उसकी Turquoise Blue रंग की French Windows ने मुझे बहुत आकर्षित किया। उस घर के नीचे एक कैफ़े बना था जो शायद घर के लोगों का ही था। हमने कुछ ही देर पहले खाया था इसलिए यहाँ रुकना नहीं था। मैंने चुपचाप उस घर के सामने जाकर उसकी तस्वीर ले ली। ऐसे कि मालिक को पता न चले।

आगे चलते हुए हम कुछ और सुंदर गलियों से गुज़रे। हर तरफ़ Easter का माहौल बरक़रार था। एक छोटी-सी चढ़ान पर चर्च बना था। मेरा वहाँ जाने का बिल्कुल मन नहीं था पर अस्मी को वहाँ जाना था। हम चर्च में गए तो पता चला ये चर्च भी काफ़ी पुराना है। मुझे तो सारे चर्च एक जैसे लगते हैं। सारे के सारे बिल्कुल एक जैसे। कोई इन्हें और आकर्षक क्यों नहीं बनाता? एक चर्च में कितनी सारी ख़ाली जगह होती है। अंदर जाने पर लगता है जैसे कुछ ग़ायब है। कुछ बाक़ी रह गया है। मुझे मंदिर ज़्यादा पसंद आते हैं। मंदिर से मेरा मतलब

उनकी वास्तुकला से है। गुजरात का सोमनाथ मंदिर, केरल का पद्मनाभन मंदिर, भुवनेश्वर का सूर्य मंदिर हो या श्रीनगर का शंकराचार्य। कितने आकर्षक मंदिर हैं ये सारे। इनके खंभों पर पौराणिक जीवन गाथाएँ तराशने में मूर्तिकारों की सात-आठ पीढ़ियाँ लग गई थीं। कितना काम किया गया है भारत के मंदिरों में।

मैं चर्च में बोर होने लगा तो तुरंत बाहर आ गया। वहाँ से शहर काफ़ी सुंदर दिखाई देता है। अब पैर दुख रहे थे। चर्च के आँगन में बैठने को कोई चबूतरा नहीं था तो मैं दीवार पर कोहनियाँ टिकाए कुछ देर बाम्बेर्ग को देखता रहा। ओफ्फ़! कितना सुंदर शहर है बाम्बेर्ग।

अब हमारे पास एक घंटा बचा था। हमें रेलवे स्टेशन की ओर चलना शुरू करना था। पर एक बहुत ही महत्त्वपूर्ण चीज़ देखनी बाक़ी रह गई थी। बाम्बेर्ग का Old Town Hall. अगर आप गूगल पर बाम्बेर्ग टाइप करेंगे तो सबसे पहली तस्वीर जो आपके सामने आएगी वो इसी टाउन हॉल की होगी। शहर की नदी के ठीक ऊपर बनी एक अतिसुंदर इमारत। लोग यहाँ आते हैं तो इस इमारत के साथ तस्वीर ज़रूर लेते हैं। एक दंतकथा के अनुसार पुराने ज़माने में यहाँ के लोगों को एक टाउन हॉल की सख़्त ज़रूरत थी। पर शहर के प्रशासकों ने कहा कि उनके पास हॉल बनाने के लिए शहर के बीचोबीच कोई ज़मीन नहीं है। तो शहर के लोगों ने नदी पर मिट्टी और पत्थर डालकर एक ज़मीन तैयार की और उस पर टाउन हॉल खड़ा किया गया। यह बात ट्रेन में मुझे अस्मी ने गूगल करके बताई थी। हम उस जगह पहुँचे तो बहुत सारे लोग वहाँ तस्वीर ले रहे थे। हर जगह इस हॉल के पोस्टकार्ड या इसकी तस्वीर छपे हुए कॉफ़ी मग बिक रहे थे। टाउन हॉल बहुत अधिक आकर्षक और बाक़ी इमारतों से अलग है। इसकी मध्यकालीन बनावट इसे अन्य इमारतों से अलग बनाती है। पूछताछ करने पर पता चला कि आज भी इस इमारत को सरकारी कामकाज के लिए उपयोग में लाया जाता है। बाम्बेर्ग की बहुत सारी अप्रसिद्ध लेकिन सुंदर जगहों से ज़्यादा मुझे एक जाना-माना पर्यटन स्थल सचमुच बहुत अच्छा लगा। बेरोक-टोक बहती नदी के बीचोबीच एक समय में ठहरी हुई वास्तुकला। मैंने एक आदर्श पर्यटक की तरह उसके सामने अपनी तस्वीर खिंचवा ली। फिर पास की दुकान से एक पोस्टकार्ड ले लिया। देखा तो पोस्टकार्ड के लिए तस्वीर जहाँ से खींची गई थी, उसी जगह मैंने भी खड़े होकर अपनी तस्वीर खिंचवाई थी। वाह ! कभी-कभी एक यात्री के जूते उतारकर एक साधारण पर्यटक भी बन जाना चाहिए।

मैंने यह पोस्टकार्ड वाली बात अस्मी को बताई तो उसने भी वहीं खड़े होकर तस्वीर खिंचाई। इसी जगह पर हम दोनों की साथ में ली गई एक तस्वीर भी मेरे

लैपटॉप के किसी कोने में पुरानी हो रही है।

हम स्टेशन का रास्ता थोड़ा बदलकर इस ओर आए थे। अब स्टेशन की ओर जाना ज़रूरी था वरना रात यहीं गुज़ारनी पड़ती। हमें देर नहीं हुई थी। पर अब निकलने का समय आ गया था। अस्मी के साथ वैसे सब कुछ समय से सही-सही चलता है। कहीं कोई चूक होने की संभावना उसके साथ बहुत ही कम रहती है।

टाउन हॉल से आगे आए तो सीढ़ियाँ उतर कर हम एम्बेंकमेंट पर पहुँच गए। चल-चलकर हमारे पैर दर्द ज़रूर कर रहे थे पर अब हमारी चाल में एक तेज़ी आ गई थी। हम एम्बेंकमेंट पर थोड़ा ही चले थे कि मैं रुक गया। मेरे सामने कला का एक अद्‌भुत नमूना था। बाम्बेर्ग में देखी गई सबसे अच्छी मूर्ति। पहली नज़र में वह एक साधारण मूर्ति लग सकती है क्योंकि मूर्ति के नाम पर वहाँ बस एक साधारण आदमी का चेहरा है। मूर्ति आकार में काफ़ी बड़ी है। बड़ी मूर्ति जिसका सिर वैसे देखा जाए तो बनाया नहीं है पर उसे एक बेस पर रखा गया है जिससे वो ऊँची हो गई है। मूर्ति के आस-पास काफ़ी खुली जगह है। जो भी मूर्ति देखता उसे उस मूर्ति पर आसमान के टुकड़े से सिर बनता दिखाई देता। अब हर कोई एक ही जगह से तो मूर्ति देखेगा नहीं... इसीलिए हर किसी का आसमान अलग होगा और हर एक को मूर्ति पर एक अलग ही सिर दिखाई देगा। मैंने उस मूर्ति को तीन-चार जगहों से देख लिया। लगा बनाने वाले ने कल्पना को कितना खुला छोड़ दिया है। जिसकी कल्पना में जितनी क्षमता होगी उस हिसाब से मूर्ति का सिर बनेगा। जिस आसमान से मूर्ति का सिर बन रहा था उस आसमान की तो कोई सीमा नहीं थी। अब ये मूर्ति देखने वाले पर निर्भर करता है कि वो उस चेहरे के ऊपर सिर कहाँ से शुरू करेगा और कहाँ पर ख़त्म।

मेरी एक दोस्त है जो आजकल लंदन की एक बड़ी-सी कंपनी में काम करती है। वह बहुत अच्छे डिज़ाइन बनाती है। एक दिन वह मुझे interactive Design (संवादात्मक रचना) के बारे में समझा रही थी। कोई डिज़ाइन उसके प्रेक्षक से बात कैसे कर सकता है यह विस्तार से बता रही थी। तब मुझे उसकी बात interesting तो बहुत लगी थी पर आज मुझे उसकी बात समझ आ रही थी। कितना कुछ है दुनिया में जो जानना बाक़ी रह गया है। हम जितना जानते हैं और आगे जानने वाले हैं उससे कई-कई गुना ज़्यादा हमसे छूट जाने वाला है।

इस बात से हम जितनी जल्दी सुलह कर लें उतना हमें दुख कम होगा।

अपने बेहिसाब थके पैरों को घसीटते हुए हम वापसी की ट्रेन में बैठ गए। मैं फिर एक बार कहता हूँ कि यात्रा बाहर नहीं भीतर घटती है। जब वह घट रही होती है तो हमारा शरीर केवल समय दर्ज कर रहा होता है। जब कि हम व्यस्त होते हैं उत्साह को विस्मय में परिवर्तित करने के कार्य में। यही कारण है कि सुदूर गाँवों के पैदल चक्कर काटने में जो हमारे दिन ढले हैं, उन्हें याद करने बैठा जाए तो पैरों का दुखना नहीं दृश्य का दिखना याद आता है। यही वो क्षण है जहाँ विस्मय फिर एक बार उत्साह में परिवर्तित होना शुरू हो जाता है। जैसे हम बच्चे बन कर बाइस्कोप देखने बैठ गए हों। इन सब में, कहाँ है पैरों का दर्द?

होफ़ पहुँचे तो बस बिस्तर पर लेटने भर की सकत बची रह गई थी। अगली सुबह उठा तो फिर से हीटर बंद किया और खिड़की का पर्दा हटाकर चर्च को hello कहा। पहले मैंने खिड़की किप्पेन कर दी। कुछ ही पलों में पूरी खोल दी। फिर एक बार सर्द हवा मेरे चेहरे पर आई। इसकी अब आदत हो चली थी। इतनी सर्दी के बावजूद मैं किसी न किसी वजह से हर सुबह खिड़की खोल ही लेता। पर आज तो खिड़की खोलने की वजह भी बहुत सुंदर थी। कल रात हमारे घर लौटने के बाद बारिश हुई थी। भीगे हुए रास्तों और घरों की गीली छतों को देखकर पता चल रहा था। पर शायद मुझे और ठीक से पता चल जाए इसीलिए वहाँ होफ़ ने एक इंद्रधनुष भी टाँग रखा था। मैंने अपने लिए चाय बनाई और खिड़की पर बैठ गया। मेरी दोस्त के साथ अब मैं भी यहीं का हो गया था। लंबी यात्रा के बीच जब आप अपना डेरा कहीं डाल देते हैं तो कुछ ही दिनों में वो घर लगने लगता है। ये घर, वो खिड़की जिसकी एक झलक देखकर मैं हज़ारों मील चला आया था, गिरजा जो दिनभर के अनेक दृश्यों में सब से पहला दृश्य दिखाने की ज़िम्मेदारी उठाता, मुलायम सफ़ेद बिस्तर, रज़ाई जो मेरी थके हुई देह को सहला कर सुला देती... सब मेरा हो चुका है। लग रहा था जैसे मैं यहीं बस गया हूँ।

अगर किसी यात्रा में आप किसी जगह या व्यक्ति के साथ सहज होने लगें, अगर आपको कोई जगह देखकर ऐसा लगने लगे कि यहाँ बसा जा सकता है, तो उसी क्षण आप को अपना बस्ता उठाकर वहाँ से चल देना चाहिए। यात्रा का यही वो बिंदु है जहाँ से आप को रास्ता बदलना होता है... कहीं मुड़ जाना होता है।

अब होफ़ से जाने का समय आ गया था। मैंने मुड़कर कमरे को देखा तो मेरा बैग और बाक़ी बिखरा पड़ा सामान इस कमरे का हिस्सा लग रहे थे। अब जाना हागा। जाना होगा के ख़याल से मेरे भीतर अजीब-सा कुछ हुआ। मैंने अपने भीतर एक तरह का अजीब कंपन महसूस किया। मुझे पता था यह कंपन क्या है। पर मैंने अपने आप को चकमा देने के लिए कहा कि बाहर सर्दी की वजह से मैं काँप रहा हूँ। मैं इसी विचार पर रहना चाहता था। और कुछ नहीं सोचना है मुझे। मैंने खिड़की बंद कर दी। यहाँ से जाना तय था और सही भी।

मैंने अपना फ़ोन उठाया और आगे के सारे रिजर्वेशंस देखे। अब मुझे यहाँ से रोम जाना था और वहाँ से पेरिस। उसके लिए पहले मुझे होफ़ से म्यूनिक की ट्रेन लेनी होगी और म्यूनिक से रोम। मैंने अपने मन में एक योजना बना ली। 'म्यूनिक में दो दिन रहूँगा। म्यूनिक में फ़ुटबॉल की चैंपियंस लीग का मैच देखूँगा (उस साल म्यूनिक की अपनी फ़ुटबॉल टीम फ़ाइनल खेल रही थी), शहर देखूँगा और फिर आगे निकल जाऊँगा।

अस्मी उठी तो हमने साथ में नाश्ता किया और रोज़ की तरह यहाँ-वहाँ की बातें करने लगे। मुझे लगा कि मैं बेकार ही समय बरबाद कर रहा हूँ। मैंने सीधा-सीधा उसे कहा, "मैं परसों यहाँ से म्यूनिक जाऊँगा और वहाँ से फिर आगे।"

"मैं भी चलती हूँ तुम्हारे साथ। मेरी कुछ सहेलियाँ हैं म्यूनिक में। जाते ही तुम्हारा रोम का टिकट करा लेंगे और फिर म्यूनिक देखकर तुम उस तरफ़ चले जाना और मैं इस तरफ़ चली आऊँगी।"

होफ़ छोड़ने का दिन आया। हर जुड़ाव की जड़ें बहुत तेज़ी से गहरी होती जाती हैं। आप जितने दिन किसी व्यक्ति, किसी शहर, किसी संबंध के साथ गुज़ार देते हैं उतना ही ये जुड़ाव गहरा होता जाता है। क्या यहाँ फिर कभी आना नहीं होगा?

कितना कुछ दिया था मुझे होफ़ ने पिछले कुछ दिनों में। अब जब मैं अपना बैग भर रहा था तो सब याद आ रहा था। जैसे मेरे सामने कोई रील चल रही हो। मन भारी हो रहा था। मैं घर को बहुत ध्यान से देख रहा था। हर कोना, हर खिड़की, खिड़की से दिखने वाला गिरजा, सब कुछ। हर तकलीफ़ की बुनियाद में लगाव है। और हर लगाव का परिणाम तकलीफ़। यह एक ऐसा चक्र है जिसके बारे में हम सब कुछ जानते हैं और फिर भी हमेशा फँस जाते हैं। मैं यह

नहीं जानता कि इस समय मुझे होफ़ छोड़ने की कल्पना से ज़्यादा तकलीफ़ हो रही थी या यहाँ फिर कभी न लौट पाने की संभावना से। पर तकलीफ़ हो रही थी। मैंने मन में फिर एक बार दोहराया–'यही वो बिंदु है जहाँ से मेरी यात्रा को किसी और रास्ते पर मुड़ जाना है'।

तीन घंटे के ट्रेन के सफ़र में ज़्यादातर मैं सोया रहा। यह शायद इतने दिनों की थकान थी या फिर ग्लानि। स्टेशन पर उतरते ही हम सीधा मुख्य टिकट काउंटर पर गए और मेरा रोम का टिकट और रोम से पेरिस का टिकट कटा लिया।

बाहर आए तो मौसम थोड़ा खुला-खुला सा था। अचानक शरीर में ताज़गी आ गई। पर अभी भी ऐसा लग रहा था कि किसी चीज़ से बँधा हूँ। मैं होफ़ से निकलना चाहता था सो निकल आया। अब म्यूनिक में हूँ तो भाषा के अलावा कुछ भी होफ़ जैसा नहीं है। इस शहर के भूगोल से लेकर इसकी चमक और रहन-सहन होफ़ से बिल्कुल अलग है। फिर क्या है जो मुझे मुक्त नहीं कर रहा? यह सवाल होफ़ से निकलते समय भी मन में था। तब मुझे लगा था कि म्यूनिक पहुँचकर सब ठीक हो जाएगा। पर अब यह सवाल और ज़्यादा स्पष्ट रूप से सामने खड़ा था। मैं अपना बैग उठाए चुपचाप चल रहा था। मैं, मेरी दोस्त और उसकी दोस्त एक ही हॉस्टल में ठहरने वाले थे। वहाँ लड़कियों के लिए अलग डॉरमेट्री थी और लड़कों के लिए अलग। वहाँ पहुँचकर पता चला कि जेंट्स डॉर्म में एक जगह है और लेडीज़ डॉर्म फ़ुल हो चुकी है। चार रास्ते छोड़कर इन्हीं लोगों का एक और हॉस्टल है जहाँ रहने का बंदोबस्त हो सकता है। मैं इसी वाले हॉस्टल में रह गया और अस्मी को उसकी दोस्त के साथ दूसरी जगह भेज दिया।

अपने कमरे में आया तो मुझे छह बंक-बेड्स दिखे। नीचे वाले सारे बेड्स पर पहले से सामान रखा हुआ था। मैंने अपना बैग उठाया और कोने के रैक में ऊपर वाले बेड पर अपना डेरा जमा लिया। पास ही में खिड़की थी जहाँ से नीचे फ़ुटपाथ पर चलते लोग दिखाई दे रहे थे।

मुझे लगा अब मुझे उसे झँझोड़ना चाहिए जिससे मैं इतनी देर से त्रस्त था। मुझे उस सवाल के स्पष्ट स्वरूप को अपने ज़ेहन से खोजकर निकाल फेंकना पड़ा। अब मुझे वो सवाल परेशान नहीं कर रहा था। ऐसा क्या हो गया था जो

अचानक मैं मुक्त हो गया था? यह सारा कुछ शायद इस वजह से था कि मैं अपनी यात्रा में किसी को साथ घसीट रहा था। अब जब अस्मी अपनी दोस्त के साथ कहीं और रहने चली गई थी तो मुझे उस स्वतंत्रता का एहसास हो रहा था जिसकी खोज में हर यात्री अपना घर छोड़ता है। हाँ... यही तो कारण था। इसमें अस्मी की कोई ग़लती नहीं थी। किसी की नहीं थी। मैं अकेला होना चाहता था यह बात मेरी समझ में देर से आई थी। खिड़की से बाहर जो लोग मुझे टॉप एंगल से दिखाई दे रहे थे उन्हें निहारते हुए मैंने तय किया कि आज रात मैं अकेला टहलने के लिए निकलूँगा और अकेले कहीं खाना खाकर देर से लौटूँगा। मेरे भीतर गुदगुदी जैसा कुछ हुआ। रात में, म्यूनिक शहर के रास्तों पर, पीली बत्तियों में, राह चलते अजनबियों में घुल जाने के ख़याल को मैं बहुत देर तक सहलाता रहा। आँख कब लगी पता ही नहीं चला। कुछ देर बाद मेरी जेब में फ़ोन बजने लगा तो झटके से उठा और तैयार होकर शहर देखने निकल पड़ा।

यहाँ जो फ़ुटबॉल टीम खेलती है, 'बार्यन म्यूनिक' उसका होम ग्राउंड भी इसी शहर की सीमा पर है। मुझे वो मैदान देखना था। अपने चौदह साल के खेल के दौरान मैं एक बार भी घास के मैदान पर नहीं खेला हूँ। मेरे हिस्से में इस दौरान हमेशा पत्थर और सूखे कीचड़ वाले टेढ़े-मेढ़े मैदान ही आते रहे हैं। बहुत ज़्यादा चोटें लगीं। हर चोट के बाद मेरे खेल से निडरता ग़ायब होती रही और सावधानी बढ़ती गई। मैं अपने खेल के चरम बिंदु पर भी पूरे मन से नहीं खेल पाया हूँ। मैं देखना चाहता था कि कैसे सारा कुछ खिलाड़ी के अनुकूल होने पर वह अपने शरीर को पूरी तरह झोंककर खेल सकता है। मैदान पर पहुँचते-पहुँचते उसके बंद होने का समय हो गया था। मैं मदान की घास पर नहीं जा सका। पर मैंने प्रेक्षकों वाली एक सीट के पीछे खड़े होकर अपने मन में खेल का माहौल बना लिया। मुझे वो दिन याद हो आए जब मैं पूरे विश्वास से अपने दोस्तों से कहा करता था कि मैं बाहर किसी क्लब से खेलूँगा। इस यात्रा पर निकलने के तीन साल पहले चोटों के कारण मेरा खेल छूट चुका था।

मैदान से निकला तब अँधेरा घिरने लगा था। मुझे लड़कियों की बनाई किसी योजना का हिस्सा नहीं होना था। यात्रा में योजनाएँ बनाकर हर समय उन पर बराबर चलते रहना कितना थका देने वाला काम है। पता चला कोई योजना नहीं बनी है। कहीं आराम से बैठना है इतना ही तय हुआ है। हाँ! इसमें मुझे ज़रूर

रुचि थी। एक जगह बैठना और ऐसे लोगों को देखना जिनकी भाषा से मैं एकदम अनजान था। यह ऐसा है जैसे आप कोई नाटक देखने आए हों। ऐसा नाटक जो केवल आप ही को दिखाई देगा। इस नाटक के सारे नियम और पात्र आप तय करते हैं। आप अपने पात्र चुनते हैं और अपने मन में उनकी कहानी गढ़ने लगते हैं। एक ऐसी दुनिया बनाते हैं जो उस समय आपके सामने चल रहे दृश्यों से या भावनाओं से मेल खाती है। ऐसी कहानियाँ कई बार बहुत रोचक बन जाती हैं तो कई बार आप बोर भी हो जाते हैं और नज़र फेरकर कोई नया नाटक, नई कहानी गढ़ने लगते हैं। यहीं से शायद 'मनगढ़ंत कहानी' जैसे शब्द आए होंगे।

हम भीड़-भाड़ वाले म्यूनिक में पहुँचे तो शाम का माहौल अपने पूरे रंग बिखेर चुका था। हर तरफ़ कैफ़ेज़ और रेस्त्राँ की रौशनी लोगों को आकर्षित कर रही थी। लोग जोड़ियों में चल रहे थे या फिर गुट बनाकर। कोई चिल्लाकर बात कर रहा था तो कोई हँस-हँसकर। लोगों में एक नई ऊर्जा आ गई थी। मैंने अपनी दोस्त से कहा कि यह तो होफ़ से बहुत अलग है। वहाँ के जर्मन ज़्यादा शांतिप्रिय हैं या यहाँ के ज़्यादा शोर मचाने वाले? ये माहौल तो जर्मन लोगों के शिष्टाचार को ज़रा भी शोभा नहीं देता। उसने कहा कि यही तो गाँव और शहर के बीच का अंतर है। तुमने अगर देखा होगा तो वहाँ होफ़ में ज़्यादा युवा लोग भी नहीं दिखते। और यहाँ आस-पास एक अधेड़ नहीं दिख रहा। मुझे कुछ अधेड़ दिखे जो पेट पर हाथ फेरते हुए शायद अपनी-अपनी तोंद के बारे में बात कर रहे थे। सभी के हाथों में बीयर के केन्स थे। वे बहुत अच्छे से नशे में थे। मैं मुस्कुराया और कहा कि चलो बीयर पीते हैं।

पता चला हम जहाँ थे वहीं आस-पास एक बहुत अद्‌भुत जगह है- Hofbräuhaus. मुझे नाम सुनते ही लगा कि इस नाम की अपनी एक लय है। मैंने कहा यह तो म्यूनिक है। फिर इस नाम में होफ़ कैसे आया? अस्मी ने बताया कि होफ़ब्रॉय यानी एक कैफ़े जैसा कुछ होता है जो अपनी ख़ुद की बीयर बनाते (ब्रू करते) हैं। यहाँ खाना और बीयर दोनों मिलेंगे। हम अंदर घुस ही रहे थे कि एक आदमी ने रोक लिया और पूछा कि हम कितने लोग हैं। अब तक अस्मी की तीन और दोस्त आ गई थीं। सब मिलाकर हम छह लोग हो गए थे। पाँच लड़कियाँ और मैं अकेला लड़का। उस क्षण मुझे थोड़ी झिझक महसूस हुई। मैं पूरी तरह लड़कियों से घिरा हूँ ऐसा पहली बार हो रहा था। सभी पढ़ने आई थीं म्यूनिक में। वो आदमी अंदर गया और कुछ देर बाद बाहर आकर उसने कहा कि आपके लिए पीछे की तरफ़ एक बड़ी टेबल है। वहाँ कुछ लोग और बैठे हैं पर आप लोगों के लिए उस टेबल पर जगह बनाई जा सकती है।

लड़कियों ने आपस में कुछ बात की और अंदर जाना तय हुआ। उस

आदमी ने होफ़-ब्रॉयहाउस का दरवाज़ा खोला और एकदम से सारा माहौल बदल गया।

मैंने जितना सोचा था उससे कहीं ज़्यादा लोग थे अंदर। इतने लोग एक साथ एक जगह मैं जर्मनी में पहली बार देख रहा था। हर तरफ़ पीली बत्तियों वाले सुंदर लैंप लगे थे। कहीं रौशनी पहुँचती तो कहीं किसी टेबल पर थोड़ा अँधेरा बचा रह जाता। पर इससे लोगों को फ़र्क़ नहीं पड़ रहा था। शोर था। हँसी थी। संगीत था। अपने-अपने नाटक थे।

होफ़-ब्रॉयहाउस के ठीक बीच में एक छोटा-सा स्टेज बना है। जहाँ एक बैंड अपनी रचनाओं के साथ एकाकार हो चुका था। मैं पहली बार जैज़ सुन रहा था। पता नहीं क्यों पर हमेशा से मुझे यह लगता रहा है कि जब मैं पहली बार जैज़ सुनूँगा तो मैं न्यूयॉर्क के किसी छोटे-से अँधेरे बार में बैठा होऊँगा। मुझे लुई आर्मस्ट्रॉन्ग के गाने और उनका बेहद हसीन चेहरा याद हो आया। अक्सर सुबह-सुबह जैज़ सुनने का मन करता है। तब मैं लुई आर्मस्ट्रॉन्ग या एडिथ पिआफ़ को ही बुला लेता हूँ। इंटरनेट का एक फ़ायदा यह भी है कि वे तुरंत आ भी जाते हैं। पर इस समय न तो सुबह थी, न ऑर्केस्ट्रा में कोई लुई आर्मस्ट्रॉन्ग और न ही मैं न्यूयॉर्क में था। हाँ पर मैं बीयर हाउस में ज़रूर था। माहौल में जैज़ की मखमली धुन ज़रूर थी। तो मैंने सोचा यही सही। वो आदमी हमें टेबल दिखाने के लिए आगे-आगे चल रहा था। सारी लड़कियाँ और मैं उसके पीछे-पीछे। होफ़-ब्रॉयहाउस बहुत बड़ी जगह है। कितनी बड़ी पता नहीं पर बहुत बड़ी। मैंने होफ़-ब्रॉयहाउस पूरा नहीं देखा। पर मुझे याद नहीं कि मैं वहाँ उस बड़े से कैफ़ेनुमा बीयर हाउस में घुसा कहाँ से और बाहर कहाँ से निकला। याद है तो बस लोगों का एक साथ गाना। एक साथ बड़े-से काँच के मग में जर्मन बीयर पीना और apple pie खाना। अजनबी लोगों के देखकर मुस्कुराना और नशे में उन से गहरी दोस्ती कर लेना।

हम टेबल पर पहुँचे तो सबसे पहले मेरी नज़र बीयर के मग पर पड़ी। आस-पास के लोग बहुत सारी बीयर पी रहे थे। बीयर मग बहुत ज़्यादा बड़े थे। मैंने अस्मी से कहा कि मैं इतना नहीं पी पाऊँगा। मुझे आदत नहीं है। उसने कहा कि हम दोनों के लिए एक बड़ा मग काफ़ी है क्योंकि मुझे भी इतनी आदत नहीं है। आदत नहीं है वाला वाक्य हम कुछ समय बाद भूल गए थे।

सभी को अपनी-अपनी बीयर से प्रेम हो चुका था। मैं दूर स्टेज से फूट रहे संगीत को पूरे मन से सुन रहा था। आख़िर मुझसे रहा नहीं गया तो मैं स्टेज के पास जाकर खड़ा हो गया। इतना पास जैसे मैं उस बैंड का हिस्सा हूँ। बजाने वालों में सारे वयस्क थे। उनमें एक क्लैरिनेट प्लेयर थे जो काफ़ी तालियाँ बटोर रहे थे। वे जब बजाने लगते तो सारा बैंड रुक जाता और वे अपना सोलो म्यूज़िक पीस पेश करते। कुछ पलों के लिए पूरे हाउस में बातें बंद हो जातीं और उनकी क्लैरिनेट सारे सुरों को गूँथ कर एक बहुत ही जटिल पर नाज़ुक धुन बनाती। कुछ देर सारे ऑर्केस्ट्रा का बोझ एक अकेली क्लैरिनेट उठाती। फिर एक किसी उदार क्षण में वह बाक़ी धुनों को एक बार फिर अपनी धारा में खींच लेती और समंदर में नदी मिलने के बाद जैसे ग़ायब हो जाती ठीक वैसे ही ग़ायब हो जाती। अचानक सारा बैंड फिर दिखने लगता। बार-बार मेरे रोंगटे खड़े हो जाते। मैं जिस खंभे से लगकर खड़ा था वही स्तब्ध हो गया।

संगीत थमा तो एक जर्मन जोड़ा वहाँ आया और क्लैरिनेट वादक से कहा कि उन्हें उनके साथ एक फ़ोटो खिंचानी है। उन दोनों ने अपना कैमरा मुझे दिया। मैंने तस्वीर खींच कर कैमरा उन्हें दे दिया। तभी लड़की ने कहा कि मुझे इनके साथ अलग से एक तस्वीर चाहिए। लड़के ने अपनी गर्लफ्रेंड (मेरे गढ़े नाटक में वे दोनों गर्लफ्रेंड बॉयफ्रेंड थे) की तस्वीर ली। लड़की ने अचानक से कहा कि और एक तस्वीर... फिर उसने उस क्लैरिनेट वाले को चूमा और लड़के से कहा कि मुझे इन्हें चूमते हुए क्षण की एक तस्वीर चाहिए। लड़का हँसने लगा और उन दोनों की चूमते हुए तस्वीर ली। क्लैरिनेट वादक फिर अपनी जगह लौट गए। मैं जहाँ से आता हूँ वहाँ की बुनियाद में कई बंधन हैं। वे सही हैं या ग़लत इस बात का आकलन हर किसी को अपने-अपने तरीक़े से करने की छूट है। यहाँ, मेरे सामने, हर बंधन से परे, मानवीय प्रसन्नता और मुक्ति का एक ऐसा क्षण था जिसमें कहीं कुछ भी आपत्ति जैसा नहीं था। मैं जहाँ से आया था और मैं जहाँ था इन दोनों जीवनशैलियों के बीच मैं एक खंभे का आधार लिए खड़ा था। जो हुआ उसका मैं क्या निष्कर्ष निकालूँ यह मेरी समझ में नहीं आ रहा था। कुछ देर बाद संगीत और बीयर ने सारा कुछ सही बनाकर मेरे सामने रख दिया।

होफ़-ब्रॉयहाउस से बाहर निकले तो सब नशे में थे। मैंने कई तस्वीरें खींचीं। रास्तों की, लोगों की, गलियों की। उस रात मैंने जितनी भी तस्वीरें खींची सारी

की सारी धुँधली हैं।

देर रात हॉस्टल पहुँचा और अपने बिस्तर पर फैल गया। सुबह कमरा अलग ही दिखाई दे रहा था। मेरी डॉरमेट्री में दो साइकिलें खड़ी थीं। कई सारे बैग और जूते दरवाज़े के आस-पास बिखरे पड़े थे। लोग बड़े आराम से सो रहे थे। मैंने सोचा कि ये सारे उठ जाएँ इससे पहले मैं बाथरूम इस्तेमाल कर लेता हूँ। मैं तैयार होकर अपना सामान उठाकर नाश्ता करने सीधे बेसमेंट में गया। मेरे अलावा सारे के सारे बिना नहाए नाश्ते के लिए पहुँच गए थे। कुछ लोग तो हाथ में प्लेट लिए जम्हाइयाँ ले रहे थे। जैसे खाने में बिल्कुल दिलचस्पी न हो। हमारे मन में यूरोप की जो छवि है वो बहुत साफ़-सुथरी और निर्दोष छवि है। इतनी अच्छी कि हम कई बार उस छवि को आदर्श मानने लगते हैं। पर इस यात्रा में कई क्षण ऐसे भी आए जब मैंने इस यूरोपियन छवि को तड़कते हुए देखा।

अभी दोस्त से मिलने में काफ़ी समय था तो मैं शहर में कुछ दूर तक अकेला चला गया। मैं कहाँ किस इलाक़े में था यह मुझे न तब पता था न कभी बाद में पता चला। पर वह इलाक़ा था बड़ा सुंदर। लगभग हर चौराहे पर मूर्तियाँ लगाई गई थीं। देवताओं की, योद्धाओं की, येशु की। लोग इन मूर्तियों के अगल-बग़ल से निकल जा रहे थे। कोई इनकी तरफ़ देख भी नहीं रहा था। हर तीसरी-चौथी गली में किसी ने दीवारों पर रंग उड़ेल दिए थे। किसी ने अपनी साइकिल को इस क़दर सजा रखा था मानो चलाने के लिए नहीं प्रदर्शन में रखने के लिए है। हर तरफ़ कला का उत्सव दिखाई दे रहा था। मैं कुछ दूर चलता और थम जाता। यहाँ के लोगों को कुछ पड़ी नहीं है क्या? मैंने अपने आप से पूछा। फिर लगा अगर लोगों को पड़ी नहीं होती तो इतने प्यार से इन चीज़ों को सँजो कर नहीं रखते।

मैं हर चौराहे पर मूर्ति देखने खड़ा हो जाता। इतना या शायद इससे भी महीन काम मैंने भारत में कई जगहों पर देखा है। मुझे लगता है हर भारतीय को कम-से-कम एक बार आबू पर्वत पर स्थित देलवाड़ा मंदिर में बनी मूर्तियों को देख लेना चाहिए। मैं इस समय उन्हीं मूर्तियों को याद कर रहा था। मुझे एक क्षण के लिए ही क्यों न हो पर ये लगा कि हमारे कारीगरों का काम इन मूर्तियों से कहीं बेहतर है। फिर लगा ऐसा सोचना कितनी बचकानी बात है। हमारे पास क्लासिकल संगीत है पर जैज़ तो नहीं है ना! यूरोप में लोगों को दी जाने वाली

सुविधाएँ अतिउच्च श्रेणी की हैं पर मॉडर्न हिस्ट्री में सबसे ज़्यादा लोग भी तो यहीं मारे गए हैं ना! नहीं-नहीं ऐसी तुलना करना ठीक नहीं। मैंने अपने आप से कहा। जिस के पास जो है जैसा है उतना उस देश या लोगों के लिए पर्याप्त है।

अपने छिछले विचारों से जब हम कोई इंटलेक्चुअल समझ अपने ही मन में बना लेते हैं तो हम कितना गिर जाते होंगे? क्या हमारा ये गिरना नापने के लिए किसी छिछली विचारधारा के इंटलेक्चुअल ने कोई यूनिट ईजाद नहीं की? ख़ुद ही एक आर्ग्यूमेंट खड़ी करना और फिर ख़ुद से ही एक ओछा संवाद साध कर इस बात में समाधान खोज लेना कि 'यह मैंने कितनी गहरी बात खोज ली... कितना नया इन्साइट है इसमें'। ऐसी ओछी हरकत करके हमें ऐसा भी लगने लगता है कि औरों के मुक़ाबले हमारे नैतिक मूल्य कितने उच्च हैं। और फिर इस बात का अपने ही भीतर कहीं चुपचाप गर्व महसूस करना। क्या इस घिनौनेपन से हम कभी निजात पा सकेंगे?

कुछ देर गलियों में भटकने के बाद भीड़ बढ़ गई। लोग शायद अपने-अपने काम की जगह पर जा रहे हैं। इस विचार के बाद मुझे हर आदमी के हाथ में बैग दिखने लगा। मैं छोटी-छोटी गलियों में था जहाँ लोग रहते हैं। उनकी चलने की गति देखकर मैं उन्हें जाने के लिए रास्ता दे रहा था। फिर लगा कि मैं इनका रूटीन बिगाड़ रहा हूँ। इससे अच्छा कहीं बैठकर कॉफ़ी पी जाए।

चॉकलेट croissant और कॉफ़ी ऑर्डर करना जैसे मेरे जीवन का हिस्सा हो गया था। एक कोने में बैठकर आराम से लोगों को देखना कितना बड़ा प्रिविलेज है। सुबह दस के आस-पास का समय रहा होगा। सारे लोगों का दिन शुरू हो चुका था और मेरा ब्रेक चल रहा था। कुछ देर बाद अस्मी का फ़ोन आया तो मैं उससे मिलने के लिए उसके हॉस्टल की ओर चल पड़ा।

पहुँचते-पहुँचते बारिश शुरू हो गई। दीवारों पर बनाए सारे चित्र, सारी मूर्तियाँ, सारे आर्टवर्क्स- सब कुछ ग्रे के अलग-अलग शेड्स में बदल गया। ठंड इतनी बढ़ गई कि स्वेटर और जैकेट को चीर कर सीने पर आ रही थी। हॉस्टल पहुँचा तो अस्मी की दोस्त ने कहा कि मैं बारिश में कहीं जाना नहीं चाहती। अस्मी ने भी जाने से मना किया। मुझे शहर देखना था। मैं कब देख पाता कि म्यूनिक बारिश में कैसा लगता है? मैंने कहा, मेरे पास छाता है तो मैं बाहर

निकल सकता हूँ। तुम लोग आराम करो। अंत में हुआ यूँ कि अस्मी भी अपना छाता लेकर मेरे साथ निकल पड़ी।

तेज़ हवाओं में हम बार-बार अपने छाते सँभालते। पानी के चहबच्चों से बचते-बचाते कुछ-कुछ देर किसी छज्जे के नीचे रुक जाते। फिर आगे बढ़ते। बारिश आ-जा रही थी तो हमें भी कुछ दूर और चलने का मौक़ा मिल जाता। धीमी बारिश में हम दोनों सोचने लगते कि आगे बढ़ा जाए या बारिश पूरी तरह रुकने का इंतज़ार किया जाए। आगे बढ़ने की सोच ही रहे थे कि एक धुन कानों में पड़ी। हमने मुड़कर देखा तो कुछ लोग जो हमारे साथ बारिश से बचने के लिए रुके थे वे अपने-अपने गिटार निकालकर एक साथ गाने लगे थे। उनमें से एक जो किसी तरह का बक्सा उठाए चल रहा था वह उसी पर बैठकर उसे बजाने लगा। पता चला वो बक्सा भी एक वाद्य ही है। सारे एक साथ गा-बजा रहे थे। तो हमने हल्की बूँदा-बाँदी में भी वहीं रुकने का फ़ैसला किया। गाना जर्मन नहीं था। न ही वे लोग जर्मन थे। फ्रेंच सिनेमा देखा है, कई सारे दोस्तों ने फ्रेंच भाषा सीखी है, उन्हें बोलते हुए सुना है, टीवी पर लोगों को बोलते हुए सुना है इसलिए मैं फ्रेंच भी पहचान जाता हूँ। जर्मनी में इतने दिन रहने के बाद जर्मन भाषा की भी कानों को आदत हो गई थी। कुछ साल पहले स्पैनिश सीखने का एक असफल प्रयास कर चुका था तो उस भाषा के शब्द भी पहचानने में मुश्किल नहीं होती। गाने में कही कही स्पैनिश शब्द सुनाई दे रहे थे। मुझे हमारे स्पैनिश शिक्षक की बात याद हो आई। उन्होंने एक क्लास में कहा था कि पुर्तगाली और स्पैनिश व्यापारियों और योद्धाओं ने साउथ अमेरिका पर कई साल राज किया है। इसीलिए साउथ अमेरिका के कई देशों में ऐसा हुआ कि वहाँ की स्थानीय भाषाएँ भ्रष्ट हो उन में स्पैनिश और पुर्तगाली भाषाओं का मिश्रण हुआ। आज ये दो भाषाएँ दक्षिण अमेरिका की मुख्य भाषाओं में शुमार हैं।

मैंने फिर ध्यान से उनके चेहरे की बनावट और गाने का तरीक़ा देखा। मैंने तर्क लगाया कि ये लोग शायद मेक्सिको से हैं। गाना ख़त्म होने पर आस-पास के लोगों ने तालियाँ बजाना शुरू किया। मैंने उनमें से एक के पास जाकर पूछा कि क्या वे मेक्सिकन हैं।

"Of course!" उसने कहा।

"Mexican Music make people happy. You happy?"

मैंने कहा, "very happy!"

मैंने अभी तक के जीवन में जितनी बार भी कोई मेक्सिकन गाना सुना है वो यूरोप के रास्तों पर ही सुना है। इसमें कोई संदेह नहीं कि वहाँ का संगीत आपको हल्का महसूस कराता है... प्रसन्न महसूस कराता है। पर इस समय मुझे ज़्यादा ख़ुशी इस बात की थी कि अपने अधूरे ज्ञान के सारे टुकड़ों को मिलाकर जो मैंने तर्क लगाया था वह एकदम सटीक था।

बारिश के रुकते ही सब कुछ कितना साफ़ हो जाता है। छोटी से छोटी चीज़ ध्यान आकर्षित करती है। लगता है जैसे बारिश में सबकी नज़र बचा कर किसी ने रंगों को और गहरा कर दिया हो। जैसे सारा ग़लत बह गया हो और नए सिरे से कुछ भी शुरू करना संभव हो गया हो।

Cuvilliés थिएटर के रास्ते पर चलते हुए मैं यही सब सोच रहा था। बारिश की वजह से इतनी देर तेज़ चलते हम दोनों थिएटर के अंदर जाते ही धीमा चलने लगे। ऑडिटोरियम का रास्ता एक गैलरी और बहुत-सी ख़ाली जगह से होकर निकल रहा था। जहाँ इस जगह पर हुए कुछ बड़े नाटकों की तस्वीरें लगाई गई थीं। ब्लैक एंड व्हाइट तस्वीरें देखकर मेरे भीतर का वो हिस्सा जग गया जो इतिहास में रुचि रखता है। मैंने तस्वीरों के नीचे लिखी गई सारी जानकरी पढ़ी तो पता चला कि यह थिएटर दो सौ सालों से भी ज़्यादा पुराना है। लोग इसे आमतौर पर Old Residence Theatre कहते हैं। अंदर आने के पहले बाहर लिखे तीन-चार शब्दों में जब Residence शब्द के क़रीब जाता हुआ एक शब्द पढ़ा था तो लगा था कि यह शायद किसी का निवास स्थान होगा। पर अब बात समझ आ गई थी। उस Residence के आगे Theatre भी लिखा था जो मैं पढ़ नहीं पाया था।

थिएटर अद्‌भुत था। अद्‌भुत। मैंने पहले इतना भव्य और शानदार थिएटर कभी नहीं देखा। कॉलेज में नाटक करते समय कई थिएटरों में जाना हुआ है। कहीं लाइट रूम की समस्या खड़ी हो जाती तो कहीं परदे का सरकना ठीक नहीं होता। कहीं बहुत ज़्यादा आवाज़ होती तो कहीं पंखे काम नहीं कर रहे होते थे। ऐसी परिस्थितियों से आए विद्यार्थियों के लिए मुंबई के पृथ्वी थिएटर जैसी जगह पर नाटक करना एक बहुत बड़ा उत्सव था। मेरी समझ में वो थिएटर परफ़ॉर्मिंग आर्ट्स के लिए सबसे सही जगह है। वहाँ सब कुछ है। सारी सुविधाएँ तो हैं ही

पर आप जिस प्रेक्षक वर्ग की प्रतीक्षा में सैकड़ों शोज़ कर लेते हैं, वो वर्ग पृथ्वी थिएटर पर नाटक खेलने से अपने आप मिल जाता है। हमने वहाँ कई नाटक खेले हैं और बहुत ज़्यादा मज़ेदार अनुभवों का स्वाद चखा है। पृथ्वी थिएटर एक आदर्श थिएटर है।

अब मेरे सामने ऐसा कुछ था जो मेरे आदर्श थिएटर की संकल्पना के सारे पैमाने तोड़ रहा था। बड़ा-सा स्टेज और सुनहरी रस्सियों से बँधे लाल रेशमी परदे थिएटर को और मोहक बना रहे थे। छत और खंभों से लटके पुराने झूमर कितने नाटक देख चुके होंगे? प्रेक्षकों के लिए दोनों तरफ़ तीन-तीन मंज़िल बालकनियाँ बनी हुई थीं। नाटकों की दुनिया का महल था कुविलीस थिएटर। किसी नाटक का शुरुआती स्वर उसके अंतिम स्वर से मेल खाना चाहिए। एक तरह की ऊर्जा का शुरुआत से अंत तक अखंडित बने रहना बहुत आवश्यक होता है। नाटक से जुड़े सारे लोग इसी प्रयत्न में अपना सारा कुछ अपनी आस्था समेत लगा देते हैं। कुविलीस एक ऐसा थिएटर था जो यह बात बहुत आसानी से संभव बना सके।

मैं देर तक कोने में एक कुर्सी पर बैठा थिएटर की भव्यता और उदारता देखता रहा। कुछ देर के लिए इस मोह को भी दूर नहीं रख पाया कि कभी अगर मेरा लिखा हुआ नाटक यहाँ खेलने का मौक़ा मिले तो? नहीं-नहीं... मेरे लिखे तीन-चार नाटक इतने अदने हैं कि यहाँ उन्हें खेलना इस थिएटर को शोभा नहीं देगा। इस थिएटर का नाटक अलग है। इन सारे उड़ते-तैरते विचारों के बीच एक क्षण ऐसा आता है जब हमारी योग्यता और क्षमता हमें यथार्थ में लाकर पटक देती है और हम चुपचाप अपने पैरों पर फिर से खड़े होकर अपना रास्ता नाप लेते हैं।

बहुत देर तक ठंड झेलना भी थका देने वाला काम है। एक किसी कैफ़े में हम खा-पीकर देर तक वहीं बैठे आलस करते रहे। फिर कुछ देर बाद शहर के एक बाज़ार में टहलते-टहलते हमने शाम कर दी। अगले दिन हमें पास ही के गाँव में एक कासल (क़िला) देखने जाना था। अस्मी ने मुझे बताया कि हमें सुबह जल्दी मिलना है और फिर ट्रेन, फिर बस, फिर पैदल चलकर वहाँ तक पहुँचना है। हर यात्रा की सबसे सुंदर बात होती है उस में आने वाला ठहराव। यह बात मुझे यूरोप में पता नहीं थी। पर पता चलना शुरू ज़रूर हुआ था। ठहराव मुझे पता चला मेक्लॉडगंज में। जब मैं और एलिज़ाबेथ (वहाँ भी मुझे एक एलिज़ाबेथ मिली थी) पोस्ट ऑफ़िस के पास Hope Cafe में बौद्ध भिक्षुओं को रोज़ एक घंटे के लिए अँग्रेज़ी सिखाते थे। उस एक महीने में मेरे भीतर जो कुछ हुआ उसका बीज यूरोप में ही बोया गया था। यह बात आज मैं आश्वस्त होकर कह सकता हूँ।

ठहराव मुझे होफ़ में महसूस हुआ था पर समझ नहीं आया था। इस समय मैं वैसा ही ठहराव चाह रहा था। क्योंकि म्यूनिक में मैं केवल यहाँ से वहाँ, एक से दूसरी जगह जैसे भाग रहा था। पर भागने का कल आख़िरी दिन था। कल पूरे दिन में हमें एक ही जगह देखनी थी। बारिश फिर से घिर आई थी तो अपने-अपने हॉस्टल जाना तय हुआ। मैंने अस्मी को उसके हॉस्टल छोड़ा और फिर वहाँ से अपने हॉस्टल की तरफ़ मुड़ा ही नहीं। मैं शायद ठहराव ढूँढने निकला था।

किसी के साथ चलने में और ख़ुद के साथ चलने में मछली और चील के जीवन का अंतर होता है। दोनों एक-दूसरे से केवल भिन्न ही नहीं बल्कि अलग-अलग दुनिया की जीवनशैलियाँ हैं। सारा दिन मैं जिस एक दुनिया में विचर रहा था वो दुनिया जैसे अचानक पीछे छूट गई थी। अब मैं अकेला था। दूसरी दुनिया में। हृदय जैसे भीतर से खुल गया था। अब यहाँ देने के लिए मैं साहित्य की दुनिया में से सैकड़ों बोर कर देने वाले उदाहरण दे सकता हूँ। पर वे सारे उदाहरण मेरी उस समय की जो भावना थी उसे न्याय नहीं दे सकते। पर

हाँ... एक बात ज़रूर है... मैं फिर लंबी साँसें ले रहा था। मेरे चेहरे पर किसी भी समय अपना पूरा रूप ले सकने वाली दबी-सी एक मुस्कुराहट भी रही होगी।

हवा तेज़ चलने लगी थी। अब बारिश का आना मुश्किल लग रहा था। बचपन में कहीं किसी को कहते हुए सुना था कि एक बार हवा चलने लग जाए तो बारिश अक्सर नहीं आती। बादल यहाँ-वहाँ फैल जाते हैं। मैंने फिर भी पीछे की जेब में रखा अपना छोटा-सा छाता टटोलकर देख लिया। वॉलेट और फ़ोन चेक कर लिए और आगे चलता गया।

जिस फ़ुटपाथ पर चल रहा था वहाँ सामने से बहुत लोग आ रहे थे। तभी मेरी नज़र रास्ते के दूसरी तरफ़ वाले फुटपाथ पर पड़ी। वहाँ लोग नहीं थे। एक बहुत सुंदर-सी बेंच इस तरह अकेली छोड़ना किसी भी उम्र या देश में अच्छी बात नहीं होती। मैं उस ओर गया और कुछ देर के लिए ठहर गया। थोड़ी देर तक लोगों को ताकता रहा। 'कौन घर जा रहा है और कौन अभी-अभी घर से निकला है' वाला खेल मैं खेलने लगा। फिर ऊब गया और बेंच पर और आराम से फैल कर बैठ गया। ऊपर पेड़ अपना पूरा घेरा लिए बहती हवा पर अपने पत्ते सुखा रहा था। हवा कुछ ज़्यादा ही तेज़ी से बहने लगी थी। इतने दिनों में मुझे यह पता चल गया था कि बहुत ज़्यादा ठंड होने लगे तो गले में लगाया मफ़लर ऊपर करके कानों को ढकने से राहत मिलती है। मैंने कान ढक लिए और कुछ देर के लिए बेंच के कोने में दुबककर बैठ गया। मेरे सामने से ट्राम गुज़री तो मेरे चेहरे पर तेज़ रौशनी आई। मैंने कसकर आँखें बंद कर लीं, पर चेहरा दूसरी तरफ़ नहीं फेरा। एक ही क्षण में रौशनी मेरे चेहरे से हट गई और सामने गीली सड़क पर लोगों की परछाइयाँ गहरी हो गईं।

ये सब कुछ सुनने में कितना पोएटिक लगता है। पर विश्वास कीजिए, जब ऐसी परिस्थितियों में आप ख़ुद होते हैं तो यह बिल्कुल पोएटिक नहीं लगता। उस समय जो कुछ भी मेरे साथ घट रहा था वो महज़ घटनाएँ थीं। वो सब कुछ पोएटिक मुझे आज लग रहा है... जब मैं वो आदमी नहीं हूँ जो ट्राम की हेडलाइट में आँखें मींचे बैठा था। तब मैं अकेला था। वहाँ सब अनजान थे। मैं ख़ुद भी अपने आप से अनजान था। जब नए शहर में आप किसी को न जानते हों और कोई आपको न जानता हो तो शाख़ से पत्ते गिरने के मौन की तरह वो शहर ख़ुद ही आपको धीरे से अपना लेता है।

मैं उठा और आगे बढ़ा। सोचा कुछ खाकर ही हॉस्टल वापस लौटूँगा। जहाँ भीड़ जा रही थी वहीं जाना ठीक समझा। लोग इस समय सुनसान इलाक़े में तो जाएँगे नहीं। जाएँगे तो खाने-पीने या पार्टी करने ही जाएँगे। इस सोच के साथ लोगों के गुच्छों के साथ आगे बढ़ता रहा। जिस तरफ़ रौशनी ज़्यादा दिखाई देती वहाँ मुड़ जाता। मुझे धीरे-धीरे लगने लगा कि मैं एकदम सही जगह जा रहा हूँ। दूर से एक गली दिखाई दी जो बहुत चमक रही थी। बहुत रौशनी थी वहाँ। सोचा वहीं चलकर एक कुर्सी पकड़ के बैठा जाए और खाना खाते लोगों में किरदार ढूँढे जाएँ। नाटक बनाया जाए। मनगढ़ंत कहानियाँ रची जाएँ। वहाँ गया तो नज़ारा जैसे एकदम ही बदल गया। पूरी गली में जैसे एक बहुत बड़ी पार्टी चल रही थी। रात को म्यूनिक के रास्तों और गलियों पर रंगीन तंबू लगते ही सारी गली एक बड़े-से स्ट्रीट फूड जॉइंट में तब्दील हो जाती है। यह बात मैंने यूरोप के कई शहरों के साथ देखी है।

मैं आगे चलते-चलते सोच ही रहा था कि कहाँ बैठा जाए तभी अचानक शोर हुआ। 'गोऽऽऽल' चिल्लाते हुए कई सारे लोग कैफ़ेज़ के अंदर से एक साथ बाहर आए और नाचने लगे। मुझे ध्यान हो आया कि चैंपियंस लीग का फ़ाइनल आज ही है। मैं नाचते हुए लोगों की तरफ़ ये सोचकर बढ़ा कि वहाँ ज़रूर टीवी होगा। अब मुझे वे लोग दिखने लगे जो बार्यन म्यूनिक क्लब की फ़ुटबॉल जर्सी पहनकर घूम रहे थे। कुछ लोगों के हाथों में बार्यन का झंडा दिखाई दे रहा था तो कुछ लोग क्लब की हैट पहनकर भोंपू बजा रहे थे। लोग चैंपियंस लीग के फ़ाइनल के नशे में थे।

मैं एक रेस्त्राँ में गया तो पता चला मैच ख़त्म होने को है और म्यूनिक जीत रहा है। कुछ देर बाद म्यूनिक की जीत हुई और जैसे चारों तरफ़ जोश और जश्न का माहौल उमड़ आया। लोग पी रहे थे, गा रहे थे, राह चलते लोगों का हाथ पकड़कर नाच रहे थे। ऐसे में मैं चुपचाप दूर से निकल जा रहा था। लोगों की ख़ुशी देखकर हम अपने आप मुस्कुराने कैसे लग जाते हैं? मैं आगे वाले चौक पर पहुँचा तो लोग मूर्तियों पर, फव्वारों पर चढ़कर चिल्ला रहे थे। कमीज़ें फाड़कर रास्तों पर अर्धनग्न अवस्था में बीयर पी रहे थे। हर थोड़ी दूरी पर अलग-अलग बैंड्स पारंपरिक पोशाक पहनकर परफ़ॉर्म कर रहे थे। म्यूनिक की सर्दी में देर रात हर तरफ़ लोग ही लोग थे। मैं बहुत ज़्यादा शोर वाली जगह

पर खड़ा था। सोचा थोड़ा आस-पास चला जाऊँ तो कहीं बैठने की ठीक-ठाक जगह मिल जाएगी।

मैंने तुलना में कम शोर वाली एक गली ढूँढ ली। वहाँ के किसी कैफ़े में ऐसा एक कोना ढूँढ कर बैठ गया जहाँ किसी से बात करना संभव हो सके। मैं किसी के साथ नहीं था पर शोर आपकी सोच भी बंद कर देता है। इस जगह कम-से-कम आप अपने आप को सुन सकते थे। मेन्यू कार्ड से होने वाली उलझन अक्सर आपको पिज़्ज़ा ऑर्डर करवा देती है। कर दिया। वो आने तक लोगों को नाचता देखने में बड़ा मज़ा आ रहा था। इतनी हिम्मत मुझमें नहीं है। इस तरह ख़ुद को रास्ते पर खुला छोड़ देने में कितना साहस या आनंद लग जाता होगा। मेरे पास न तो उस समय इतना साहस था न ही वो मानसिकता थी जो हमें अपना सारा जिया हुआ (अच्छा और बुरा दोनों) भुलाकर एक ही क्षण में मुक्त कर देती है। मैं पिज़्ज़ा के आने का इंतज़ार कर रहा था तभी साथ वाली टेबल से कुछ आवाज़ आई। देखा तो पता चला कि टेबल पर बैठे सभी लोगों ने गिलास में पड़ी बीयर ख़त्म कर एक साथ गिलास नीचे रखे थे। सब हँस रहे थे। उन्होंने मुझे उनकी तरफ़ देखते हुए देख लिया।

"हम मैच जीते हैं।" उनमें से मेरे पास बैठे हुए एक सज्जन ने कहा।

"देखा मैंने... आर्यन रॉबन कमाल खेला आज। बधाई आपको!"

उसने उत्सुकता से पूछा, "क्या आप भी म्यूनिक को सपोर्ट कर रहे थे?"

मैंने कहा, "मैं डॉर्टमंड के किसी खिलाड़ी को नहीं जानता... सो म्यूनिक के साथ था।"

उसने चीयर्स कहा और अपना गिलास उठाया। मैंने अपना अँगूठा ऊपर किया।

उसने कहा, "आज तो फिर भी पीने का सबको बहाना मिल गया है। न भी जीतते तो भी हमारा अक्टूबर फेस्ट साल भर चलता है।" इतना कहकर वह अकेला ही हँसने लगा और फिर बीयर का एक घूँट ले लिया।

म्यूनिक में हर साल अक्टूबर फेस्ट होता है। पंद्रह-बीस दिन चलने वाले इस उत्सव में बीयर की नदियाँ बहती हैं। दुनियाभर से लोग इसमें शामिल होने आते हैं। सारा म्यूनिक लोगों से भर जाता है। पानी की तरह बीयर बहती है और लोग सुबह-शाम बस बीयर पीते दिखाई देते हैं। वैसे जर्मनी अपनी Weiss Beer

(गेहूँ से बनी बीयर) के लिए बहुत मशहूर है। यह उत्सव कुछ सदियों से यहाँ होता आया है। अब तो हाल यह है कि लोग अगर जर्मनी में यात्रा करने की सोचते हैं तो अक्टूबर के दौरान ही प्लान करते हैं ताकि इस उत्सव का हिस्सा बन सकें।

"एंजॉय।" मैंने उस आदमी से कहा।

उसने कहा कि यहाँ आप हमारी हेफ़ेवाईज़न बीयर ट्राय कीजिए। आप दोबारा प्रेम करने लगेंगे। मैं हँस पड़ा। मुझे उसकी याद ऐसे हो आई जैसे बीयर का दूसरा गिलास शुरू करते ही पहले गिलास का नशा सर पर दस्तक देता है। अगर कोई बीयर किसी आदमी को प्रेम करने में सक्षम बना सकती है तो उसे वो ज़रूर पी लेनी चाहिए। मैं बस उन्हें देखकर हँस रहा था। तभी मेरा पिज़्ज़ा टेबल पर आया। मैंने वेटर से कहा कि वो मेरे लिए एक हेफ़ेवाईज़न बीयर ले आए। साथ वाले आदमी ने कहा बड़ा गिलास लीजिए। मैंने बड़ा गिलास लाने को कहा। कुछ देर बाद मैंने अपनी कुर्सी उस आदमी की ओर मोड़ ली थी। अब मैं उनके गुट में शामिल हो चुका था। मेरा गिलास ख़ाली हो चुका था और मैं दोबारा प्रेम करने के लिए पूर्णतः सक्षम था।

ओफ़्फ़! क्या रात थी! मैं अपने आप को हमेशा इस बात के लिए धन्यवाद देता रहूँगा कि मैंने उस दिन बारिश से बचने के लिए हॉस्टल में दिन नहीं गुज़ारा। थक जाने के बाद अपनी असहजता को लेकर कमरे की रज़ाई में ख़ुद को बंद नहीं किया। आज जब म्यूनिक शब्द सुनता हूँ तो मुझे वो बारिशवाला दिन ही सब से पहले याद आता है। Cuvilliés Theatre, ट्राम और हेफ़ेवाईज़न ही याद आती है। सघन प्रेम याद आता है।

Neuschwanstein castle का नाम सुना तो बहुत ज़्यादा जर्मन लगा था। हर भाषा पर किसी एक अक्षर या उच्चार का गहरा प्रभाव होता है। जैसे बंगाली भाषा में 'ओ' का उच्चार बहुत होता है। चीनी भाषा शब्दों को देर तक खींचती है। राजस्थानी भाषा में 'ऑ' का उच्चार ज़्यादा मिलता है। वैसे ही इटालियन में 'र' को ज़्यादा खुरदुरा बनाया जाता है और जर्मन में 'श' का प्रयोग बेशुमार मिलता है। पर ऐसे कोई ठोस नियम नहीं हैं। यह केवल मेरी समझ है। इतने सालों में मैंने अपने लिए अपनी क्षमता के अनुसार यह समझ बना ली है। काफ़ी हद तक मुझे उसके सही परिणाम भी मिले हैं। तो अब मैं हर नई भाषा सुनते ही उस के मुख्य उच्चार खोजने लगता हूँ। इस क़िले का नाम एक तो बहुत बड़ा था और बोलने में भी कठिन। आज भी मुझे इसे बोलते समय धीरे बोलना पड़ता है। नॉईश्वानश्टाईन कासल।

सुबह-सुबह हम म्यूनिक से ट्रेन ले चुके थे और कुछ घंटों के सफ़र के बाद वहाँ आ पहुँचे थे जहाँ से हमें नॉईश्वानश्टाईन के लिए फिर एक बस लेनी थी। ट्रेन से उतरा तो नींद का हल्का नशा बाक़ी था। पर कुछ ही क्षणों में मैं पूरी तरह जाग गया। आप अगर किसी आश्चर्य के लिए तैयार न हों और अचानक वो अपनी पूरी सुंदरता के साथ आपके सामने आ जाए तो आप पूरी तरह जगे और सचेत रहने के अलावा और कुछ कर भी नहीं सकते। ट्रेन में हम शहर की भीड़ को पीछे छोड़ रहे थे इस बात का मुझे थोड़ा अंदाज़ा हो रहा था। पर मैं इस क़दर घनी सुंदरता से घिर जाऊँगा इसकी अपेक्षा ज़रा भी नहीं थी। मैंने जर्मनी में इससे ख़ूबसूरत कुछ नहीं देखा है।

अस्मी ने जब पहली बार इसके बारे में बताया था तो मैंने एक बार सुनकर छोड़ दिया था। सोचा था ट्रेन में सफ़र के दौरान खिड़की से जैसे कासल दिखाई देते हैं, वैसा ही कुछ होगा। बहुत अच्छा हुआ कि मैं पूरी तरह ग़लत था। मैंने अभी तक के जीवन में जो कुछ थोड़ी-बहुत असाधारण वास्तुकला देखी है, उनमें से एक है नॉईश्वानश्टाईन कासल।

मैं अपने आश्चर्य में पूरी तरह डूब कर आस-पास के सौंदर्य को निहार रहा था। बस रुकी तो सीधा दो सौ साल पहले के समय में उतरा। एक बड़ा-सा तालाब जिसमें अलग-अलग रंगों की बत्तखें तैर रही थीं। उनको देखो तो तालाब के क्षितिज पर एक हँस उड़ता दिखाई देता। वह तालाब के इतने पास से उड़ता कि तालाब के पानी में उसकी परछाईं उसके साथ-साथ उड़ती। दूर से देखने पर ऐसा भ्रम पैदा हो रहा था जैसे दो हँस, एक पानी के ऊपर और एक पानी के नीचे, एक साथ उड़ रहे हैं। इस दृश्य को मैं अभी आँक ही रहा था कि पास ही बिखरी हरी घास पर कुछ खरगोश दौड़ गए। ओह! यह सब कितना सुंदर है वाला विचार मेरे मन में अपना वाक्य बना ही रहा था कि मुझे कुछ दूर एक बग्घी खड़ी नज़र आई। दो अतिआकर्षक घोड़े बग्घी से बँधे हिनहिना रहे थे। बीच-बीच में वे अपनी टापों को ज़मीन पर पटकते। चारों तरफ़ कोहरा ही कोहरा था। वो शायद दो बारिश की झड़ियों के बीच का समय रहा होगा। रास्ते पर पुराने यूरोप में लगते होंगे वैसे लालटेन लगे थे। आस-पास के घरों की बनावट भी इस समय से काफ़ी पहले की थी। घरों की छतें बारिश के पानी से सराबोर थीं और कुछ पेड़ों से बसंत की पूरी बहार का इंतज़ार किया नहीं जा रहा था। वे अभी से अपने सारे पत्ते लाल कर चुके थे।

मैंने ऊपर देखा तो दंग रह गया। पहाड़ के ऊपर, कोहरे के बीच अपनी जगह बनाकर नॉईश्वानश्टाईन कासल अपने पूरे राजसी गौरव के साथ खड़ा था। निःशब्द होना एक बात है। पर लंबे समय तक निःशब्द हो जाना आपको लंबे समय तक याद रह जाता है।

अब हमें चलकर ऊपर जाना था। बहुत घने जंगल से होकर एक छोटा रास्ता ऊपर जाता है। कासल के सामने खड़े होकर मैंने उसकी तस्वीर लेनी चाही। मैं फिर एक बार बुरी तरह हार गया। इतनी सुंदर जगह की तस्वीर सुंदर क्यों नहीं होती इस प्रश्न का उत्तर खोजने के लिए किसी तत्वज्ञानी को किसी सदी में अपना पूरा जीवन देना ही पड़ेगा। यहाँ के राजा ने इस क़िले को अपने सब से पसंदीदा संगीतकार की रचनाएँ सुनने के लिए ख़ास तौर से बनवाया था। वह इस क़िले को बनवाने के पीछे इतना पागल हो चुका था कि उसने ना सिर्फ़ ख़ुद की जेब से इसमें पैसा लगा दिया बल्कि शाही ख़ज़ाने का आख़िरी सिक्का तक ख़र्च कर दिया। मुझे यह बात ग़लत लगती है। लगता है किसी ने राजा के

पागलपन को गाली दी है। राजा क़िला बनवाने के लिए पागल नहीं हुआ था। वह पागल हुआ होगा संगीत के लिए। क्या ऐसा नहीं हो सकता?

आख़िर में एक डॉक्टर ने उस राजा को पागल क़रार दे दिया। अब वह शासन करने योग्य नहीं रहा था। गद्दी से उतारे जाने के दूसरे दिन राजा और उसका डॉक्टर झील के किनारे एक साथ मरे मिले। किसी को यह नहीं पता कि आख़िर वहाँ हुआ क्या था।

एक राजा की रहस्यमय मृत्यु हो जाती है। राजा अपने पसंदीदा संगीतकार की रचनाएँ सुनने के लिए सारी पूँजी और जुनून लगाकर भव्य क़िला बनवाता है। क़िला फिर भी अधूरा रह जाता है। अधूरे क़िले को देखने लोग पूरे मन से जाते हैं। ये सारी पतन की अलग-अलग कहानियाँ हैं जो एक ही जगह से जुड़ी हैं। सभी कहानियों में कुछ न कुछ ढह जा रहा है। यह क़िला ख़ुद एक उदास सिंफनी जैसा कुछ है।

क़िले के ठीक सामने एक लकड़ी का पुल है जहाँ से क़िला पूरा का पूरा देखा जा सकता है। दो शांत झीलों के बीच पहाड़ पर बना एक शानदार क़िला। मौसम के अनुसार रंग बदलने वाले जंगल से घिरा हुई मानव निर्मित एक अद्‌भुत संरचना। मुझे गुदगुदी इस बात की भी हो रही थी कि किसी समय में Walt Disney भी मेरी जगह पर खड़े थे और इस क़िले को देखकर उन्होंने Sleeping Beauty के क़िले की कल्पना की थी। सोचा जाए तो यह बात कितनी अजीब है कि इस क़िले को ऐतिहासिक बनाने के लिए सत्य नहीं किसी इंसान की कल्पना का ज़्यादा योगदान है।

इस क़िले की दो मंज़िलें आज भी अधूरी हैं। मुझे लगता है यही इस क़िले की असली सुंदरता है। एक इंसान के शरीर पर लगी चोटों से ही कहानी अच्छी बनती है। अगर उस इंसान को कभी कुछ भी ना हुआ हो तो कहानी बोर हो जाती है।

कुछ समय के बाद हम नीचे उतरे तो इस सपने जैसी जगह से वापस लौटने का समय आस-पास मँडराने लगा। मैं कुछ देर तालाब के पास बैठ गया। दूर कोहरा झील के पानी को बस छूने ही वाला था। किसी श्मशान घाट पर जैसे मृत्यु का मौन होता है वैसे ही दूसरी तरफ़ अगर जीवन का मौन सरीखा कुछ है तो वो यही था... मेरे सामने... भीतर।

उलटा सफ़र तय करके हम वापस म्यूनिक लौट आए और कहीं खाना खाकर अपने-अपने हॉस्टल की तरफ़ चलने लगे। अब मुझे म्यूनिक इतना सुंदर नहीं लग रहा था जितना पहले दिन लगा था। कितनी विसंगति है कि संपूर्ण मानव जाति जब से बुद्धि अर्जित कर उसे प्रयोग में लाने लगी है, तब से शहरों को अधिकाधिक सुविधाओं और आकर्षणों से सजाकर सुंदर बनाने की होड़ मची है। जबकि असीम सौंदर्य शहरों से दूर किसी निर्जन गाँव में बैठा किसी को न दिखने का निरंतर प्रयास करता रहता है। अपने बिस्तर पर पड़े हुए मेरी आँखें बाहर से बंद थीं और भीतर से मुझ में जीवन का मौन पसरा हुआ था।

अगली सुबह में अगली यात्रा का मोड़ था। आज अस्मी अपनी दोस्त के साथ होफ़ के लिए रवाना होने वाली थी और मैं दुनिया के सब से पुराने साम्राज्यों में से एक का रुख़ करने वाला था। अपने-अपने रास्ते जाने से पहले एक अजीब-सा भारीपन महसूस हो रहा था। हर अलविदा में फिर मिलने की यात्रा छिपी होती है। हमें भारी इसलिए लगता है क्योंकि हम उस यात्रा की अनिश्चितता को सह नहीं पाते। किसी जगह पर, किसी समय पर, किसी दिन उस व्यक्ति से दोबारा मिलने का निश्चित स्वरूप पता हो तो इतना बुरा नहीं लगता। हमने एक-दूसरे को अलविदा कहा। एक-दूसरे से सुरक्षित रहने को कहा। पूना में मिलने का वादा किया। मैं चाहता था कि वह जल्दी आ जाए। इसमें भी मेरा स्वार्थ छिपा था। वह जल्दी आ जाती तो उससे ज़रूर मिलती। अस्मी की वजह से शायद हम दोनों में फिर एक बार बात हो पाने की संभावना थी। हम अपने-अपने रास्ते मुड़ गए।

ऐसे में सामान कुछ ज़्यादा भारी लगता है। मैं अपना सामान उठाए म्यूनिक स्टेशन पर अपनी ट्रेन खोज रहा था। ट्रेन मिलते ही मैंने स्टेशन पर लगी घड़ी देखी। पूरी यात्रा के दौरान मेरी घड़ी ज़्यादातर बैग में ही रही। अभी गाड़ी के निकलने में समय था। अपनी सीट पर गया तो सारा कंपार्टमेंट ख़ाली था। सारी खिड़कियाँ बंद। सोचा कुछ देर बाहर रुका जाए। बाहर आया तो एक कैफ़े दिखाई पड़ा। मैंने अपने आप को रोका नहीं। वैसे कैफ़े में जाना, कॉफ़ी पीना, अकेले समय बिताना सुनने में बहुत ज़्यादा fancy लगता है। मैं ख़ुद ऐसा कभी करता नहीं। पर यूरोप में आपके पास ज़्यादा विकल्प भी नहीं होते। मुझे अपने

शहर में एकांत चाहिए होता है तो मैं अकेला कहीं ठेले पर जाकर चाय पी लेता हूँ। या अपनी बाइक पर शहर के कम भीड़ वाले इलाक़े में चक्कर लगा लेता हूँ। एकांत में लिखना चाहूँ तो किसी ऐसे दोस्त से उसका घर माँग लेता हूँ जो दिनभर घर पर नहीं रहता। मेरे सारे विकल्प समाप्त होने से पहले मैं कभी कैफ़े का रुख़ नहीं करता।

मैं इस यात्रा पर अपने साथ एक डायरी ले आया था। सोचा था यात्रा के दौरान इसमें कच्चा-पक्का कुछ दर्ज कर लूँगा और लौट कर उसे पूरा कर लूँगा। पूरी यात्रा पर मैंने कुछ नहीं लिखा। यात्रा शुरू होने से पहले ही हम यात्रा के प्रेम में पड़ जाते हैं। हम ये करेंगे वो करेंगे जैसी बातें अपने आप से ही कर लेते हैं। जब यात्रा असल में शुरू होती है तो पता चलता है कि यह तो हमारी सोची हुई यात्रा से बिल्कुल अलग चल रहा है। भूख लग रही है। ठंड से काँप रहे हैं। रिज़र्वेशन के पैसे कटे तो हैं पर कमरा बुक नहीं हुआ है। समय कम है और जगह बहुत हैं देखने को जैसी सतही बातों से हम इस क़दर घिर जाते हैं कि हमारे दिमाग़ में बनी हुई आदर्श यात्रा की छवि तहस-नहस हो जाती है।

अगर हम यात्रा शुरू होने से पहले अपने दिमाग़ में यात्रा न करें तो शायद बहुत कुछ मिल जाने की संभावना बनी रहती है। सब कुछ गूगल न करें तो बहुत आश्चर्य मिल सकते हैं। कुछ लिखना तय न करें तो क्या पता कोई क्षण कुछ सघन लेखन करने का अवसर दे दे। पर हमसे ऐसा शायद ही कभी हो पाएगा। इसीलिए शायद हम ख़ुद से जल्दी नहीं मिल पाते। कितनी सारी साधारण-सी परिस्थितियों और उनमें मासूमियत से अचंभित होने वाले 'हम' से हम ही ने यह खिलवाड़ किया है।

हम ख़ुद को मिल जाने से पहले ही कुछ मिलने की उपलब्धि को इतना ज़्यादा रोमांटिसाइज़ कर लेते हैं कि हमारा मिलना और भी दूर किसी अज्ञात कोने में जाकर बैठ जाता है। जहाँ किसी भी हाल में इस समय तो पहुँचा जा ही नहीं सकता। अब 'हमारे' मिलने की उम्मीद शायद हमारी अगली यात्रा में हो। रास्ते पर मिलने वाले अजनबी को बिना पढ़े उसके साथ कुछ दूर चलने में हो। बिना मौसम का हाल देखे अचानक किसी पहाड़ पर हमारे सिर, कंधों पर बर्फ़ गिर जाने में हो। या फिर मुंबई की सड़कों पर ज़हर धूप में सिग्नल पर गुलाब बेचते छह-सात साल के बच्चे की हँसती हुई प्रार्थना में हो। अब 'हमारा' मिलना कहीं भी हो सकता है। वो बस यहाँ नहीं है। यहाँ... इस क्षण में... जो हमने पहले

से सोच रखा है। वो इस ओछेपन से, हमारे यात्रा के रोमांस और हमें हमारे मिल जाने के पूर्वानुमान से कहीं दूर भाग चुका है यह बात तय है। देखते हैं। शायद Rome में कहीं मिल जाए। मैं कल वहीं पहुँचने वाला था।

ट्रेन चली तो लगभग शाम हो चुकी थी। मेरे अलावा उस कंपार्टमेंट में कोई नहीं था। मुझे लगा था कि नीचे की बर्थ मिली है तो ट्रेन की खिड़की से बाहर पीछे छूटते जर्मनी को देखूँगा और फिर रौशनी पूरी तरह ग़ायब हो जाने के पहले मुझे धीरे-धीरे स्विट्ज़रलैंड के पहाड़ दिखाई देने लगेंगे। पर हमारा भाग्य एक ऐसा खूंखार फ़ास्ट बॉलर है जो हमेशा हमें पहली बॉल पर क्लीन बोल्ड कर देता है। रेनकोट पहनकर निकलो तो बारिश के बादल तक हट जाते हैं। खिड़की से स्विट्ज़रलैंड के पहाड़ों को देखने की कल्पना करो तो खिड़की का काँच काला होता है। मैं फिर एक बार कुछ मिल जाने के पहले मिलने की उपलब्धि को रोमांटिसाइज़ कर रहा था। कैसे कुछ मिलता?

मैं अपनी सीट पर आराम से लेट गया। सामने वाली एक खिड़की किसी ने खोलकर छोड़ दी थी इसलिए कुछ ही मिनटों में कंपार्टमेंट बहुत ज़्यादा ठंडा हो गया। वो खिड़की कैसे बंद होती है यह मुझे पता नहीं चल पा रहा था। आख़िर मैंने उसे खुला ही छोड़ दिया और अपने आप को ट्रेन से मिले कंबल में लपेट लिया। ट्रेन अपनी पूरी रफ़्तार से चल रही थी और मैं सुस्ताने लगा था। आँख लगने ही वाली थी कि टिकट चेकर आई और उन्होंने मुझसे मेरा टिकट और पासपोर्ट माँगा। मैंने दिया। उन्होंने कहा कि सब सही है... मैं आपका पासपोर्ट कुछ समय में लौटाऊँगी। इतना कहकर वो महिला चली गई। मैंने फिर एक बार खिड़की से कोई दृश्य चुराने की एक असफल कोशिश की। आख़िर सारी अपेक्षाएँ झाड़ कर मैं फिर से कंबल के एकांत में चला गया। अब मुझे सिवाय नींद के किसी चीज़ की अपेक्षा नहीं थी। सोचा अब सीधा सुबह रोम में उठूँगा। बीच रात उठा तो भूख लग जाएगी और खाने के लिए पास कुछ भी नहीं है। सो गया।

गाड़ी बहुत देर तक चलती रही। अब कंपार्टमेंट की लाइट बंद थी तो बाहर से आती हल्की रौशनी भी कुछ पलों के लिए एकाध यूरोपियन खेत, खंभा या पहाड़ धुँधला-सा दिखा देती। मैंने निराशा हाथ लगने से पहले सो जाना ही

ठीक समझा। ट्रेन धीमी हुई। होते-होते रुक गई। कुछ लोगों के ट्रेन में चढ़ने की आवाज़ आई। मैंने एक नज़र सामने वाली खिड़की से देखा तो कोई शहरी स्टेशन दिखाई पड़ा। स्टेशन पर लगी बहुत सारी लाइटें काले काँच के भीतर भी रौशनी भेज रही थीं। ट्रेन कुछ ही मिनट रुकी और आगे चल पड़ी। मेरा कंपार्टमेंट अभी भी ख़ाली है यह देखकर मैं और निश्चिंत हो गया।

"हैलो! मेरी सीट ऊपर है। क्या मैं बस अपना सामान रख सकती हूँ?"

एक लड़की की आवाज़ आई। स्टेशन निकल गया था तो कंपार्टमेंट में झाँकने वाली रौशनी भी पीछे छूट गई थी। मुझे उसका चेहरा ठीक से नज़र नहीं आया। मैंने सबसे पहले लाइट जलाई। बाईस-तेईस साल की एक लड़की दो बड़े सूटकेस और एक छोटे बैग के साथ खड़ी दिखाई दी। हेयर स्टाइल से लेकर जूतों तक वह तैयार होकर आई थी। पर बाल बिखरे थे। बालों को बाँधे और सजाए रखने वाली क्लिप्स और रबर बैंड्स अपनी जगह छोड़ चुके थे। वह इतनी सर्दी में पसीने से तर-ब-तर थी। लग रहा था जैसे किसी पार्टी में बेहिसाब नाच कर सीधे ट्रेन में चढ़ गई हो।

"आप अपना सामान बिल्कुल रख सकती हैं। और मैं बस यूँ ही लेटा था। आप कुछ देर अगर बैठना चाहें तो बैठ सकती हैं।" मैंने कहा।

"नहीं-नहीं... मैं बैठना चाहूँगी तो सामने वाली सीट पर बैठ जाऊँगी। पूरी ट्रेन ख़ाली जा रही है।"

मैंने कहा, "लगता है किसी को रोम नहीं जाना।"

उसने कहा, "नहीं, रोम की वाइब बहुत मरी हुई है। वहाँ कोई सीन नहीं होता।"

"तो कहाँ होता है सीन?" मैंने उत्सुकता से पूछा।

"मिलान। मैं वहीं जा रही हूँ एक पार्टी अटेंड करने।"

"क्या? मुझे लगा आप अभी-अभी किसी पार्टी से होकर आई हैं।"

"हाँ। सही कहा। पार्टी थी। पर मैं देर तक रुकी नहीं वहाँ। मुझे मिलान की पार्टी में ज़्यादा दिलचस्पी है।"

मैंने सही पहचाना था। कम-से-कम आधी बात सही थी। वह एक पार्टी से होकर ही आई थी। उसे अपना सामान ऊपर चढ़ाने में बहुत मुश्किल हो रही थी तो मैं उसकी मदद करने लगा। फिर मुझे लगा कि इतना भारी सामान ऊपर क्यों

चढ़ाना है इसे? मैंने कहा, "आप अपना सामान मेरी सीट के नीचे क्यों नहीं रख देतीं? जाते समय भी आसानी हो जाएगी।"

"बात तो ठीक है आपकी पर..." वह कहते-कहते रुक गई।

"क्या हुआ? कोई बात?"

"ऐक्चुली मेरे बैग में बहुत सारा गाँजा है और शराब की कुछ बोतलें। मैं बैग अपने पास ही रखूँ तो बेहतर होगा। पर आप टेंशन मत लीजिए। इनमें से कुछ भी यहाँ नहीं इस्तेमाल होने वाला।" इतना कहकर आगे की बात एक औपचारिक हँसी में बदल गई।

मैंने उसे विश्वास दिलाया कि मैं शराब और गाँजे वाली बात किसी को नहीं बताऊँगा। उसने अपना सारा छुपाने वाला सामान छोटे वाले बैग में ले लिया और सूटकेस मेरी सीट के नीचे खिसका दिए। वह बीच वाली सीट पर खड़ी हो गई और मुझसे अपना छोटा बैग माँगने लगी जिसे वह ऊपर अपनी सीट पर रख देना चाहती थी। इस सारी क़वायद में उसकी छोटी ड्रेस न ही उससे सँभल रही थी और न ही वो ख़ुद उसे सँभालने की कोई कोशिश कर रही थी। मैंने अपना मुँह मोड़ लिया और बग़ल वाले कंपार्टमेंट के पॉसेज की बंद खिड़की पर जाकर खड़ा हो गया। पॉसेज की सारी खिड़कियाँ किसने खोल रखी हैं? "मैंने अपना वो बैग अपनी जैकेट से ढक दिया है। अब कोई प्रॉब्लम नहीं होनी चाहिए।" वह मेरे पीछे आकर बात करने लगी।

"आप कहाँ से हैं?" मैंने पूछा।

"ऑस्ट्रिया। मेरे गाँव का नाम आपको याद नहीं रहेगा। पर वह Salzburg के पास है।"

"ओह... आप Mozart के गाँव से हैं।" मेरे उत्साह में अचानक मेरी आवाज़ बढ़ गई थी।

"हाँ-हाँ, द ग्रेट Mozart..." कहते समय उसने अपनी आँखों को ऊपर फेर लिया। ऐसा लगा जैसे वह दुनिया को ताना दे रही हो। मैं कुछ बोला नहीं तो वह आगे बोलती रही।

"हमारे यहाँ मोज़ार्ट के अलावा और बहुत सारी चीज़ें हैं। अब तो वहाँ की नाइट लाइफ़ भी इतनी हैपेनिंग हो गई है। कितने सारे ट्रेक और समर कैंप्स होते हैं। अब कहाँ लोग मोज़ार्ट को सुनते हैं। तुम गए हो साल्ज़बर्ग?"

"नहीं। पर मैं जाऊँगा ज़रूर। और मुझे मोज़ार्ट वाला साल्ज़बर्ग देखने में ज़्यादा रुचि है।" इस बार मैं पहले हँसा।

हम अपनी-अपनी सीट पर लौट गए। मैं खिड़की पर बैठा बहुत देर तक ये सोचता रहा कि कैसी लड़की है? यह मोज़ार्ट को इतना हल्के में कैसे ले सकती है? क्या इसने कभी मोज़ार्ट को नहीं सुना? उस समय मुझे लगा था कि उसे कहूँ कि मूर्ख लड़की तुम कितनी बड़ी ग़लती कर रही हो अगर अपनी ही मिट्टी में पैदा हुआ संगीत नहीं सुन रही हो तो। पर मेरी ऐसी सोच बार-बार मुझे मेरी मूर्खता का प्रमाण देती रही है।

हर किसी को अपना-अपना संसार बनाने की पूरी स्वतंत्रता है। वह चाहे जैसा भी हो। सघन, छिछला, छोटा, गहरा, बड़ा, चौड़ा... जैसा भी हो। उसका संसार हमारे संसार से मेल नहीं खाता ठीक यही बात उस व्यक्ति को अधिक सुंदर बनाती है। और क्या छिछला और क्या सघन यह बात तय कौन करता है? क्या है सघनता का प्रमाण? छिछले की व्याख्या भी तो हर किसी के लिए अलग है! यह दुनिया कितनी ज़्यादा बोर होती और निरंतर होती ही रहती अगर सारे लोग एक ही संसार के निर्माण में लग जाते।

कुछ देर ठंड से लड़ने के बाद मैं फिर उस खिड़की को बंद करने की कोशिश करने लगा। वह मुझसे बंद हो ही नहीं रही थी। वहाँ से बाहर का अँधेरा और दूर की रोशनियाँ स्पष्ट दिखाई दे रही थीं। आसमान साफ़ था तो चाँद भी अपनी रौशनी आस-पास फेंक सकता था। उसी रौशनी में कभी अचानक एक पहाड़ अपने पूरे आकार के साथ पास से गुज़रता। कुछ देर बाद मैं फिर खिड़की बंद करने का प्रयास करता। उस लड़की ने मुझे खिड़की से जूझता हुआ देखा और उसने एक ही पल में खिड़की बंद कर दी।

"मैं दरवाज़े पर सिगरेट पीने जा रही हूँ। क्या तुम आना चाहोगे?"

मैंने कहा, "मैं सिगरेट नहीं पीता। आप पीकर आ जाइए।"

"अगर इस ओर से टीसी आ जाए तो क्या आप मुझे इशारा कर देंगे?"

"हाँ, कर दूँगा।"

वह सिगरेट पीने चली गई। मैं अपनी बर्थ पर चला गया। कुछ देर बाद वह आई और अपनी सीट पर जाकर सो गई। ट्रेन में नींद गहरी आती है या नींद का गहरा आभास होता है यह बात मैं आज तक नहीं समझ पाया हूँ।

मैं अपनी नींद (या आभास) के चरम बिंदु पर था तभी मुझे कुत्ते का भौंकना सुनाई दिया। मैं हड़बड़ाकर उठा। देखा तो कंपार्टमेंट में दो सैनिक दो कुत्तों को लिए कुछ खोज रहे हैं। ट्रेन रुक गई थी। आँख खुलने के बाद लग रहा था जैसे बहुत गहरा सोकर उठा हूँ। मैंने अपनी जैकेट और मफ़लर उठाया और दरवाज़े पर गया। देखा तो दरवाज़ा खुला था और ट्रेन किसी स्टेशन पर रुक गई थी। ट्रेन से बाहर निकला और वहीं थम गया।

मेरे सामने जैसे एक रोमांटिक फ़िल्म का कोई सेट लगा था। रात बहुत हो चुकी थी। एक स्टेशन था जो पुराने लालटेन की कोमल बत्तियों से बहुत ही हल्का-सा रौशन था। प्लेटफ़ॉर्म छोड़कर सारा स्टेशन लकड़ी का बना हुआ। चाँद और लालटेन दोनों की रौशनी एक-दूसरे से मिल गई थी। ऐसे में रौशनी का एक अलग ही शेड दिखाई देता है। पूरा स्टेशन एक पल के लिए साफ़-साफ़ दिखाई देता तो दूसरे ही पल में मानो आँख से ओझल-सा हो जा रहा था। एक जुगनू के जैसे स्टेशन बार-बार चमकता और चुप हो जाता। स्टेशन पर बेंच लकड़ी की बनी थीं और उनके हैंडल पर बेलें उग आई थीं। हर बेंच के पास फूलों से लदे पौधे गमलों में सजाकर रखे थे। स्टेशन के खंभे से भी कुछ फूलों के गमले लटकाए गए थे। मैंने बोर्ड पढ़ने की कोशिश की पर जो लिखा था वो कुछ भी समझ नहीं आया। यह कोई अलग भाषा थी जो न तो जर्मनी में दिखे अक्षरों से मेल खा रही थी और न ही प्राग के अक्षरों से। ऊपर चाँद चमक रहा था और स्टेशन के पीछे गहरे नीले पहाड़। एकदम क़रीब। इतने पास कि लग रहा था हाथ बढ़ाऊँ तो बर्फ़ छू लूँगा। मैं स्विट्ज़रलैंड में था। मुझे पूरा विश्वास था कि मैं स्विट्ज़रलैंड में हूँ। बाहर चेकिंग चल रही थी। मैं सामने लगी बेंच पर बैठ गया। तभी एक महिला टीसी आई। मैंने उनसे पूछा कि क्या यह स्विट्ज़रलैंड है? उन्होंने मुस्कुराकर कहा, "most certainly!"

"अरे आप अँग्रेज़ी जानती हैं?"

"हाँ... यहाँ ट्रेन में सभी देशों से लोग आते हैं। सीख लेना अच्छा होता है। मेरे लिए भी और यात्रियों के लिए भी।"

"मेरा पासपोर्ट आप ही ले गई थीं ना?"

"क्या मेरी उम्र इतनी ज़्यादा लगती है?"

"मतलब?"

"मतलब जिन्होंने आप से पासपोर्ट लिया था वे मेरी सीनियर हैं। उम्र में मुझसे काफ़ी बड़ी हैं।"

"ओह! नहीं-नहीं... वे जब टिकट चेक करने आईं तब मैं गहरी नींद में था। मैंने सिर्फ़ उनकी यूनिफ़ॉर्म देखी और पासपोर्ट दे दिया। मुझे तो उनका चेहरा भी याद नहीं।"

"वे पैंतालीस की उम्र के आस-पास हैं। मुझे अभी उस उम्र तक पहुँचने के लिए काफ़ी समय है।" ये कहकर वह हँसने लगी। फिर आगे बोली, "और आपका पासपोर्ट अब मेरे पास है। उनकी ड्यूटी ख़त्म हो गई है।"

मैंने उनकी ओर देखा और कहा, "अब मैंने आपका चेहरा देख लिया है। आपकी उम्र ज़्यादा नहीं लगती।" वह फिर हँसने लगी।

"यह ट्रेन यहाँ रुकी क्यों है?"

"हम बॉर्डर क्रॉस कर रहे हैं। कुछ नियम होते हैं जिनके अनुसार ही हमें आगे बढ़ना होता है। थोड़ा समय लगता ज़रूर है पर यह ज़रूरी है।"

"पर एक बात बहुत अच्छी है।"

"कौन-सी?"

"कि आप मेरे पास बैठी हैं। टीसी के बिना तो गाड़ी चलेगी नहीं। तो मैं निश्चिंत होकर बैठ सकता हूँ। मुझे बार-बार इस बात पर ध्यान नहीं देना पड़ेगा कि ट्रेन निकल रही है या नहीं। मैं इतना सुंदर स्टेशन बिना जल्दबाज़ी किए देख सकता हूँ। ये पहाड़ देख सकता हूँ आराम से।"

"हाँ। यह स्टेशन काफ़ी सुंदर है। यहाँ ज़्यादा सुविधाएँ नहीं हैं। पर सुंदर है।"

मैंने थोड़ा इधर-उधर देखा कि कहीं कोई दुकान दिख जाए। कुछ नहीं दिखा तो उसी महिला से पूछा, "यहाँ कहीं गर्म कॉफ़ी मिलने की कोई संभावना है?"

"सॉरी! इतनी देर रात कुछ खुला नहीं होता। बाहर एक कॉफ़ी शॉप है पर वह शाम को बंद हो जाती है।"

कुछ देर हम दोनों आस-पास के पहाड़ों को देखते रहे। इधर-उधर की फ़िज़ूल बातें करते रहे। अँधेरे में हमारी आँखें ज़रा-सी रौशनी की भी आदी हो जाती हैं। कुछ ही देर में सब अच्छे से दिखने लगता है। मुझे अब स्टेशन ज़्यादा ही सुंदर लगने लगा था। कितना समय हम वहाँ बैठे रहे यह मैं न तब जान पाया

था न अब जानता हूँ।

कुछ देर बाद वह उठी और इंजन की ओर चली गई। मैं वहीं बैठा अपने आस-पास की सुंदरता का हिसाब लगा रहा था और बस परास्त हो रहा था। फिर वह महिला वापस मेरी ओर आती दिखाई दी। उसने कहा कि हम अब चलने के लिए तैयार हैं। आप अपनी सीट पर लौट जाइए। मैं ट्रेन में चढ़ा और मुड़कर एक आख़िरी बार स्टेशन को देखा। गाड़ी चली तो काले काँच वाली खिड़की से वो स्टेशन पीछे छूटता, धुँधला नज़र आ रहा था। जैसे जग जाने पर कुछ क्षणों के लिए आपको आपका सपना धुँधला-सा नज़र आता रहता है।

स्विट्ज़रलैंड के पहाड़ों और फूलों से घिरे गाँव में देर रात एक बेंच पर बैठकर एक अजनबी के साथ बात करना कितना कोमल अनुभव है। यह वो अवस्था है जिसमें आप होकर भी नहीं होते। यह गहरे डूब कर भी सतह पर तैरने जैसा है। सोने और जगने के बीच का अंतराल है। जो बहुत कम समय के लिए अनुभव किया जा सकता है। जैसे ही आपको ध्यान आता है कि आप ऐसी स्थिति में हैं... आप अपने होने के केंद्र में हैं... उसी क्षण आप इस स्थिति से बाहर आ जाते हैं। अब उसे दोबारा जीना, पकड़ना या सही-सही याद रखना तक संभव नहीं होता। हमें हमारे मिल जाने के पूर्वानुमान और उससे जुड़े रोमांच की परिकल्पना, दोनों को अपने दिमाग़ से निकाल बाहर करने पर ही नियति हमें इस अंतराल का अनुभव देने के लिए योग्य समझती है।

उस रात की, उस गाँव की मेरे पास कोई तस्वीर नहीं है। इस घटना का मेरे पास कोई सबूत नहीं है। धुँधला-सा कुछ बस मेरे ज़ेहन में है। पूरी यात्रा पर मैं हर छोटी-बड़ी चीज़ की तस्वीर ले रहा था। मैं उस स्टेशन की भी तस्वीर ले सकता था पर वहाँ मुझे कैमरा याद भी नहीं आया। जीवन के सबसे सुंदर क्षण कैमरा बंद करने के बाद ही पकड़े जा सकते हैं। पर यह बात मैं इस यात्रा के दौरान नहीं जानता था। स्विट्ज़रलैंड के उस छोटे-से गाँव में भी नहीं जानता था। वहाँ मैं बस ख़ुशक़िस्मत था। एक अंतराल का अनुभव लेने के लिए नियति के सामने ख़ाली पड़ा हुआ..... उपलब्ध था। अपने आप को मिलने योग्य था।

सुबह-सुबह कंपार्टमेंट में खटपट शुरू हो गई तो मैं जग गया। लोग कह रहे थे कि पंद्रह मिनट में रोम आ जाएगा। मुझे उस महिला टीसी को ढूँढना था जिसके पास मेरा पासपोर्ट था। मैं उसे खोजने के लिए डब्बे के दोनों छोर देख आया। वह कहीं नहीं मिली। कुछ ही देर में मेरी सीट पर एक टीसी आया। वह आदमी ऊँचा, चौड़ा और भारी आवाज़ वाला था। उसे मैं पहली बार ट्रेन में देख रहा था। उसने मेरा नाम पुकारा। मैंने हाथ उठाया तो उसने मुझे मेरा पासपोर्ट थमाया और थैंक्यू कहा।

कहाँ है वो लड़की जो मुझे स्विट्ज़रलैंड में मिली थी? उसने काला कोट पहना था... ट्रेन को झंडा दिखाया था। वह निश्चित रूप से टीसी ही थी। मुझे मेरा पासपोर्ट वह ख़ुद देने वाली थी। मैं उसे कल रात मेरे साथ बातें करने के लिए धन्यवाद कहना चाहता था। क्या वह बीच रास्ते उतर गई थी? या ड्यूटी बदल गई थी? मुझे एक मिनट के लिए लगा जैसे उस कम उम्र वाली टीसी ने मुझे धोखा दिया है। मैं अपने सामने खड़े भारी आवाज़ वाले टीसी से उस लड़की के बारे में पूछना चाहता था। पर मैंने कुछ नहीं पूछा।

मैं स्टेशन पर टूरिस्ट सेंटर से शहर का नक़्शा और जानकारी लेकर बाहर आया। नक़्शे से पता चला कि जहाँ मैंने अपने दोस्त को बुकिंग करने के लिए कहा था, वो जगह काफ़ी दूर है। मुझे एक मेट्रो लाइन बदलकर दूसरी लाइन से एक और मेट्रो लेनी थी। उस टीसी से आख़िरी बार न मिल पाने को लेकर एक भीनी-सी उदासी मेरे भीतर अभी भी थी। वह तब तक बनी रही जब तक मैं मुख्य स्टेशन से लाइन बदलकर, दूसरी मेट्रो पकड़कर, हर तरह के छोटे-बड़े स्टेशनों को पीछे छोड़कर बाहर खुले में नहीं आ गया। बाहर धूप खिली थी। मुझे यहाँ से आगे जाने के लिए बस लेनी थी। पीठ पर भारी बैग था और पेट एकदम ख़ाली। मैंने आख़िरी बार कल शाम को कुछ खाया था। मेरे सामने बहुत सारी व्यस्तताएँ थीं। व्यस्तताएँ भावनाओं को क्रम में नीचे धकेल देती हैं। छोटी उदासियों से लेकर बड़े दुखों तक सब कुछ भूल जाना आसान हो जाता है।

मैंने आस-पास खड़े लोगों से पूछा तो पता चला कि बस हर बीस मिनट बाद आती है। पिछली बस गए देर हो चुकी है और पाँच मिनट में अगली बस आने की संभावना है। मैंने अपना बैग कंधों से उतारकर नीचे ज़मीन पर रख दिया। कहीं से खाना पकने की ख़ुशबू आ रही थी। यहाँ-वहाँ देखा तो मेरे ठीक पीछे मैक्डोनाल्ड था। मैं तुरंत वहाँ गया और पूछा कि क्या वह मुझे कोई वेज बर्गर दे सकते हैं? उन्होंने कहा कि वेज नहीं है पर फ़िश मिलेगी। मैंने कहा आपके पास फ्रेंच फ्राइज़ होंगे तो वही दे दीजिए।

मैंने पैसे चुकाए और बिल हाथ में लिए मैं अपने ऑर्डर का इंतज़ार कर ही रहा था कि सामने से बस आ गई। मैंने हड़बड़ाकर कहा कि बस आ गई है। आप मुझे जल्दी से दे दीजिए। उन्होंने कहा कि अभी-अभी आलू को तेल में डाला है। कम-से-कम दो मिनट लगेंगे। मैंने कहा मेरी बस सामने खड़ी है। उसने अपने कंधे उचकाए। मैं बस छोड़कर अगले बीस मिनट वहाँ नहीं रुकना चाहता था। मैंने अपना खाना छोड़ा और बस में जाकर बैठ गया। पैसे लेने वाली लड़की ने मुझे बस में बैठे देखा और एक नज़र किचन की ओर दौड़ाई। वह अपनी साथी को शायद जल्दी करने के लिए कह रही थी। बस निकली तो उसने हाथ उठाकर मुझे वहीं से सॉरी जैसा कुछ इशारा किया!

हॉस्टल पहुँचकर देखा तो कमरा काफ़ी छोटा था। पर तीन लोग आराम से सो सकते थे। नहाकर, हॉस्टल की कैंटीन में ही खाकर कुछ देर बग़ीचे में घास पर लेट गया।

पिछले दिन दोपहर को मेरी यात्रा शुरू हुई थी और आज लगभग दोपहर हो ही गई है। इतनी देर से आगे चलते-चलते मेरा दिमाग़ थक गया था। मैं सोना नहीं चाहता था। मैं बस रुकना चाहता था। कैमरा वाला बैग गले में फँसाकर मफ़लर में मुँह गड़ाए बाँहों से आँखें ढककर मैं कुछ देर धूप में घास पर लेटा रहा।

यात्राओं की अपनी एक व्यस्तता होती है जो हर यात्री से हर पल चौकन्ना रहने की माँग करती है। सामान का ध्यान रखना, रहने की जगह चुनना, पैसों को सँभालना जैसी बातें एक यात्री को इतना व्यस्त रखती हैं कि यात्रा में हम कहीं भी ठहराव के लिए कोई जगह नहीं छोड़ते।

शुरुआत में जब अकेले यात्रा करना शुरू किया था तो ख़ुद को दौड़ाने-

सँभालने में ही बहुत समय निकल जाया करता था। मैं अपने आप से यह कहकर यात्रा पर निकलता था कि मैं अपने व्यावसायिक लेखन की थकान दूर करने के लिए यात्रा कर रहा हूँ। फिर हाथों-हाथ बहुत सारी योजनाएँ बन जातीं। और उन्हें पूरा करते-करते दिन गुज़ार दिए जाते। जिस यात्रा पर थकान दूर करने के लिए निकलता उसी यात्रा से घर लौटने के बाद बेहद थकान महसूस होती। यात्राएँ सीखनी पड़ती हैं। उनसे मिलने वाले ठहराव को समझने के लिए आँखों पर हाथ रखे घास पर कुछ देर लेटना पड़ता है।

अपनी दोस्त को पीछे छोड़ते ही मेरी गति जैसे धीमी हो गई थी। मुझे उस समय पता नहीं था कि मैं यात्रा करना सीख रहा हूँ। मैं रुकना और सुनना सीख रहा हूँ।

आँखें खुलीं तो धूप जा चुकी थी। यूरोप में बारिश का हवाला कोई नहीं दे सकता। छाता अपने पास रखना समझदारी का काम होता है। मैं घास से उठकर दोबारा अपने कमरे में छाता लेने के लिए गया। वहाँ एक नाइजीरियन और एक ब्रिटिश लड़का अपने-अपने बिस्तर और सामान ठीक कर रहे थे। मैंने उनसे कहा कि इस कमरे का तीसरा मेंबर मैं हूँ। अगले कुछ दिन हमारी मुलाक़ात होती रहेगी।

नक़्शे से पता चला कि मुझे किस दिशा में जाना है। मैं Colosseum को लेकर बहुत उत्साहित था। बहुत कुछ सुन रखा था इस प्राचीन थिएटर के बारे में। यहाँ योद्धाओं को एक-दूसरे से लड़ाया जाता था। आदमियों को शेरों से भिड़ाया जाता था। रोम की जीती हुई महान लड़ाइयों का नाट्य रूपांतर किया जाता था। ऐसे मनोरंजन के लिए कई लोग मार दिए जाते। ऐसा बहुत कुछ है तो जो एक कोलोज़ियम अपने भीतर लिए पिछले दो हज़ार सालों से वैसे का वैसा खड़ा है।

मैंने नक़्शा खोला तो कोलोज़ियम जहाँ सचमुच है वहाँ उसका चित्र बनाया गया था। ट्रेन में लोगों से पूछा कि यहाँ जाने के लिए कौन-से स्टेशन पर उतरना पड़ेगा? तब मुझे पता चला कि उस स्टेशन का नाम ही कोलोज़ियम (इटालियन में कलोज़ियो) है। ट्रेन के दरवाज़े के ऊपर हर स्टेशन का नाम लिखा होता है। जब-जब गाड़ी किसी स्टेशन पर पहुँचती है तब-तब उस नाम के आगे लगी बत्ती जल जाती है और साथ ही इटालियन और अँग्रेज़ी में अनाउंसमेंट होती है। अभी बहुत स्टेशन बीच में आने बाक़ी थे तो मैं एक सीट पकड़कर बैठ गया।

मेरे सामने मेरी ही उम्र का एक लड़का अपनी गर्लफ्रेंड के कंधे पर अपना सिर टिकाए उससे धीमी आवाज़ में बात कर रहा था। लड़का पूरा इटालियन लग रहा था। पर उसकी ग्रर्लफ्रेंड इटालियन नहीं थी। वह कोरियन या जापानी थी। वे दोनों बहुत ही अलग-अलग धर्म और संस्कृति से आए थे। यह निष्कर्ष भी मैंने अपनी बनाई हुई समझ से निकाला था जो मुझ तक ही सीमित है।

बीच-बीच में वे एक-दूसरे के पास देखकर हँसते। बहुत देर से उस लड़के की जेब में उसका फ़ोन बज रहा था। फ़ोन उनकी बातों में ख़लल डाल रहा था। अंत में उसने फ़ोन बंद कर दिया और जेब में रखकर अपना सिर फिर से लड़की के कंधों पर रखकर अपनी आँखें बंद कर लीं। लड़की बार-बार उसका सिर देखती और मुस्कुराकर अपना गाल उस पर रख देती। उनके बीच कोई बात नहीं हो रही थी फिर भी एक संवाद जारी था। शायद वे दोनों जीवन की व्यस्त यात्रा में अपना-अपना समय निकालकर घास पर लेटे थे।

कोई उनको नहीं देख रहा था। न ही उनको किसी के देखने न देखने की कोई परवाह थी। मैंने सोचा यहाँ प्रेम करना कितना आसान है। पुलिस का डर नहीं। मॉरल पुलिसिंग का डर नहीं। एकांत की ज़रूरत नहीं और कोई राजनीतिक दल नहीं। ज़रूरत है तो बस फ़ोन बंद करने की। किसी के कंधे पर सिर रख देने की। मैंने सोचा मैं यह कभी नहीं कर पाऊँगा। प्यार किया तो डरना क्या जैसी लाइनें गानों में भी अच्छी नहीं लगतीं। भारत में प्रेम करने से पहले समाज, माँ-बाप और पॉलिटिकल सिस्टम से डरना पड़ता है। एक बात अच्छी थी कि मेरे सामने बैठे दोनों को यह बात पता नहीं थी।

एक विचार दूसरे, तीसरे और चौथे में कब और किस वजह से बदल जाता है यह बात अक्सर हमें पता नहीं चलती। मुझे इस समय उसका बाइक चलाना और मेरा उसके कंधों पर हाथ रखना याद आ रहा था। एक रिरियाती-सी इच्छा हुई कि तुरंत वापस चला जाऊँ और अपना आत्मसम्मान छोड़कर वो सब कुछ कर लूँ जो प्रेम को बचाए रखने के लिए करना होता है।

स्टेशन के आने की अनाउंसमेंट हुई तो मैं बाहर निकला। एक्ज़िट के लिए सीढ़ियाँ चढ़कर ऊपर गया तो एक बड़ी-सी लॉबी में पहुँच गया। वहाँ बहुत सारे लोग बैठे खा-पी रहे थे। मैं यह सोच रहा था कि अब मुझे किस दिशा में जाना होगा। अभी तक कोलोज़ियम के छोटे-छोटे चित्र मेरे दिमाग़ में बड़े होना

शुरू गए थे। कोलोज़ियम बड़ा होगा। पर कितना बड़ा? क्या सच में वह इतना भव्य होगा जितना बताया जाता है? मैंने एक आदमी से पूछा, "कोलोज़ियम कैसे जा सकते हैं?"

"आप कोलोज़ियम में ही हैं।" उसने कहा।

"वो तो मुझे पता है कि इस स्टेशन का नाम कोलोज़ियम है। अब यहाँ से मुझे उसे देखने के लिए किस दिशा में चलना होगा?" मैं उसे समझाने लगा।

"वो वहाँ। आपके पीछे बीस क़दम।" उसने यह कहते हुए मेरे पीछे की दिशा में उँगली दिखाई।

मैं मुड़ा और मेरे सामने पूरा का पूरा कोलोज़ियम था। इतना अचानक मैं इस दृश्य के लिए तैयार नहीं था। जिस उत्साह से मैं इसे देखने निकला था वो उत्साह किसी लावे की तरह फूटकर एक ही क्षण में शांत हो गया। कोलोज़ियम ठीक मेरे पीछे, रास्ते के उस पार था। मैं उसकी तरफ़ जैसे-जैसे बढ़ रहा था वैसे-वैसे मेरे रोंगटे खड़े हो रहे थे। इसके चारों तरफ़ इतिहास बिखरा पड़ा है। इंडोनेशिया से लेकर अमेरिका तक के लोगों को ग़ुलाम बनाकर रोमन साम्राज्य में बेचा जाता था। इन्हीं ग़ुलामों को ग्लैडिएटर बनाकर कोलोज़ियम में दूसरे ग़ुलामों को मारने और उनके हाथों मरने के लिए भेज दिया जाता था। दो-दो महीनों तक इसी जगह पर लगातार ख़ूनी मनोरंजन चलता और रोमन लोग इसे जश्न मानते। दुनिया का सब से पुराना साम्राज्य सबसे क्रूर भी था। कोलोज़ियम के आस-पास ही रोम की राजनीति चलती थी। इस कोलोज़ियम ने सारा कुछ देखा है।

मैं एक जगह पर जाकर बैठ गया और सोचा एक दर्शक को यहाँ बैठे हुए कैसा लगता होगा? कैसा लगता होगा अपने सामने सैकड़ों लोगों को मरते देख? क्या ऐसा दृश्य ताली बजाने लायक़ है? अचानक मेरी उस जगह में रुचि कम हो गई। बहुत-से लोग नीचे की तरफ़ जा रहे थे। स्टेज पर। ठीक उस जगह जहाँ लोगों का ख़ून पड़े-पड़े सूख गया होगा। मेरे लिए सब कुछ अचानक शून्य हो गया। मैं अपने आप को कोई अच्छा-सा कारण दे कर वहाँ से निकलना चाहता था। मुझे पर्यटकों की एक बड़ी-सी टोली अंदर आती दिखाई दी। बस कारण मिल गया। मैं वहाँ से तुरंत बाहर रास्ते पर खुले में आ गया। सामने Arch of Constantine दिखाई दे रही थी। वहाँ ज़्यादा भीड़ नहीं थी तो सोचा वहीं चला जाए। पास ही एक टीले पर चढ़कर बैठ गया।

कितने लोगों ने रोम को हासिल करने की कोशिश की। कितने विश्वासघात, कितना खिलवाड़, कितनी राजनीति और कितने युद्ध हुए रोम के लिए। उसकी शान को अपनी जागीर बनाने के लिए कितने षड्यंत्र रचे गए। ताक़त के इस अनंत प्रलोभन से कोई भी नहीं बच पाया। दुनिया का सबसे बड़ा साम्राज्य मेरे सामने खंडहर हुआ पड़ा था। वैसे देखा जाए तो रोम आज भी बस एक बहुत बड़ा खंडहर है जो अपने इतिहास का दामन पकड़े अभी भी जायज़ बने रहना चाहता है। मुझे लगता है अधूरे प्रेम के साथ भी ऐसा ही कुछ है। एक अधूरा प्रेम आदमी को खंडहर बना देता है। एक ऐसा खंडहर जो अपने इतिहास का दामन पकड़े जायज़ बने रहना चाहता है।

टीले पर बैठा जब मैं कोलोज़ियम को दूर से देख रहा था तो मेरे सामने कुछ सवाल खड़े हुए। मैं रोम देखना चाहता था... मैं रोम की सबसे मशहूर जगह पर भी हूँ... पर ऐसा क्या है जो यहाँ नहीं है? मेरे ज़ेहन में जो रोम की कल्पना है वो सामने दिख रहे इस अद्‌भुत दृश्य से मेल क्यों नहीं खा रही? ऐसा क्या है जो मैं देख नहीं पा रहा हूँ? कुछ उत्तर ढूँढेने से बेहतर होता है उनका किसी मोड़ पर अनपेक्षित मिल जाना। तभी आपको आपका सवाल सही लगता है।

मैंने कोलोज़ियम को आख़िरी बार देखा... अपने संग्रह के लिए उसकी एक तस्वीर खींची और आगे चल दिया। मैं रोम की व्यस्त सड़कों पर चल रहा था। दुनिया की हर व्यस्त सड़क एक जैसी ही दिखाई देती है। मुझे किसी ऐसी जगह चलना था जहाँ भीड़ न हो। चलते-चलते मैं बार-बार भीड़ की जगह पर पहुँच जा रहा था। हर कुछ दूरी पर पुराने रोमन साम्राज्य की कोई निशानी दिख जाती और साथ ही बेशुमार भीड़। सारे लोगों का ध्येय बस एक था... हर चीज़ के साथ अपनी तस्वीर लेना। मैं भीड़ से जगह बनाकर आगे निकलता और फिर किसी व्यस्त रास्ते पर आ जाता। चलते-चलते मैं Trevi Fountain (फव्वारा) के पास आ पहुँचा। किसी बहुत पुराने रोम में यह जगह लोगों के पानी का मुख्य स्रोत हुआ करती थी।

अब तक मैं जितनी भीड़ से गुज़रा था उससे कहीं ज़्यादा भीड़ यहाँ थी। मैं निराशा से निराशा तक का सफ़र बिना ग़लती के बार-बार तय कर रहा था। इस बार मुझे भीड़ देखकर हँसी आ गई। यह भीड़ बिल्कुल वैसी थी जैसी कॉलेज के दिनों में जनवरी-फ़रवरी के किसी एक हफ़्ते में अचानक विद्यार्थियों की भीड़

उमड़ आती थी। Rose Day, Chocholate day जैसी विचित्र (ये दिन मुझे विचित्र और हास्यास्पाद लगते हैं पर यह बात भी मुझ तक ही सीमित है) चीज़ें होती थीं और सैकड़ों लड़के-लड़कियाँ सज-धज कर कॉलेज आते थे। मेरी क्लास के लड़के-लड़कियाँ उस दिन ज़मीन से कुछ ऊँचा ही चला करते थे। मुझे इन सारी बातों में न तो कभी कोई रुचि थी और न ही कभी मैं इनका हिस्सा बना। पर दूसरों को यह सब करते देखने में 'चीप थ्रिल' जैसा कुछ अनुभव था। मैं ऐसे दिनों में घंटों एक कोने में बैठा लोगों को देखकर उन पर हँसता रहता था। यह मेरा एक तरह का दंभ भी था। Trevi Fountain पर भी 'चीप थ्रिल' की कमी नहीं थी।

अब मैंने सोचा कि मैं यहाँ इस भीड़ के ठीक बीच रुकूँगा और लोगों को देखूँगा। रोम में जिलाटो (आइसक्रीम) बहुत मशहूर है। कहते हैं रोम के बाद ही पूरी दुनिया को जिलाटो का पता चला। मुझे भीड़ के बीच से एक जिलाटो की दुकान दिखी। तो एक आइसक्रीम लेकर बाहर कुर्सी पर 'चीप थ्रिल' के इंतज़ार में बैठ गया। पर मुझे ऐसा कुछ नहीं दिखा जिसकी मैं अपेक्षा कर रहा था। लोग अपने परिवार के साथ फव्वारे को बैकग्राउंड में लिए फ़ोटो ले रहे थे। पानी में सिक्के उछाल रहे थे। मन्नत माँग रहे थे। लोग ख़ुश थे। या फिर मैं कॉलेज के दिनों से काफ़ी आगे निकल चुका था। मुझे हर तरफ़ बस ख़ुशी दिखाई दे रही थी।

कुछ देर बाद मैं वहाँ से आगे चला। मैंने सोचा एक कोई रास्ता पकड़कर बस चलता जाऊँगा। कभी तो सारे खंडहर, सारी मशहूर चीज़ें पीछे छूटेंगी। कभी तो कोई इलाक़ा आएगा जो शांत हो। चलते-चलते शाम हो गई थी। इतनी देर रास्तों पर लगी पुरानी बत्तियाँ मुझे दिखाई नहीं दी थीं। अब अचानक उन बत्तियों में रोम की छोटी-छोटी गलियाँ अपनी ख़ूबसूरती की पंखुड़ियाँ खोलने लगी थीं। आस-पास के कैफ़ेज़ से कॉफ़ी की ताज़ा ख़ुशबू हवा में घुल रही थी। इटैलियन लोग बोलते समय हाथों से हाव-भाव समझाने के आदी हैं। ज़ोर से बात करने के आदी हैं। हर कुछ देर में मेरे कानों में सख़्त इटैलियन शब्द पड़ते। कुछ भी समझ नहीं आता पर चेहरे पर एक मुस्कुराहट ज़रूर आ जाती।

रोम की गलियों में मैं कभी सीढ़ियाँ चढ़कर ऊपर की तरफ़ जाता तो कभी रास्ता नीचे ले आता। लोग अपने घरों को कितना प्रेम से रखते हैं। यही बात

मैंने बाम्बेर्ग में भी देखी थी। यही बात मैंने भारत में भी देखी है। हम सब एक जगह, एक डीएनए, एक संस्कृति और एक जीवनशैली से नहीं हैं... पर सब एक जैसे ही तो हैं!

गलियों में बहुत उजाला नहीं था पर उन में अँधेरा था ऐसा भी नहीं कहा जा सकता। वे बस अपनी गहरी नींद से जगी थीं। जैसे गहरी नींद के बाद हमारी आँखें पूरी तरह खुलने से पहले कुछ समय तक आधी ही खुल पाती हैं। हम तेज़ रौशनी से बचना चाह रहे होते हैं और पूरा अँधेरा भी नहीं चाहते। बस उसी तरह रोम की गलियों का उजाला होता है। हल्का... मुलायम... आधा। क्या यह वही रोम था जिसे मैं सुबह से खोज रहा था?

मेरे आसपास का माहौल काफ़ी सुंदर था। मैं रोम में था। ऐसे में कॉफ़ी पीना एक आदर्श (और साथ ही बहुत क्लीशे) कृत्य है। मैं अपने आप को यह करने से रोक नहीं पाया। वैसे आप अगर ख़ुद को रोक भी लें, तो भी यूरोप की ठंड और शाम, आपको अपने-आप किसी नर्म कैफ़े में ले जाती है। सब कुछ सुंदर था। हाँ! शायद यह वही रोम था जो मैं सुबह से देखना चाहता था। यहाँ रुक जाने का मन कर रहा था।

कैफ़े बहुत ही सादा था। अंदर जाते ही सब मेरी ओर देखने लगे। मुझे कुछ अजीब लगा। मैंने ध्यान नहीं दिया। सीधा काउंटर की तरफ़ चला गया। कॉफ़ी और केक के पैसे चुकाए और वहाँ से कूपन लेने के लिए रुका। तभी टेबल पर बैठे एक आदमी ने काउंटर पर खड़े आदमी से कुछ बात की। वे दोनों मेरे बारे में बात कर रहे थे। वो आदमी मुझे कूपन देने में समय लगा रहा था तो मुझे लगा कि मेरा यहाँ आना शायद बाक़ी लोकल लोगों को खटक रहा है। कुछ देर तक उनकी बातें सुनता रहा। टेबल पर बैठा आदमी बार-बार मेरे पैरों की तरफ़ इशारा कर रहा था। तभी काउंटर पर खड़े आदमी ने झुक कर मेरे पैरों को देखा। वह हँसने लगा। फिर उसने मुझे कूपन पकड़ाया और इटैलियन स्टाइल की अँग्रेज़ी में पूछा, "क्या तुम्हें पैरों में ठंड नहीं लगती?"

मैंने अपने पैर देखे। मुझे हँसना नहीं था पर मैंने हँसकर जवाब दिया,

"ये चप्पल बहुत कंफ़र्टेबल है।"

एक लड़का बिना कोई स्टाइलिश कपड़े या जैकेट पहने, बिना किसी तैयारी के चप्पल में यूरोप देखने आता है तो इसमें इतना आश्चर्य करने की क्या बात है

यह मैं आज तक जान नहीं पाया। मैंने फिर से पैरों की उँगलियाँ अंदर मोड़ लीं। अपनी कॉफ़ी लेकर खिड़की के पास वाली टेबल पर बैठ गया। इतनी देर जो मुझे अच्छा लग रहा था, अचानक सब ग़ायब हो गया। अभी तो रोम ख़ूबसूरत लगने लगा था। अभी अचानक यह क्या हुआ? हर एक शहर वहाँ रहने वाले लोगों जितना ही कम या ज़्यादा ख़ूबसूरत होता है।

मुझे बार-बार लग रहा था कि लोग मुझे देखकर हँस रहे हैं। मेरे अधनंगे पैरों की ही बातें कर रहे हैं। ऐसे में कॉफ़ी और केक भी जल्दी ख़त्म नहीं होते। मैं खा-पीकर वहाँ से बाहर निकला। अब मैं बार-बार अपने पैरों को देख रहा था। मेरी नज़र एक बार को तो जूतों की दुकान तक खोजने लगी थी। ऐसे में मैंने हॉस्टल लौट जाना सही समझा। लौटते समय रास्तों में मेरे पास मेरी चप्पलों को लेकर उठाए गए उस एक सवाल के लिए कई जवाब थे। जवाब अपने मन में तैयार करके मैं अपने आप से कह रहा था कि मैं ये भी कह सकता हूँ और वो भी कह सकता हूँ और वो भी। बस अब मुझे मेरी चप्पलों के बारे में कोई एक बार पूछ ले। हम हमेशा सोने से पहले अपने मन में चल रही लड़ाई एक बार जीत जाना चाहते हैं।

अगले दिन आराम से उठा। हॉस्टल के हॉल में ब्रेकफास्ट करके कमरे में लौटा तो सबसे पहले बैग से जूते बाहर निकाले। आज मैं नेशनल म्यूज़ियम देखने जाने वाला था। पर मुझे कोई जल्दी नहीं थी। मैं हॉस्टल से निकला तो मुझे फिर एक बार लोकल कॉफ़ी पीने की तीव्र इच्छा जाग उठी। मुझे एक बात ये भी पता थी कि अभी तक इटली में कोई स्टारबक्स नहीं था। यहाँ के लोग अपनी कॉफ़ी को लेकर काफ़ी नकचढ़े हैं। सैकड़ों सालों से इटैलियंस अपनी कॉफ़ी ख़ुद बनाते आए हैं। कोई बड़ा ब्रांड इटली में कॉफ़ी की दुकान खोलकर अपनी कॉफ़ी नहीं बेच सकता। लेकिन पैसे और प्रतिष्ठा के बीच प्रतिष्ठा अक्सर हार जाती है। देखते हैं इटैलियन सरकार कब तक अपनी प्रतिष्ठा बनाए रखती है। मैं फिर एक लोकल कॉफ़ी शॉप खोजने में लग गया। रोम में आपको कॉफ़ी शॉप खोजने के लिए ज़्यादा मेहनत नहीं करनी पड़ती।

म्यूज़ियम पहुँचा तो टिकट वाले काउंटर के पास एक गाइड अपने साथ लाए ग्रुप को बहुत सारी जानकारी दे रहा था। मैं चुपचाप सुन रहा था। उसने दो मिनट में ही इतना कुछ कह डाला कि मुझे लगा कि मैं बहुत कुछ समझ नहीं पाऊँगा। हाथ में टिकट लिए मैं एक कोने में खड़ा सोच रहा था कि क्या करना चाहिए। किसी गाइड को पैसे दे कर किसी ग्रुप में शामिल हो जाना चाहिए... या जितना मुझे पता है बस वही देखकर बाहर आ जाना चाहिए। तभी मुझे जेनेट मिली। एक लड़की जो मुझसे कुछ दूर मुझ जैसी ही उलझन में खड़ी यहाँ-वहाँ देख रही थी। मैं उसके पास गया और कहा, "क्या आप भी यही सोच रही हैं कि कहाँ से शुरू किया जाए?"

उसने कहा, "नहीं... मैं सोच रही हूँ कि... रहने दीजिए। वैसे इस तरफ़ से शुरू करना है।" उसने एक दिशा में हाथ दिखाया।

मैंने कहा, "लग तो वैसा ही रहा है। सारे लोग वहीं जा रहे हैं। पर मुझे ज़्यादा चीज़ों के बारे में नहीं पता। आप जानती हैं यहाँ क्या-क्या है?"

"हाँ। थोड़ा-बहुत।"

"तो क्या मैं आपके साथ चल सकता हूँ?"

"ठीक है। हम म्यूज़ियम साथ देख सकते हैं।"

जेनेट ने दाँतों में ब्रेसेस लगा रखे थे। बोलते समय उसकी जीभ भारी हो जाती। उसे अभी तक ब्रेसेस की आदत नहीं हुई थी। आम तौर पर जिसे सुंदर कहा जाएगा वैसी सुंदर नहीं थी जेनेट। वह बहुत ही साधारण तरीक़े से सुंदर है। वह ईसाई धर्म का बहुत सख़्ती से पालन करने वाली लड़की है। उसने मुझे बताया कि यह जगह 'ईसाई लोगों का मक्का' है। यहाँ Vatican City है। वह मुझे बहुत ही मंद उत्साह से वैटिकन शहर का मॉडल दिखा रही थी जो लोगों के लिए प्रदर्शन में रखा गया था।

"ये देख रहे हो... ये दुनिया का सबसे छोटा देश है। वैटिकन को सिटी भी कहा जाता हो तो भी वह एक स्वतंत्र देश है। यहाँ लड़कियों को ज़्यादा ग्लैमरस कपड़े पहनने की छूट नहीं है। पोप भी यहीं, सिटी में रहते हैं। मैं इसे एक बार अंदर से देखना चाहती हूँ।"

"तो देख लो। क्या मुश्किल है?"

"नहीं। ऐसे कोई भी वैटिकन में नहीं घुस सकता।"

फिर वह मुझे पास वाली छत पर ले गई जहाँ से पूरी वॅटिकन सिटी दिखाई देती है। खुले आसमान के नीचे वैटिकन का दृश्य बहुत मोहक लगता है। मैंने अपनी आदत को बरक़रार रखते हुए उसकी एक तस्वीर ले ली। हम बहुत सारी पेंटिंग्स, म्युरल्स और बहुत सारी मूर्तियाँ देख रहे थे जो मिस्त्र, इंडोनेशिया, भारत, स्पेन और दुनिया के बाक़ी कोनों से लाकर यहाँ रखी गई थीं। मुझे लगा सब कुछ कितना झूठा है। बड़े साम्राज्यों का दूसरे देशों पर हमला करना, वहाँ की चीज़ें उठाकर उनका संग्रहालय बनाना और कला को सहेजने का इतना बड़ा दिखावा करना। और तो और इससे पैसे भी बनाना! कितना बड़ा उदाहरण है यह हिप्पोक्रेसी का। दुनिया में हमेशा यह समझ बनी रहती है कि आदमी कला का ग़ुलाम है। पर ऐसे म्यूज़ियम देखने के बाद ऐसा लगने लगता है कि कला आदमी की ग़ुलाम है। यह बात सच है कि अगर हमें श्रेष्ठ कला देखनी है तो संग्रहालय जैसी कोई जगह होनी चाहिए। पर ऐसी जगहें देखने के लिए मुफ़्त भी तो होनी चाहिए। बेहिसाब चोरी करके चोरी की गई चीज़ें दिखाने के लिए पैसे लेना... इस अपराध को क्या कोई कहीं दर्ज भी कर रहा है?

बहुत देर तक बहुत सारी पेंटिंग्स के बीच मैंने उससे पूछा, "आप कहाँ से हैं?"

"Mexico City।" उसने जवाब दिया।

मुझे तुरंत म्यूनिक में सुना हुआ मेक्सिकन म्यूज़िक याद हो आया। मैंने ऐसा या फिर वैसा संगीत सुना था यह बात सामने वाले को कैसे बताई जाती है? मैंने उस विषय को दूर ही रखा। उसने पूछा, "क्या आप ने Sistine Chapel के बारे में कुछ पढ़ा है?"

"नहीं... मुझे बस इतना पता है कि The creation of Adam जो कि Michelangelo की सर्वश्रेष्ठ कृतियों में से एक है, उसी की छत पर बना है। मेरा यह जवाब सुनते ही उसने मुझे सिसटीन चैपल के बारे में बताना शुरू किया। हम जब तक वहाँ पहुँचे तब तक मेरे मन में Creation of Adam की उत्सुकता सारी हदें पार कर चुकी थी।

एक तरफ़ भगवान का चित्र और दूसरी तरफ़ इंसान का। दोनों के हाथ एक-दूसरे की ओर बढ़े हुए। उनकी उँगलियाँ एक-दूसरे को छूने से बस एक पल दूर हैं। दोनों को एक-दूसरे का स्पर्श अब होने को ही है। बस... यही है वो पेंटिंग। ठीक इसी क्षण का चित्र बनाया है माइकल एंजिलो ने। उस आधे इंच की दूरी में ही समाया है संपूर्ण संसार। जितनी उत्कंठा, प्यास, प्रलोभन, संपूर्णता, शून्यता उस आधे इंच में समाई है वह किसी भी वर्णन के परे है। मुझे नहीं लगता कि उस पेंटिंग में भगवान और इंसान है। मुझे लगता है उस पेंटिंग में माइकल एंजिलो का विरह है, उसका प्रेम है, उसकी तड़प है। और वे चालाकी से इसे किसी दूसरे रूप में पेंट कर निकल लिए हैं।

"हर बात को पेचीदा बनाकर रख देना पसंद है न तुम्हें?"

"सब कुछ सीधे-सीधे देख लेने में ज़्यादा दिमाग़ नहीं लगाना पड़ता इसलिए तुम चाहती हो कि सारा कुछ जैसा दिखता है वैसे का वैसा हो।"

"देखा! फिर वही किया तुमने! लोगों को जो सीधे-सीधे कहना है वे वो कह रहे हैं। तुम्हें क्यों हमेशा उस में ज़बरदस्ती कुछ और ढूँढना होता है?"

"क्या तुमने कभी मुझसे सीधे-सीधे कहा कि तुम्हें मुझसे प्रेम है?"

"मैंने चाय के लिए पूछा था।"

"तो?"

"चाय प्रेम है।"

"यानी तुमने भी सीधे-सीधे कुछ नहीं कहा न?"

"सुनो, मैंने सीधे-सीधे चाय के लिए पूछा था... और..."

"तुम हँस लो पहले। वरना बताते-बताते अचानक हँसी निकल जाएगी और पकड़ी जाओगी।"

"मैंने सीधे-सीधे चाय के लिए पूछा था। तुमने सीधे-सीधे जो समझना था वो समझ लिया था।"

"और जो मुझे समझना था वो मैं नहीं समझता तो?"

"तो आज हम यहाँ भरी दोपहरी में अपने-अपने ऑफ़िस छोड़कर चल नहीं रहे होते। सिंपल।"

"सुनो... तुम सचमुच इतनी प्रैक्टिकल हो या बस मेरे साथ ही ऐसा है?"

"मतलब?"

"मतलब तुम बेवक़ूफ़ तो हो नहीं। सच कहूँ तो हम दोनों में से ज़्यादा समझ तुममें है। तो फिर सब कुछ समझ कर भी नासमझी क्यों दिखाती रहती हो?"

"तुम चाहे जो समझ लो... ए वो देखो जॅकरैंडा। चलो न उसके नीचे कुछ देर बैठते हैं। मुझे उसके नीले फूल बहुत पसंद हैं।"

"तुम्हें मैंने कुछ पूछा और तुम्हें..."

"हाँ मुझे मुझे... जो भी कहना है उस पेड़ के नीचे बैठकर कहो। सब सुन लूँगी। चलोऽऽऽ जल्दी... मेरा लंच टाइम ख़त्म हो जाएगा। अरे चलोऽऽऽ..."

हमारे भीतर बहुत-से तार ऐसे हैं जो समय और अंतराल की सीमा लाँघकर हमें एक जगह से दूसरी जगह ले जाते हैं। वर्तमान से भविष्य में ले जाते हैं। रंगों से भूतकाल में ले जाते हैं। गानों से नींद तक। या फिर सिसटीन चैपल से भरी दोपहरी में खड़े जॅकरैंडा के पेड़ की छाँव तक।

मैं अपने भीतरी तारों को तोड़कर बाहर आया तब मेरे चेहरे पर रेंग रही मुस्कुराहट देख के जेनेट ने पूछ लिया। मैंने यहाँ-वहाँ की बातें करके जवाब देना टाल दिया। बहुत समय म्यूज़ियम और बाहर St. Peter's Basilica के आँगन में गुज़ार दिया। जेनेट के जाने का समय हो गया था। मुझे भी अपने भीतर कोई सिमटा-सा भाव महसूस हो रहा था। जेनेट ने मुझे पूरे म्यूज़ियम में काफ़ी कुछ बताया-समझाया था। मुझे लगा कि उसे कम-से-कम एक कॉफ़ी तो पिला

ही देनी चाहिए।

"जेनेट, तुम कॉफ़ी पियोगी?"

"नहीं। मुझे अब वापस लौटना चाहिए। मेरा दोस्त डिनर के लिए रुका होगा और मुझे घर पहुँचते-पहुँचते काफ़ी समय भी लग जाएगा। पर पूछने के लिए धन्यवाद।"

"कोई बात नहीं। तुमसे मिल कर अच्छा लगा। ऐसी बहुत बातें पता चलीं जिनका शायद वैसे मुझे कभी पता न चलता। तुम्हारा भारत आना हुआ कभी तो मुझे ईमेल कर देना।"

"तुम कभी मेक्सिको आओ तो मुझे ईमेल कर देना। और हो सके तो आ ही जाना।"

हम दोनों अपने-अपने रास्ते चले गए। मैं नहीं जानता मैं कभी मेक्सिको जाऊँगा या नहीं। मैं यह भी नहीं जानता कि अगर मैं चला गया तो जेनेट को लिखूँगा या नहीं।

कोई भी यात्रा हाँ और ना के बीच कभी भी करवट ले सकती है। यात्रा के बारे में ठोस रूप से कुछ नहीं कहा जा सकता।

मैं अब कुछ देखना नहीं चाहता था। तो अगले कुछ दिन रोम में भटकता रहा। सोचकर करने जैसा कुछ नहीं। कोई प्रलोभन नहीं। कोई आकर्षण नहीं। कुछ था तो वो था धीरे चलना। देर तक कहीं बैठ जाना और बहुत, बहुत सारी कॉफ़ी पीना।

रोम में मेरे लिए वेज खाना ढूँढना मुश्किल नहीं था। पिज़्ज़ा हर जगह था। स्पगेटी, पास्ता जैसी दिलकश चीज़ों की ख़ुशबू और स्वाद के लिए सोचता हूँ एक बार फिर से रोम चला जाऊँ। रोम के खानों पर ग्रंथ लिखे जा सकते हैं। पर मैं ग्रंथ लिखने के क़ाबिल नहीं हूँ। न ही मुझमें खाने की बारीकियों की समझ है। पर मैं किसी दिन भूख को आनंद में बदल देने वाली कोई चीज़ खाने के बाद भीतर हुए बदलाव के बारे में ज़रूर लिखना चाहूँगा।

हॉस्टल में एक आख़िरी ब्रेकफ़ास्ट बाक़ी था तो सोचा मार्गरीटा ही खाया जाए। खाकर स्टेशन पहुँचा तो मेरी ट्रेन लगी थी। हमेशा समय पर पहुँचने के बाद भी मैं डरा-डरा रहता हूँ कि कहीं ट्रेन छूट न जाए। मैंने स्टेशन पर ही एक

आख़िरी कॉफ़ी पी और यात्रा के लिए एक बर्गर ले लिया। पूरी रात ट्रेन में काटनी थी। अगली सुबह आँख खुलने पर मैं पेरिस में होने वाला था।

मार्टिन स्कॉरसेसी की एक फ़िल्म थी Hugo (ह्यूगो) जिसका सबसे पहला दृश्य मेरे ज़ेहन में देखते ही छप गया था। बड़ी-सी घड़ी के काँटे घूमते-घूमते Champs-Élysées (शॉन्ज-अ-लीज़े) के दृश्य में घुल जाते हैं और फिर धीरे-धीरे पेरिस दिखाई देता है। कैमरा ऊपर उठता है और पेरिस पर धुमैले बादलों की एक चादर दिखाई देती है जिनमें से रूई जैसी बर्फ़ तैरते हुए नीचे आ रही है। पेरिस सफ़ेद हो चुका है। एक स्टीम इंजनवाली ट्रेन धुआँ छोड़ती, सीटी बजाती मुख्य ट्रेन स्टेशन में दाख़िल हो रही है। इस समय मैं उसी बेहद ख़ूबसूरत दृश्य का हिस्सा होने जा रहा था। फ़र्क़ सिर्फ़ इतना था कि बर्फ़ नहीं थी। मैं स्टेशन पर उतरा और हमेशा की तरह सबसे पहले टूरिस्ट सेंटर जाकर शहर का नक़्शा ले लिया।

यहाँ गलियों को Rue कहते हैं। मेरा हॉस्टल Jules Joffrin में Rue Ramey पर था। यह इलाक़ा काफ़ी शांत है। वैसे मुझे इसे खोजने में समय नहीं लगना चाहिए था पर हुआ यूँ कि मुझे फ्रेंच उच्चारों की ज़रा भी समझ नहीं थी। अगर कोई फ्रेंच बोल रहा है तो मैं झट से पहचान जाऊँगा कि यह फ्रेंच है। पर अँग्रेज़ी में लिखा हुआ फ्रेंच शब्द सीधे-सीधे पढ़ने पर कुछ और ही सुनाई देता है। लोगों से जब मैं पता पढ़कर पूछ रहा था तो लोग कह रहे थे कि ऐसी कोई जगह पेरिस में है ही नहीं। मैं बहुत लोगों से पूछ रहा था कि मॉन्टमेरत्रे कहाँ है ? फिर किसी भले लड़के को यह बात समझ आई कि शायद मैं ग़लत पढ़ रहा हूँ। उसने मेरे हाथ से फ़ोन लिया और पता पढ़ते ही उसे समझ आ गया। वह मुझ पर हँसना चाहता था पर उसने ऐसा नहीं किया। उसने पहले तो मुझे उस जगह का फ्रेंच उच्चार सिखाया। मोमाख्त्र! मैंने फिर से एक बार शब्द को ध्यान से देखा। Montmertre का उच्चार मोमाख्त्र कैसे हो जाता है ? अगर कोई फ्रेंच आदमी नहीं बताता तो मैं कुछ देर और अपने भारी बैग के साथ भटकता रहता। उस लड़के ने मुझे सही-सही रास्ता बताया और आख़िर मैं अपने हॉस्टल पहुँच गया।

मेरा कमरा छठी मंज़िल पर था। भारी बैग लेकर ऊपर तक चढ़ने में साँस फूल गई। पर बैग अपने बिस्तर पर रखकर जब मैं बालकनी में आया तो मेरी

बाईं तरफ़ मोमाख्त्र अपनी पूरी ख़ूबसूरती से खड़ा था। एकदम पास। देर तक बालकनी में खड़े रहने के बाद मैं भीतर आया। मेरे मन में पेरिस को ऊपर से देखने की इच्छा और ज़ोर पकड़ रही थी। पूरी दोपहर गुज़ारनी थी तो मैंने ज़्यादा गर्म कपड़े नहीं पहने। वैसे भी पेरिस में होफ़ जितनी सर्दी नहीं थी। हॉस्टल से कुछ दूर निकल जाने के बाद मुझे ध्यान आया कि मैंने दोबारा चप्पल पहनी है। पर इस बार भीतर कुछ बदल गया था। मुझे किसी भी तरह का डर नहीं था। इस बार मेरे पैरों की उँगलियाँ अंदर की तरफ़ नहीं मुड़ीं। शायद मैं बार-बार अपने चप्पलों पर जाती नज़रों से ऊब गया था। किसी को बहुत ज़्यादा डरा दो, या बहुत ज़्यादा उलझन में डाल दो तो तनाव के किसी एक क्षण में वह व्यक्ति हर सताने वाली चीज़ से मुक्त हो जाता है। ये किसी वर्महोल में जाने जैसा है। आप एक तरफ़ से इतनी ज़्यादा ऊर्जा से तनाव के केंद्र में खींचे जाते हैं और अगले ही क्षण आप दूसरी दुनिया में होते हैं। जहाँ सब कुछ नया होता है। आप भी नए होते हैं।

मैं पेरिस में था। कब से मुझे यहाँ आना था। सिटी ऑफ़ लव। क्या यहाँ प्रेम मिलता है? या हो जाता है? या पहले से हुआ प्रेम और निखर जाता है? छूटे हुए प्रेम का पेरिस में क्या होता है? जो भी हो अब मुझे सारा कुछ पता चलने वाला था। मैं सिटी ऑफ़ लव को मोमाख्त्र के टीले पर जाकर पूरा का पूरा एक साथ देखने वाला था। अगर मुझे कोई कहे कि तब मेरी चाल में एक उछाल रही होगी तो मैं तुरंत उसका विश्वास कर लूँगा।

मोमाख्त्र के रास्ते पर आगे बढ़ते हुए कई छोटे-बड़े कैफ़ेज़ और रेस्त्राँ दिखाई दिए। लगभग हर टेबल पर वाइन का गिलास था। यहाँ चीज़ और वाइन की परंपरा है। फ्रेंच लोग अपने खाने को बड़ी गंभीरता से लेते हैं। जितने भी लोग दिखाई दे रहे थे वे अपने पूरे शिष्टाचार के साथ बैठकर खा रहे थे। या फिर मुझे पेरिस में होने की इतनी ज़्यादा ख़ुशी हो रही थी कि मैं वो सब भी देख रहा था जो असल में वैसा था ही नहीं।

बचपन में जब जेब में बिल्कुल पैसे नहीं होते थे तब कोई दुख होता था ऐसी बात नहीं है। दुख नहीं था तो फ़िक्र भी नहीं थी। पर जब किसी दिन अचानक चलते-चलते रास्ते में एक रुपये का सिक्का मिल जाता तो हम फुदकने लगते। हमारी दुनिया एक ही पल में बदल जाती। हमारे चेहरे के हावभाव बदल जाते। मेरे साथ इस समय ऐसा ही कुछ हुआ था। मैं चलते-चलते अचानक Salvador Dali म्यूज़ियम के सामने आ खड़ा हुआ था।

अंदर सल्वाडोर दाली की बनाई पेंटिंग्स, स्केचेस, मूर्तियाँ, और तो और उन्होंने अपने हाथों से फ़र्नीचर पर जो नक़्क़ाशी की थी वह भी प्रदर्शनी में रखी गई थी। कुछ ऐसी पेंटिंग्स और स्केचेस थे जो उन्होंने ख़ास अपने लेखक मित्रों के बुक कवर के लिए बनाए थे। यहाँ दाली का वो सारा काम था जो कभी आम लोगों के सामने नहीं आ पाया। इस प्रदर्शनी को देखने से पहले मुझे यह पता भी नहीं था कि दाली नक़्क़ाशी में भी रुचि रखते थे। यह साधारण-सी दिखने वाली प्रदर्शनी बहुत असाधारण थी। यह दाली के दिमाग़ में घुसने जैसा था। विश्व का एक जाना-माना रचनाकार कैसे सोचता है, वह किस तरह का काम करना चाहता है इसका ज़्यादा और शायद सही अंदाज़ा उसके अल्पज्ञात कामों से मिलता है। कितने स्केचेस के बाद एक The Persistence of Memory कैनवास पर उतरता है? कितने Realism लाँघने के बाद Surrealism का दायरा शुरू होता है? संगीत के कितने पास रहने पर ख़्वाज़ा मेरे ख़्वाज़ा ये गाना बना सकते हैं? या फिर संगीत ख़्वाज़ाजी के पास बैठने का बायप्रोडक्ट है? मुझे लगता है ऐसे सारे सवालों के जवाब किसी रचनाकार के ठुकरा दिए गए कामों से ही मिलते हैं।

म्यूज़ियम से बाहर निकला तो एक तरह का दबाव महसूस कर रहा था। मुझे ऐसे दबाव से तुरंत छूटना होता है। ऊपर की तरफ़ थोड़ा चलने पर एक खुली जगह आती है। वहाँ मोमाख्त्र की सीढ़ियाँ हैं जहाँ कई लोग रोज़ शाम देखने के लिए घंटों बैठे रहते हैं। बैठे-बैठे पूरा पूरा दिन गुज़ार देते हैं। मैंने वहाँ

पहुँचकर अपना कैमरा बैग गले से उतारा और सीढ़ियों के बीचोबीच बैठ गया। लेट गया। आस-पास बहुत ज़्यादा फ्रेंच और बीच-बीच में अँग्रेज़ी सुनाई दे रही थी। फिर कुछ देर बाद लोगों का सीढ़ियाँ चढ़ने -उतरने का महीन कंपन मेरी पीठ में महसूस होने लगा था। क्या मुझसे कभी कुछ सघन लिखा जाएगा? मेरे लेखन को उसकी ज़मीन मिलने के लिए और कितना जीवन ख़र्च कर देना होगा? क्या वो ज़मीन मिलेगी भी? मेरे भीतर प्रश्नों की इस बाढ़ में सहारा लेने के लिए मुझे कुछ नहीं मिल रहा था। प्रश्न और ज़्यादा विचित्र और गंभीर होते जा रहे थे। ऐसे में आप जितना कसकर आँख बंद करते हैं उतने ही गहरे धँसते चले जाते हैं। पूरी शिरकत से किया हुआ कुछ भी जितना ज़्यादा सुंदर होता है वह उतना डरा देने वाला भी होता है। फिर वह घर का काम ही क्यों न हो। माँ को घर के हर कोने में ध्यान से झाड़ू लगाते देखकर भी मन में एक डरा देने वाला सवाल आ जाता है कि क्या मैं कभी इतने मन से कुछ कर पाऊँगा? मैंने अपनी आँखों खोलीं। कई बार महज़ आँखें खोल लेना ही भाग जाना होता है।

मैं भाग कर पेरिस के सामने आकर बैठ गया। मुझे एहसास हुआ कि गला सूख गया है। कुछ लोग गाँजा रोल रहे थे (पेरिस में ऐसे दृश्य आम हैं)। कुछ लोग अपने-अपने इंस्ट्रूमेंट्स बाहर निकालकर एक संगीत महफ़िल की तैयारी कर रहे थे। तभी एक लड़का सामने आया और उसने फ़ुटबॉल के साथ करतब दिखाना शुरू किया। उसका अपने शरीर पर अद्‌भुत नियंत्रण था। वो कई सारे करतब जानता था। लोग उसकी टोपी में ख़ुश होकर पैसे डाल रहे थे। फ़ुटबॉल को देखकर मुझसे रहा नहीं गया। मैंने उसके साथ एक-दो साधारण करतब किए। लोगों ने तालियाँ बजाईं। मैंने उसकी टोपी में कुछ पैसे डाले और उसके साथ एक फ़ोटो ली।

मैं सीढ़ियों पर वापस जाकर बैठ गया। एक लड़का दिखा जो बीयर बेच रहा था। सभी बीयर पी रहे थे। मुझे फिर मेरी प्यास याद आई तो मैंने सोचा मैं एक छोटी बीयर पी लेता हूँ। इस यात्रा पर मैंने पहली बार बीयर चखी थी। लगभग एक महीने पहले। पर अभी भी मुझे वो पसंद नहीं थी। हालाँकि कॉफ़ी से काफ़ी हद तक दोस्ती हो गई थी।

गानों और बीयर के बीच धीरे-धीरे धूप ग़ायब होती गई और शरीर से भारीपन भी निकल गया। बहुत देर तक वहाँ बैठा रहा। पेरिस को देखता रहा।

पेरिस शाम को नीला हो जाता है। सारी इमारतों की छतें नीली हो जाती हैं। मुझे लगा छह के आस-पास कुछ बजा होगा। घड़ी देखी तो आठ बज रहे थे। तब मुझे पता चला पेरिस में भी अँधेरा देर से होता है।

कुछ देर और नीले पेरिस के साथ बैठने को जी किया तो बैठा रहा। बिना कुछ किए, बिना कुछ बोले जब कोई किसी शहर के साथ बैठता है तो वह उस शहर का हिस्सा बन जाता है। फिर इस बात से फ़र्क़ नहीं पड़ता कि वो आदमी कहाँ से आया है। पेरिस को देखते-देखते मैं Parisian (पेरिस में रहनेवाला) हो चला था। आसमान में रौशनी के आख़िरी तिनके भी फीके पड़ रहे थे। मुझे लगा अब नीचे उतर जाना चाहिए। अचानक रात हो जाएगी और तब रास्तों पर कोई नहीं होगा। हर यात्री को उसका डर कभी न कभी एक साधारण पर्यटक बना देता है। अभी कुछ देर पहले मैं Parisian था और एक ही पल में मेरे डर ने मुझे एक साधारण पर्यटक की श्रेणी में लाकर पटक दिया।

एक यात्री और एक पर्यटक में बहुत फ़र्क़ होता है। यात्री अपनी पूरी यात्रा को एक साहित्य कृति, एक म्यूजिक पीस समझ कर पूरी आत्मीयता से देखता है। एक यात्री के लिए उसकी यात्रा वैसी ही होती है जैसे किसी बौद्ध भिक्षुक के लिए ध्यान लगाना। एक सैलानी या पर्यटक के लिए यात्रा केवल मनोरंजन तक ही सीमित होती है। उसके लिए यात्रा अपनी रोज़ की दिनचर्या से भागने का साधन है। अपने आप को तोड़ती-मरोड़ती दिनचर्या में वापस झोंकने से पहले तरोताज़ा होने का साधन है, और कुछ नहीं। दोनों तरीक़े अपनी-अपनी जगह सही हैं। हमें समय के साथ बस यह समझना होता है कि हमारा घर से बाहर निकलना यात्रा है या पर्यटन। दोनों का अपना-अपना मज़ा है।

मैं धीरे-धीरे नीचे उतरने लगा। बहुत-सी सीढ़ियाँ उतरने के बाद एक मुख्य रास्ता आया। पर यह वो रास्ता नहीं था जिस पर चलकर मैं ऊपर गया था। मैं ग़लत जगह से नीचे उतरा था। यह इलाक़ा मेरे इलाक़े से काफ़ी अलग था। यहाँ चारों ओर चमक-दमक, चहल-पहल थी। हर तरफ़ रंगीन लाइटें लगी हुईं। सारा इलाक़ा नाइट क्लब्स से खचाखच भरा था। रात को सो जाने के बाद पूरा शरीर बंद हो जाता है। पर दिल अपना धड़कना जारी रखता है। हर शहर का एक दिल होता है। जो लगातार धड़कता रहता है। Pigalle Street पेरिस का दिल है।

यह वही पिगाल स्ट्रीट थी जिसने एडिथ पिआफ़ को खोजा और दुनिया

को, संगीत को समृद्ध कर दिया। मैं रोमांच से भर गया। यहाँ कौन-से नाइट क्लब में एडिथ गाती होंगी? आख़िर कितनों ने उनको अपनी शराब के साथ मुफ़्त में सुना होगा? क्या वे लोग बाद में एक भारी क़ीमत चुका कर उनका शो थिएटर में देखने गए होंगे? चाहे एक क्षण के लिए क्यों न हो... पर क्या उनको ऐसा लगा होगा कि वे कितने भाग्यशाली हैं? हम कॉलेज के समय बड़े सारे जुगाड़ लगाकर जगजीत सिंहजी को सुनने पूना से मुंबई गए थे। उनकी ग़ज़लों के ठीक बीच में मुझे लगा था कि हम कितने भाग्यशाली हैं। बहुत देर तक अपने रोमांच भरे चेहरे को मफ़लर में छिपाए पिगाल में भटकता रहा।

थोड़ी देर वहाँ रुककर देखा कि आस-पास मेरे खाने लायक़ क्या मिल सकता है। सुबह मोमाख्त्र पर जाते हुए मैंने कुछ लोगों को वाइन और चीज़ चखते देखा था। मुझे पेरिस में वाइन और चीज़ ट्राय करने का बहुत मन था। पर सोचा पहले कुछ खाया जाए। एक किसी बर्गर की दुकान पर मेरे लिए उन लोगों ने वेज बर्गर बनाया। दुनिया के किसी भी कोने में आमतौर पर लोग अच्छे होते हैं। मैंने सोच लिया कि जब तक मैं पेरिस में हूँ खाने के लिए यहीं आया करूँगा। उस आदमी से मैंने अपने हॉस्टल का पता पूछा। हॉस्टल वहाँ से बस दो स्टेशन दूर था। अब वाइन और चीज़ की बारी थी। मैं तब तक चलता रहा जब तक मुझे किसी शांत जगह पर एक ऑथेंटिक फ्रेंच रेस्त्राँ नहीं दिखा।

रात को हॉस्टल पहुँचकर अपनी फूली हुई साँस को क़ाबू में करने के लिए मैं बालकनी में खड़ा हो गया। मोमाख्त्र रात में और ज़्यादा सुंदर लगता है। मुँह में चीज़ का नर्म स्वाद था, सर में बंधनों से मुक्त कर देने वाली वाइन का असर था और सामने पेरिस का सबसे सुंदर दृश्य। दिन बहुत अच्छा गुज़रा।

अगले दिन पेरिस में ख़ूब चला। इस शहर में काफ़ी लोग हैं। पर चलने के लिए भी जगह बहुत है। मुझे जो रास्ता सही लगता मैं उस पर चलने लगता। कभी Seine नदी के इस तरफ़ आता, कभी चलते-चलते फिर दूसरी तरफ़ पहुँच जाता। हर कुछ दूरी पर पेंटर्स लोगों को अपने सामने बिठाकर उनकी portrait बनाते दिखाई देते। मुझे Eiffel देखने की कोई जल्दी नहीं थी। मुझे बस चलना था। पेरिस को धीरे-धीरे देखना था। मैं जहाँ भी बैठता वहीं एक नया खेल खेलने लगता। राह चलते लोगों में से कौन पर्यटक है और कौन स्थानीय है यह

पहचानना बहुत ही दिमाग़ लगाने वाला, मगर दिलचस्प खेल है।

कल रात वाली वाइन और चीज़ का स्वाद रह-रहकर याद आ रहा था। पर पेरिस croissant और कॉफ़ी भी तो है। यहाँ के लोग croissant का उच्चार बहुत अलग तरीक़े से करते हैं। उसे किसी भी तरह से लिखा नहीं जा सकता। वह बस सुना जा सकता है। सुनने में बड़ा मज़ा आता है। पर उससे कहीं ज़्यादा एक विचित्र प्रलोभन होता है croissant को फ्रेंच तरीक़े से croissant कहने का। फ्रेंच भाषा जीभ को कितना सँभाल कर मोड़ती है।

मुझे रह-रहकर इच्छा हो रही थी कि Seine नदी के किनारे-किनारे दूर तक धीरे-धीरे चलूँ। पर मैं अपने आपको रोक रहा था। मुझे वहाँ शाम में चलना था।

Notre-Dame देखने का मन इसीलिए था क्योंकि कहा जाता है कि वह फ्रेंच गॉथिक वास्तुकला का आदर्श नमूना है। कुछ समय नॉत्रदाम में बिताकर बाहर आया। देखा तो अभी वो समय नहीं हुआ था जिस समय मुझे Seine के किनारे चलना था। मेरे ज़ेहन में जो शाम का उजाला था वो बाहर के उजाले से मेल नहीं खा रहा था। मैं नॉत्रदाम के पास वाले पुल पर जाकर खड़ा हो गया और पेरिस को दोनों आँखों के कोनों तक भर कर देखने लगा। सामने वाली सड़क पर एक छोटा बुक स्टोर दिखाई दिया। काफ़ी पुराना लग रहा था। मैं वहाँ गया। दुकान का नाम था Shakespeare and Company.

भीतर जाते ही बाहर पसरा सारा शहर जैसे ग़ायब हो गया। जैसे हम किसी बड़ी-सी पुरानी किताब के ऊपर चल रहे हों और किसी ने झटके से किताब बंद कर ली हो। अंदर हर तरह की किताबें थीं। हर जगह की किताबें थीं। हाँ... यह सही जगह है समय बिताने के लिए। ऐसा सोचकर मैं दुकान की ऊपरी मंज़िल पर चला गया।

कुछ किताबें पहले से पढ़ी हुई थीं। सोचा एक बार और इन्हीं किताबों के पन्ने पलट लूँ। पर फिर मेरी नज़र एक ऐसी किताब पर पड़ी जिसके शीर्षक ने मुझे तुरंत अपना निर्णय बदलने पर मजबूर कर दिया। किताब का नाम था

'War Poems' (युद्ध की कविताएँ)। यह रक्तरंजित और कोमल जैसे शब्दों को एक के पीछे एक लगा देने जैसा है। या तो युद्ध हो सकता है या फिर कविता हो सकती है। पर यह क्या था? शायद यही था वो वर्महोल जिसकी मैं बात कर रहा था। यही तो है वर्महोल का सर्वोत्तम उदाहरण। आदमी अपने

जीवन के सबसे ज़्यादा तनाव वाले क्षण में (युद्ध में) इतना खींच लिया जाता है कि दूसरे ही पल वह दूसरी दुनिया में (कविताओं की) चला जाता है। मैंने वहीं बैठकर किताब पढ़ना शुरू किया। मेरे फ़ोन में तभी मेरी एक दोस्त का ईमेल आया। मैंने उसका नाम पढ़ा और फ़ोन जेब में रख दिया। सारी की सारी किताब पढ़ डाली। वो किताब ख़रीद कर बहुत दिनों तक अपने पास रखी। भारत लौटकर उसे एक दोस्त को तोहफ़े में दे दी।

अब वो समय हो चला था जब मुझे नदी किनारे चलना था। बाहर की रौशनी भीतर की रौशनी से मेल खा रही थी। मैं सीधा एम्बेंकमेंट पर गया और चलने लगा। बहुत चला। बहुत दूर तक चला। बहुत देर तक चला। हर कुछ दूरी पर बैठने के लिए बेंच बनी थीं। किसी बेंच पर प्रेम बैठा था। किसी बेंच पर अपार अकेलापन। कहीं बुढ़ापा थककर बैठा था तो कहीं बुझी-बुझी हँसी दिखाई दे रही थी। कुछ अधेड़ शायद पुराने पेरिस को खोज रहे थे और कुछ पर्यटक नए पेरिस पर हक़ जमा रहे थे। इस सबके बीच कब धीरे-धीरे खिन्नता आती गई... और क्यों, पता ही नहीं चला।

अपने विचारों के चंगुल से छूटकर पूरी तरह अपने क़ाबू में आने के बाद मैं हमेशा उस बिंदु को खोजने पीछे चला जाता हूँ जब मैंने एक अच्छी अवस्था से दूसरी कम अच्छी अवस्था तक जाना शुरू किया था। मैं आज तक वो बिंदु खोज नहीं पाया हूँ। मैं उसे अपने दिमाग़ से बाहर निकलते, दूर सरकते, अपनी ओर मुड़कर देखते हुए देख सकता हूँ पर फिर भी खोज नहीं सकता।

एम्बेंकमेंट में अँधेरा हो चला था इसलिए मैं कहीं से ऊपर आ गया। एक ब्रिज के पास से निकला और देखा कि उस ब्रिज पर हज़ारों ताले लगे हुए हैं। मैं वहीं खड़ा रहा। क्या था यह ? फिर एक जोड़ा आया और उसने अपने साथ लाए ताले को इस ब्रिज पर लगा दिया और चाभी पानी में फेंक दी। दोनों एक-दूसरे को देखकर मुस्कुराए और फिर एक-दूसरे को चूम लिया। पता चला इस ब्रिज पर लोग एक-दूसरे से बँध जाने के लिए आते हैं। अपने प्रेम को हमेशा के लिए एक-दूसरे से बाँध कर चाभी ऐसी जगह फेंकने आते हैं जहाँ चाभी खो ही जाए। फिर प्रेम के पास बँधे रहने के अलावा और कोई विकल्प नहीं बचेगा।

प्रेम को बाँधने की कल्पना से ही मेरी हँसी छूट रही थी। एक ख़राब-सा चुटकुला मैंने अपने आप को सुनाया कि अगर कल को एक-दूसरे का साथ

छोड़ना हो तो प्रेम को खोलने के लिए चाभी कैसे खोजी जाएगी? और मिल भी गई तो भीतर लगे ताले को कैसे खोला जाएगा?

मुझे याद हो आया कि दोपहर को दोस्त का ईमेल आया था। मैंने फ़ोन निकालकर उसका ईमेल पढ़ा।

'यहाँ बहुत कुछ हो रहा है। मैं विनय के साथ नहीं रह सकती हूँ। मैंने उससे बात की है। घर पे बात की है। पर सभी लोग हमें झगड़ा ख़त्म करके शादी करने के लिए कह रहे हैं। मैं अंदर से टूट रही हूँ। मैं इन्हें कैसे समझाऊँ कि हमारे बीच अब कोई प्रेम नहीं है। घर के सारे लोग मुझे चाहते हैं। इसीलिए उन्हें लगता है कि मैं जल्दी सेटल हो जाऊँ। इस प्रेम से मैं चारों तरफ़ से घिर चुकी हूँ। मुझे अब प्रेम या उस जैसा कुछ भी नहीं चाहिए। तुम कब आ रहे हो? मैं यहाँ किसी से बात भी नहीं कर सकती। घरवाले भी अब मुझसे ठीक से बात नहीं कर रहे। कब ख़त्म होगा ये सब? मैं भाग जाना चाहती हूँ। मुझे किसी से कोई भी संबंध नहीं रखना है। सभी को अपनी-अपनी राय देनी है पर किसी को कुछ सुनना नहीं है। मुझे तुमसे भी कोई राय नहीं चाहिए। तुम आओगे तो तुम्हें बस मेरी बड़बड़ सुननी है।'

एक तरफ़ प्रेम को ताले से बाँधने वाला पुल था। दूसरी ओर दोस्त का एक ईमेल था। एक मैं ख़ुद था जो मेरे और उसके लिए जुदा हो चुके प्रेम के अर्थ खोज रहा था। एक अस्मी थी। जो प्रेम के बारे में कुछ नहीं बोल पाई थी। ये सारा कुछ यहीं होना था। इसी पुल पर। या फिर ऐसा था कि पुल सामने था इसीलिए मैं उसकी विपरीत दिशा में जान-बूझ कर कुछ ढूँढ रहा था? कितना अच्छा होता अगर हमारा दिमाग़ भी वहीं होता जहाँ हम खड़े हैं।

अगले दो दिन मैं ज़्यादातर ऐसे ही भटकता रहा। कभी नदी के पास एम्बेंकमेंट पर तो कभी मोमाख्त्र पर। कॉफ़ी, चीज़ croissant और कॉफ़ी, सैलेड्स और रिसोट्टो, वाइन और ब्रेड जैसे बहुत सारे स्वाद चखता रहा। कुछ लिखने का मन करता पर लिख नहीं पाता। मैं अपनी यात्राओं में लिख नहीं पाता हूँ। पर लिखना ज़रूर चाहता हूँ। यात्रा पर लिखे और यात्रा के बाद वाले लिखे में अगर कोई अंतर है तो उसे खोजने के लिए मुझे अपनी किसी यात्रा पर लिखना ज़रूर पड़ेगा।

एक अलसाई दोपहर हॉस्टल में बिताने के बाद जब मैं नीचे आया तो हॉस्टल के काउंटर पर डिस्काउंट में Les Misérables नाटक के टिकट मिल रहे थे। भारतीय रुपयों और मेरी जेब की तुलना में टिकट फिर भी महँगा ही था। पास वाले सोफ़े पर एक लड़का अनाउंस कर रहा था कि रात को कोई पार्टी है जिसमें हॉस्टल से कोई भी आ सकता है। सब लोग बहुत ख़ुश हो गए। मेरे पास ग्रीस से आई एक लड़की बैठी थी जिसने 'what a shitty plan' कहकर अपनी सिगरेट रोल करना बेहतर समझा। फिर वह लड़का हमारी ओर देखने लगा और उसने कहा कि आप लोग भी आ सकते हैं। बस आपकी चप्पलें वहाँ पर नहीं चलेंगी। उसने मेरी चप्पलों की ओर देखकर कहा।

हर बार मुझे कोई याद दिला रहा था कि मैंने चप्पलें पहनी हैं और इन्हें यहाँ पहनना ग़लत है। चप्पल पहनने वालों को निचला दर्जा क्यों दिया जाता है ? मैंने उस लड़के का पार्टी वाला प्रस्ताव ठुकरा दिया। इसलिए नहीं कि उसने मुझे कुछ कह दिया था। बल्कि इसलिए कि पार्टियों में मुझे बहुत उलझन होती है। उस लड़के की बात का मुझे बिल्कुल बुरा नहीं लगा। असल में उसने जब चप्पल की बात की तो मुझे हँसी आ गई थी। मैं पहले दिन से आज तक कुछ बदल गया था।

मैंने Les Misérables का टिकट ले लिया। थिएटर बहुत शानदार था पर नाटक कुछ ख़ास नहीं था। थिएटर से बाहर आने पर रात का पेरिस बहुत सुंदर दिखाई दे रहा था। नाटक का असर ज़्यादा देर तक नहीं रहा। मुझे इच्छा हुई कि चलकर champs élysées (शॉन्ज़-अ-लीज़े) देखा जाए। Arc de Triomphe (आर्क दे ट्रायंफ) रात में कैसा दिखता होगा इस बात की उत्सुकता पेट में गुदगुदी करने लगी। बहुत सारे रास्तों के बीचोबीच एक बड़ी-सी आर्क। जिस पर फ्रांस के लिए जान गँवाने वालों को सम्मान दिया गया है। मैं आर्क के ठीक सामने खड़ा था। रह-रहकर मुझे लग रहा था कि किसी कैमरा के साथ मैं ऊपर हवा में उठ जाऊँ और आर्क को ऊपर से देखूँ। जैसा यह इंटरनेट पर तस्वीरों में दिखता है। जैसा फ़िल्मों में दिखता है।

देर रात तक मैं शॉन्ज़-अ-लीज़े के आस-पास भटकता रहा। याद आया कि आख़िरी ट्रेन ग्यारह बजे चलती है। मैं दौड़ा-दौड़ा स्टेशन पर गया तो स्टेशन मास्टर गेट बंद कर रहा था। मैंने कहा, "मुझे ज़ुल्स ज़ॉफ्रिन जाना था।"

क़िस्मत अच्छी थी कि उसे अँग्रेज़ी आती थी। उसने कहा, "यहाँ से अब

कोई ट्रेन नहीं चलेगी।"

"तो मैं अब कैसे जाऊँ?"

"आप एक काम कीजिए। आप सामने वाली लाइन से अगले स्टेशन तक चले जाइए। वहाँ से दस मिनट बाद जो ट्रेन चलेगी वो सीधा आपको आपके स्टेशन ले जाएगी।"

"पर नहीं मिली तो मैं अपने स्टेशन से और दूर हो जाऊँगा।"

उसने कंधे उचकाए और चला गया। मैं दौड़ कर सामने वाली लाइन से और दूर के स्टेशन पर पहुँच गया। वहाँ से प्लेटफ़ॉर्म बदलने में मुझे समय लग गया। ट्रेन मेरे सामने से निकल गई। मैंने अपने आपको कोसा। अगर मैं ट्रेन छूटने की बात ही न करता तो शायद मिल जाती। मैं ज़रा डर गया था। इसका कारण सिर्फ़ मेरे हॉस्टल तक की दूरी नहीं थी। इसका कारण मेरे आस-पास घूम रहे नशे में धुत लड़के भी थे। वे लड़के अच्छे भी होंगे। पर आपकी परिस्थिति आपके सामने वाली दुनिया को अपने हिसाब से ढाल देती है। मेरा डर वहीं से अपना सिर बाहर निकाल रहा था।

स्टेशन से बाहर आकर मैंने थोड़ा सुरक्षित महसूस किया। हॉस्टल जाना बाक़ी था। अब तो मैं और भी दूर था। छोटे सवाल जब बहुत बड़े हो जाते हैं तब हम अपने सामने पड़े हुए जवाब भी देख नहीं पाते। पर पेरिस के पास इसका भी तोड़ है। मेरे सामने एक टैक्सी आकर रुकी। ड्राइवर ने पूछा आप कहीं जाएँगे? मैंने पूछा जुल्स जॉफ्रिन जाने का कितना किराया हो जाता है? उसने कहा कि ठीक-ठीक पता नहीं पर दस-पंद्रह यूरो से ज़्यादा नहीं लगने चाहिए। अचानक सारा तनाव छूमंतर हो गया। टैक्सी कभी भी ली जा सकती है। उसके लिए समय का बंधन नहीं है। मैंने वो टैक्सी नहीं ली। सोचा अब आराम से खा-पीकर ही लौटूँगा। उस रात मैं ग्यारह यूरो में अपने हॉस्टल के दरवाज़े तक पहुँचा। बहुत थककर। बहुत सहज होकर। बहुत देर से।

पेरिस में पहले कुछ दिन रहने के बाद पता नहीं क्यों मेरा दिन देर से शुरू होने लगा था। दोपहर लंच करने के लिए मैं दोबारा मोमाख्त्र गया। एक छोटा रेस्त्राँ देखते ही मुझे भा गया था। वहाँ बाहर लगी कुर्सी पर बैठकर समय बिताने का बहुत मन था मेरा। मोमाख्त्र के रेस्त्राँ इस दुनिया के कुछ सबसे ख़ूबसूरत रेस्त्राँ में से हैं।

मैं जहाँ बड़ा हुआ हूँ वो इलाक़ा दुकानों, गोदामों और मज़दूरों से हमेशा खचाखच भरा रहता था। दो कमरों के घर में, नौ-दस लोगों के एकत्र परिवार में पला-बढ़ा लड़का पेरिस के फ़ाइन डाइन रेस्त्राँ में चार लोगों की टेबल पर अकेला बैठा था। कैसे हमारे जीवन की यात्रा ऐसे मोड़ ले लेती है जहाँ हम हैरान-से खड़े होकर अपने बीते कल और आज के बीच तालमेल बिठाने की कोशिश कर रहे होते हैं।

मुझे यहाँ से Eiffel देखने जाना था। पर सोचा रात होते-होते चला जाऊँगा। घूमते-घूमते मैं कहीं पहुँच गया था। पता चला Eiffel के लिए अब फिर से दो बार ट्रेन बदलनी पड़ेगी। शाम का समय था तो ऑफ़िस से घर लौटने वाली भीड़ ट्रेनों में भर गई थी। मैं हैंडल पकड़े ट्रेन में खड़ा था तभी मेरे पास कुछ पाँच-छह बच्चे आ गए। उन्होंने मुझे चारों तरफ़ से घेर लिया और पेरिस के बारे में बताने लगे। आप यहाँ जाइए, आप वहाँ जाइए। आपको वो अच्छा लगेगा। क्या आप हमारी तस्वीर ले सकते हैं। सब बहुत शोर कर रहे थे। तभी उनमें से एक लड़के ने आगे आकर मेरी घड़ी की तरफ़ इशारा करते हुए समय पूछा। मैंने कहा सात बज रहे हैं। उसने वही सवाल चार-पाँच बार पूछा। मैं समझ नहीं पा रहा था कि क्या चल रहा है। मैं उसे बार-बार एक ही जवाब दे रहा था। तभी अचानक मुझे मेरी जेब से कुछ सरकता-सा महसूस हुआ। मैंने तुरंत जेब पर हाथ मारा तो पता चला मेरी जेब में जो बैग पर लगाने वाले बैचेस का लिफ़ाफ़ा था वो ग़ायब है। उस में सौ यूरो का नोट भी था।

मुझे चोरी का पता चल गया है यह बात उन बच्चों को पता लग गई थी। मुझे यह भी पता था कि किस लड़की के हाथ में मेरा लिफ़ाफ़ा है। मैंने उसे पकड़ने का सोचा। फिर लगा ये बच्चे अकेले तो होंगे नहीं। पकड़े जाने पर क्या करना है जैसा प्लान बी इनके पास ज़रूर होगा। स्टेशन आने से पहले मुझे कुछ करना था। तभी ट्रेन ने एक झटके से अपनी स्पीड बढ़ाई। मैं अपना संतुलन खोकर थोड़ा आगे झुका। उस लड़की को लगा मैं उसे पकड़ने के लिए आगे आया हूँ। उसने तुरंत लिफ़ाफ़ा नीचे फेंक दिया। मैंने उसे उठाया। स्टेशन आने पर बच्चे बहुत तेज़ भागे। मैंने बैग खोलकर अपना बटुआ और पासपोर्ट चेक किए। फिर लिफ़ाफ़ा देखा। उसमें बैचेस तो थे, पर सौ यूरो का नोट ग़ायब था। मैंने सीधा रुपयों का हिसाब लगया। क़रीब सात हज़ार का चूना लग चुका था। बहुत ख़राब

लगा। चार बच्चों ने मिल कर मेरी जेब काट ली थी। चार बच्चे! मैं मायूस होकर Eiffel पहुँचा। अपने आप पर बहुत ग़ुस्सा आ रहा था। पर हो चुके नुक़सान का कुछ नहीं किया जा सकता है। मैंने Eiffel की ऊपरी मंज़िल पर जाने के लिए लिफ्ट का टिकट ख़रीदा।

Eiffel Tower के ऊपर से पेरिस को देखने पर सारी चोरियाँ भुलाई जा सकती हैं। सब कुछ सुंदर दिखाई देता है। क्षितिज तक अपने पैर पसारे हुए यूरोप का बेहद सुंदर शहर है पेरिस। उसे दो हिस्सों में बाँटती सेन नदी थी और आँख में देर तक चुभती एक इमारत। टावर के ठीक पीछे एक बहुत अजीब-सी इमारत बनी है जो पेरिस पर लगे दाग़ जैसी है। यह इमारत ठीक वैसी है जैसे निवाले में कंकर। मुझे लगा अभी यहाँ की सरकार को एक लेटर लिखूँ और बता दूँ कि इस शहर का इस इमारत से कोई संबंध नहीं है। इसे आप गिरा दीजिए।

यहीं इसी जगह खड़े होकर एक दिन हिटलर ने कहा था कि पेरिस मेरा है। हुआ कुछ यूँ कि जर्मनी भी उसका नहीं रहा। पेरिस सबका है। जिम मॉरिसन का, पिकासो का, वॉन गॉग, मोने, गुस्ताव, अलबर्ट कामु, जो यहाँ आने की मंशा रखते हैं उनका, जो यहाँ कभी आना नहीं चाहते उनका, मेरा, सब का है पेरिस।

फिर लगा किसी का नहीं है पेरिस। यह तो बस है। ख़ुद का। अपनी जगह। इसकी सुंदरता, इसकी व्यस्तता, इतिहास और कहानियों को कुछ समय के लिए देख-सुन लीजिए और चलते बनिए।

अरे हाँ। कल मुझे इच्छा हुई थी कि मुझे रात में ऊँचाई से आर्क-दे-ट्रायंफ़ देखना है। कहाँ है वो? मैंने नज़रें दौड़ाईं और तुरंत ही आर्क दिख गई। सारा शहर उसके अगल-बग़ल से निकल जा रहा था और वह अपना शानदार रूप लिए एक जगह खड़ी थी जैसे इस शहर की जड़ हो। एक साथ बहुत सारे विचार मेरे मन में आ और जा रहे थे। उनका एक-दूसरे से कोई संबंध नहीं था। या शायद था?

देर रात हो चुकी थी। टॉवर की लिफ्ट बंद होने को थी। सबको नीचे जाने के लिए कहा गया। मैं नीचे आया और बड़ी मशक़्क़त के बाद टॉवर की पूरी तस्वीर ले पाया। Eiffel हमारे कैमरे के लेंस और हमारी नज़र के दायरे से बहुत ज़्यादा बड़ा है। मैंने उसकी एक तस्वीर ली और आगे बढ़ गया। कुछ देर बाद फिर ऐसा लगा कि मन नहीं भरा है। तो मैंने उसे पलटकर देखा। तभी अचानक टॉवर सैकड़ों लाइटों से दमकने लगा। सुनहरे टॉवर पर जैसे तारे चमक रहे हों। आस-पास के सारे इलाक़ों से लोगों के अचरज की आवाज़ें सुनाई दीं। मेरे आस-पास खड़े लोग एक-दूसरे के गले लगने लगे। एक-दूसरे को देखकर मुस्कुराने लगे। साथ चल रहे लड़के-लड़कियाँ एक-दूसरे को चूमने लगे। यह वो पेरिस था जिसे अक्सर सिनेमा वाले प्रेम की चाशनी में डुबोकर लोगों के सामने रखते आए हैं। उन्ही की भाषा में कहा जाए तो पेरिस टाइपकास्ट हो चुका है।

रात के खाने के लिए मेरा मन हुआ कि पिगाल स्ट्रीट वाले रेस्त्राँ चला जाऊँ जहाँ मेरे लिए उस शेफ़ ने वेज बर्गर बनाया था। वाइन बर्गर के साथ भी काफ़ी अच्छी लगती है। इसका पेरिस में होने से कोई संबंध है या नहीं यह बात मैं नहीं जानता।

सुबह हॉस्टल की ब्रेकफ़ास्ट टेबल पर कुछ लोगों को बातें करते सुना कि पेरिस में हर महीने के पहले रविवार को सारे म्यूज़ियम मुफ़्त में देखे जा सकते हैं। मैं पर्यटक की गति से म्यूज़ियम की ओर भागा। Louvre, Rodin, Picasso, Orsay... इतने सारे म्यूज़ियम एक ही रविवार में देख लेना असंभव है। सिर्फ़ लूव्र को अच्छे से देखने की ठान लें तो कम-से-कम चार दिन लग जाएँगे। मैंने यह सोच लिया था कि मैं मुफ़्त के चक्कर में पागलों की तरह दौड़ूँगा-भागूँगा नहीं। तभी पीछे से एक आवाज़ सुनाई दी–"चलिए सब लोग जल्दी कीजिए। सब लोग ये टोपियाँ पहनेंगे और एक साथ रहेंगे। अंदर मोनालिसा की पेंटिंग है। और बहुत मूर्तियाँ और बाक़ी पेंटिंग्स हैं। हमारे पास पूरे डेढ़ घंटे का समय है। आराम से म्यूज़ियम देखकर आप सभी लोग मुझे दूसरी

तरफ़ एग्ज़िट पर मिलेंगे। अपने टुअर का यह झंडा मेरे हाथ में होगा। सबको वहीं आना है। फिर लंच के लिए चलेंगे। एंजॉय!"

एक ग्रुप लीडर ने पूरे के पूरे लूव्र को डेढ़ घंटे में निपटा दिया था। कभी-कभी सोचता हूँ कितना अच्छा होता अगर हमें केवल मोनालिसा पता होती। न उसका रचयिता और न उसका महत्त्व। या फिर मोनालिसा भी ना पता होती। हम केवल लंच सुनकर ख़ुश हो जाते और दुनिया के सबसे बड़े म्यूज़ियम से भाग कर ग्रुप का झंडा खोजते हुए दूसरी तरफ़ एग्ज़िट पर चले जाते।

न हमें Rodin के Adam का पता होता और न Gauguin और Van Gough के झगड़े का। हम खजुराहो के मंदिर बिना देखे ही वैलेनटाइन डे का विरोध करते। हम टीपू सुल्तान का Mysore नहीं बस उसका धर्म देखते। इससे जीना कितना आसान हो जाता होगा। जो जितना कम ज्ञान अर्जित करता है वो हर तरह की बौद्धिक उलझनों से दूर रहता है। ऐसा जीवन किसी भी दृष्टिकोण से कम जीवन नहीं है। मैं तो कहूँगा कि यही जीवन भरपूर है। ज्ञान के साथ मसला यह है कि उसे जितना अर्जित करो उतने ही सवाल बड़े और गहरे होते जाते हैं। हमेशा उत्तर की खोज में लगे रहने से वर्तमान जीना रह जाता है। अज्ञान कितना भरपूर है। अज्ञान में सचमुच कितना सुख है।

आधे से ज़्यादा लोग मोनालिसा के साथ अपनी तस्वीर लेकर बाहर का रुख़ कर रहे थे। इसीलिए म्यूज़ियम में भीड़ कम थी। लगभग पाँच घंटों बाद मैं बाहर निकला। अँतड़ियाँ भूख से कुलबुला रही थीं। कुछ खाकर मैंने Orsay म्यूज़ियम का रुख़ किया। दुनिया की सबसे बेहतरीन पेंटिंग्स के सामने बहुत देर तक खड़ा रहा। Monet, Gauguin और Van Gough कि पेंटिंग्स पहले इंटरनेट पर देख चुका था। इन पर लिखी गई किताबें पढ़ चुका था। ऐसा करने पर अक्सर आपको लगता है कि आप उन्हें जानते हैं। पर जब आप सचमुच उनके किए काम के सामने खड़े हो जाते हैं, तो आपको अपने भीतर बनाई हुई उनकी छवि बहुत ज़्यादा छोटी लगने लगती है। उनका हर एक काम एक पहाड़ जैसा सामने खड़ा हो जाता है। Monet की पेंटिंग्स में नज़र आने वाली रौशनी देखने वाले के भीतर कौंध जाती है। Van Gough की Starry Night पर रंगों की इतनी परतें होंगी मैंने सोचा भी नहीं था। Van Gough रंगों की इतनी परतें क्या सचमुच कैनवास पर ही लगा रहे थे?

ये लोग आख़िर थे कौन? मैं कलाकार जैसा बाज़ारू शब्द इस्तेमाल करना नहीं चाहता। आज हर तीसरा आदमी कलाकार होने का दावा करता है। कितनी आसानी से किसी को भी अपने 'कलाकार' होने पर विश्वास हो जाता है। कला, अपने हर छोटे-बड़े स्वरूप में सबसे पहले माँगती है कठोर से कठोर परिश्रम और अंतहीन धीरज। हम अपने आस-पास ऐसे कितने लोगों को जानते हैं जो ये दो चीज़ें लगातार दिए जा रहे हैं? कुछ नया निर्माण करने के लिए अपने आपको खुले हाथों से ख़र्च किए जा रहे हैं? उस एक क्षण की प्रतीक्षा में जब उनके हाथ एक ऐसे निर्माण को छू सकें जो शुद्ध, पवित्र और निष्कलंक हो? ऐसे लोगों का हमारे आस-पास होना ही एक बहुत बड़ा सौभाग्य मान लेना चाहिए। ऐसे लोग सोशल मीडिया पर अपने कलाकार होने का दावा करते कभी दिखाई नहीं देंगे। वे दिखाई देंगे अपने ही घरों के अँधेरे कोनों में। आत्मविश्वास, साहस, करुणा और कभी न बुझने वाली प्यास के बीच बार-बार यहाँ-वहाँ टहलते।

मुझे ऐसे लोगों के लिए रचनाकार शब्द सही लगता है। इस शब्द में एक खुलापन भी है और एक ज़िम्मेदारी भी। एक रचनाकार का जीवन उसकी रचना के इर्द-गिर्द ही घूमता रहता है। उसके पास दाँव पर लगाने के लिए अपने आप के अलावा और कुछ भी नहीं होता। सोशल मीडिया पर ऊटपटाँग हरकतें कर ध्यान आकर्षित करना तो दूर की बात है... उसे अपने होने से ही उलझन होने लगती है। उसका होना ही दाँव पर लग जाता है। किसी ऐसी चीज़ की खोज में जो उसे कुछ समय के लिए सुकून दे सके। पर अपना होना ही दाँव पर लग जाना आख़िर है क्या? क्या सचमुच बहरा हो जाना पड़ता है अपने जीवन की नाइंथ सिंफनी की रचना करने के लिए? अपना कान काट देने के बाद हाथ में पेंटिंग ब्रश पकड़ना कितना मुश्किल हो जाता है? और फिर उस ब्रश के साथ पेंटिंग बनाना कितना आसान? यह बात ख़ुद रचनाकार भी बता नहीं पाएगा। वह बस अपना निर्माण बता पाएगा। एक बेदाग़ रचना, रचनाकार और दर्शक के बीच सिमटा हुआ प्रशांत महासागर ही तो है।

पेरिस में दिनभर लाल रंग की बसें चलती रहती हैं। आप एक बार टिकट ख़रीदने पर कहीं से भी बस में चढ़ सकते हैं और कहीं भी उतर सकते हैं। ऐसा आप दिन में चाहे जितनी बार कर सकते हैं। शाम के पाँच बज रहे थे। मोहल्ले

में बच्चों पर चिल्लाते बुज़ुर्ग के घर में जाते ही जैसे बच्चे फिर बाहर आ जाते हैं, वैसी ही है यूरोप की ठंड। धूप हल्की होते ही ठंड तुरंत हर कोने से बाहर आ जाती है। मैं बस में चढ़कर ऊपर खुले में बैठ गया। थोड़ी-सी ऊँचाई से हर शहर थोड़ा अलग ही दिखाई देता है। और ज़्यादा क़रीब से दिखाई देता है। जब मुझे लगा कि म्यूज़ियम और उनके अंदर पड़ी कृतियों के भार से मैं काफ़ी दूर चला आया हूँ, तो मैं बस से उतर गया और चलने लगा।

कुछ कैफ़ेज़ दिखाई दिए जो बहुत ही घरेलू टाइप के थे। छोटे, पुराने और साँस रुक जाए इतने सुंदर। यह इलाक़ा कोई प्रसिद्ध इलाक़ा नहीं था। इतनी सारी कलाकृतियों को देखने के बाद दिमाग़ में चल रहे घमासान को शांत करने के लिए मैंने कॉफ़ी पीना सही समझा। रौशनी और फीकी होती जा रही थी। शाम का नीला रंग आसमान में बहुत धीरे-धीरे फैल रहा था। मेरी कुर्सी के पास धूप की एक रेखा विरल होती जा रही थी। चलते हुए लोगों के पैर उस धूप की रेखा पर पड़ते ही पैरों की छाया फुदक कर रेखा के बाहर आ जाती। मैं बहुत देर तक लोगों के पैर धूप की रेखा पर पड़ते हुए देख रहा था। देखते-देखते रेखा पूरी तरह ग़ायब हो गई।

हर बार किसी म्यूज़ियम से बाहर आने पर एक भारीपन महसूस होता है जो बहुत समय तक कंधे झुकाए रखता है। तब मैं एक जगह पर बैठ नहीं सकता। कहीं रुक जाने पर मुझे और गहरे धँसने का अनुभव होता है। मैं फिर चलने लगा। पेरिस की एक बात मुझे बहुत अच्छी लगती है। नदी को खोजने के लिए ज़्यादा चलना नहीं पड़ता। वह शहर के ठीक बीच से निकलती है। मैं दोबारा उसके किनारे चलने लगा। कुछ देर चलने के बाद एक बेंच पर बैठ गया। बहुत दिन हो गए थे फ़ोन की घंटी बजे। इस बार घंटी बजी तो मैं बिदक गया। फ़ोन घर से आया था।

"हैलो! कहाँ हो?"

"मैं पेरिस में हूँ।"

"और कब लौट रहे हो?"

"चार दिन बाद की फ़्लाइट है। क्यों? क्या हुआ?"

"दादाजी बहुत ज़्यादा बीमार हैं। कल आ सकते हो?"

मैं इस सवाल के लिए तैयार नहीं था। मैंने पूछा, "वो हैं?" एक लंबी-सी

चुप्पी कुछ देर के लिए बनी रही। आख़िर वो मुझे ही तोड़नी पड़ी।

"मैं देखता हूँ कल का टिकट है या नहीं। है भी तो उस हिसाब से मेरे पास कितने पैसे बचे हैं वो भी देखना पड़ेगा।"

"ठीक है। हो सके तो आ जाना। न हो सके जल्दी तो भी अब चल जाएगा।"

कोई मुलाक़ात हमारी किसी से आख़िरी मुलाक़ात है इस बात का पता चल जाए तो क्या हम उन्हें वो सब कह पाएँगे जो हमने उन्हें कभी नहीं कहा? क्या हम कह पाएँगे कि दरअसल आपकी वजह से मैं यह समझ पाया हूँ कि चलना कितना सुंदर होता है? कि शहर के हर मंदिर की फ़र्श कड़ी धूप में भी ठंडी होती है यह आपके पास बैठकर ही मैं जान पाया हूँ! कि पूरा शहर पैदल नाप लेने के बाद आधा गिलास ठंडा मीठा दूध आपके बिना अब फीका लगेगा। कि आपकी काली हाफ़ जैकेट मैंने एक बार अलमारी से उतारकर पहनकर देखी थी तब मैं घुटनों तक ढक गया था। कि आपकी टोपी से पसीने की खारी ख़ुशबू आती है। एक ही यात्रा में ऐसा मेरे साथ दूसरी बार हो रहा था कि मैं किसी को अलविदा नहीं कह पाया था।

"I suppose in the end, the whole of life becomes an act of letting go, but what always hurts the most is not taking a moment to say goodbye."

– Life of Pi

आख़िरी बचे दिन पेरिस में बिताकर जब हॉस्टल छोड़ा तो एयरपोर्ट के रास्तों पर बार-बार खिड़की से झाँक कर वो सब कुछ देखने की कोशिश कर रहा था जो इतने दिनों का देखा है। अभी-अभी तो मैं इस शहर को जानने लगा था। या फिर यह जानने वाली बात मैं अपने आप के लिए कह रहा हूँ? एक तरह के आवेग में शुरू की हुई यात्रा मेरे भीतर रिस कर मेरी जड़ों तक पहुँच गई थी। मैंने उस लड़के का हाथ किसी एक शहर, गली, बस, गाँव, नदी या स्टेशन पर छोड़ दिया था जिसे मैं पूरे उत्साह से यहाँ तक ढोकर लाया था। जितना उछलता हुआ मैं यूरोप में दाख़िल हुआ था उतना ही चुपचाप अब यहाँ से जा रहा था।

एक महीने पहले जब यूरोप आया था तो लगा नहीं था कि मेरे भीतर इतना कुछ घट पाने की क्षमता भी है। आज मुझे यह कहने में झिझक महसूस नहीं हो रही कि मैं तब डरा हुआ भी था। मैं अपने आप से ही सहज नहीं था। कोई नहीं होता। लंबी अकेली यात्राओं में ख़ुद के साथ सहज होने के लिए अभ्यास की आवश्यकता होती है। यूरोप में मेरा अभ्यास बस शुरू ही हुआ था।

मेरी अकेली यात्राओं का सिलसिला शुरू हुए अब कई साल बीत चुके हैं। इसीलिए अब मैं यह आश्वस्त होकर कह सकता हूँ कि निरंतर अकेले यात्रा करना ही ख़ुद के साथ सहज होने का एकमात्र रास्ता है। आपकी ख़ुद के साथ की हुई हर यात्रा अंत में आपको थोड़ा-थोड़ा कुछ देती रहेगी। आपके डर को थोड़ा-थोड़ा छोटा करती रहेगी। आपको अपने साथ थोड़ा-थोड़ा सहज बनाती रहेगी। मायने सिर्फ़ ये रखता है कि आप पहली यात्रा में अनुभव किए हुए डर से ख़ुद के साथ सहज होने के अनुभव तक कितनी यात्राओं का समय लेते हैं।

अकेले यात्रा करने के विषय में साल भर पहले कुछ लिखा था जो मुझे यहाँ साझा कर देना चाहिए।

Travel. Travel alone. It is one of the scariest thing one can experience. It breaks you out into the person you actually are.

There is nothing creative about travelling. Nothing philosophical. Nothing to be proud of. It is just simply, plainly going into the void. Where the journey destroys all the futile ideas that you think makes you, you.

On an unknown land, amidst strangers and miles away from your comfortable mother tongue, your travel punches you right in your face and pushes you down the deepest valley from where you can't even abuse life for what it has been all this while.

Your travel will leave you helpless in the middle of your chaos which we otherwise very cleverly ignore in our daily rigmarole. Your travel leaves you no way to get out of your ugly and insecure self. You have to deal with it. And let me tell you. You will miserably fail.

Everything in you will die. And the only option left will be that of rebuilding yourself with nothing in hand. It is like day one on this planet. And as you rebuild yourself with humility, kindness and love you will know how trees feel. What are twilights for. What raising your voice does to your soul. And how your idea of god will never redeem your acts against your once so beautiful innocence.

Travel. Your travel itself will tell you why you should.

इस यात्रा के दौरान मैं इस बात से बिल्कुल अनजान था कि भीतर कुछ बदल रहा है। मैं बदल रहा हूँ। पर आज मुड़कर देखता हूँ तो इस बात पर विश्वास हो जाता है कि मैं हर रोज़ थोड़ा और बदल रहा था। हर रोज़ मैं अपनी नीरसता को पीछे छोड़ रहा था।

मैं अपनी यात्रा के आख़िरी चरण में था। पिछले एक महीने का सारा जिया हुआ रह-रहकर याद आ रहा था। ठीक वैसे ही जैसे मुझे अपनी पूरी यात्रा आज इतने सालों बाद याद आ रही है। किसी भी यात्रा में एक तरह का शारीरिक प्रवाह लगातार बना रहता है। इस प्रवाह को दोबारा तभी महसूस किया जा सकता है जब हम फिर किसी यात्रा पर निकलते हैं। यह प्रवाह समंदर में उठने वाले भँवर जैसा है। जो यात्राओं में अपने चरम पर होता है और यात्रा की लहरें शांत हो जाने पर यह भँवर हमारे भीतर कहीं छिप जाता है। एक लेखक को अपने कमरे की स्थिरता भेद बहुत ज़्यादा मेहनत करनी पड़ती है इस भँवर को दोबारा सतह पर लाकर इसमें दोबारा विचरने के लिए। अच्छी बात यह है कि एक ईमानदार लेखक ऐसा करने में आख़िर सफल भी हो ही जाता है।

कई मायनों में एक लेखक का जीवन उतना रोचक नहीं होता जितना वो अपने लिखे में उसे रोचक बनाने के लिए जूझता है। यहाँ सबसे बड़ा ख़तरा लेखक को अपने दिमाग़ में अपने आप से आगे दौड़ती कल्पनाओं से ही होता है। यहाँ सच और झूठ, यथार्थ और फ़िक्शन के बीच की रेखाओं को बार-बार जाँच कर देखना पड़ता है। लिखे हुए झूठ का गिल्ट बहुत देर तक बना रहता है और न लिखे हुए सच हमेशा दूर से लेखक को घूर रहे होते हैं। कई बार सच के सामने घुटने टेक उसे समझाना पड़ता है कि जो मैंने लिखा है वो झूठ नहीं है। तुम्हारा ही एक अपग्रेडेड वर्ज़न है। फिर भी सच अपनी जगह टस से मस नहीं होता।

इस द्वंद्व का लगातार भीतर बने रहना यानी नींद का उड़ जाना। ख़ुद से घिन महसूस होना। बहुत ज़्यादा भूख लगना, व्यस्तताएँ खोजना, अपने आप से बार-बार डरकर दोस्तों के बीच जा पहुँचना। छिछली बातों पर ज़ोर-ज़ोर से हँसना। अपनी बिखरी गरिमा को अपने आप से ही नज़रें चुराकर बार-बार बटोरना। 'किसी ने मुझे ऐसा करते देखा तो नहीं?' जैसे शर्मसार कर देने वाले सवाल बार-बार नाभि से उठना। तो मैं जितना हो सकता है उतना सच लिखने

का भरसक प्रयास करता हूँ। या फिर मुझे शर्मिंदगी की आदत पड़ चुकी है। जैसा आप ठीक समझें।

कितने समय मैं इस यात्रा के इर्द-गिर्द घूमता रहा हूँ। इसे अपनी पीठ पर लिए एक साल से दूसरे साल में ढोता रहा हूँ। जब चाहे इससे एक टुकड़ा निकालकर किसी को सुनाता रहा हूँ। इस यात्रा के बाद की गई यात्राओं के बोझ तले इसे दबाता रहा हूँ। पर इसके धागे का एक सिरा हर बार मेरी उँगलियों में फँसा मिलता है। ऐसी कई यात्राओं के कई सिरे हर बार मेरी उँगलियों में फँस जाते हैं। पुराने सिरे इस भीड़ में दिखाई नहीं देते। पर मैं उन्हें अभी भी उँगलियों में फँसा महसूस कर सकता हूँ। जब चाहे इसे मैं ऊपर की तरफ़ खींच सकता हूँ। पर पिछले इतने सालों में मैंने ऐसा किया नहीं है।

इस यात्रा-वृत्तांत का लिखा जाना इस सिरे को इतने सालों बाद पहली बार ऊपर खींचने जैसा है। इसे बड़े ध्यान से अपनी उँगली से निकालकर अलग करने जैसा है। पहले जब इसे लिखा नहीं था तो लग रहा था यह मेरे पास है। यह मेरी यात्रा है। अब जब इसे लिख दिया है तो लग रहा है जैसे मेरे भीतर एक बहुत बड़ी जगह ख़ाली हो गई है। यह ख़ाली जगह माइकल एंजिलो की भगवान और इंसान की पेंटिंग में छोड़ी हुई जगह जैसी है। जहाँ दोनों की उँगलियाँ एक-दूसरे को बस स्पर्श करने ही वाली हैं। वो आधे इंच की ख़ाली जगह, जगह नहीं तड़प है। मेरी इस ख़ाली हो चुकी जगह की तड़प लंबे समय तक बनी रहेगी।

आख़िर क्या थी यह यात्रा? क्या यह महज़ किसी दोस्त के लैपटॉप पर एक खिड़की का दिख जाना था? या अचानक किसी संबंध की आत्मीयता और प्रतिबद्धता देखकर घबराकर भाग जाना? क्या यात्राओं का मेरे जीवन से परिचय हो जाने के लिए ये सब घट रहा था? या फिर मेरे भीतर सब कुछ बदल जाने के लिए? क्या सभी को जीवन में थोड़े-बहुत फ़र्क़ से अपने बदल जाने का अनुभव अपने आप होता है या इसके लिए बाम्बेर्ग जैसे किसी गाँव में पैरों में दर्द होने तक चलना पड़ता है? यात्रा आपको हेफ़ेवाईज़न बीयर पीना सिखाती है या नशे में ख़ुश होकर अपने आप को सँभालना? अपने पूर्वानुमानों को यूरो रेल की खिड़की से बाहर फेंकने पर ही क्या स्विट्ज़रलैंड के पहाड़ असल में दिखाई देते हैं? देर रात अकेले फुटपाथ पर बैठे हुए ट्राम की हेडलाइट में एक पल के

लिए चेहरा चमक जाता है या कुछ और? रोम के खंडहरों में हमें साम्राज्यों का पतन दिखता है या हमारा? Seine (सेन) के किनारे रोज़ चलने पर क्या हम Parisian हो जाते हैं?

मेरे ऐसे बहुत-से सवाल हैं जिनके जवाब मैंने खोजे नहीं हैं। इस यात्रा को लिखते समय बस पूछ लिए हैं। इसे पढ़ते समय अगर आपको लगे कि आपकी कोई यात्रा इस यात्रा से मेल खाती है तो मैं विश्वास से कह सकता हूँ कि आपके सवाल भी मेरे सवालों से मेल खाएँगे। पर इन सवालों के जवाब अगर हमें मिल जाएँ तो क्या हमारी आने वाली यात्राएँ वैसी होंगी जैसी हमारी आज तक की यात्राएँ रही हैं? शायद यही कारण है कि मैं इन सवालों के जवाब खोजता नहीं। बस अपने आप के साथ अधिक से अधिक सहज होने की प्रक्रिया को महसूस करके आगे बढ़ जाता हूँ।

यह यात्रा, जो अब आपकी भी है, कोई मापादंड नहीं है। ऐसा नहीं है कि हर किसी के साथ ऐसा हो, या होना चाहिए। यह यात्रा बस है। अपनी जगह, अपने समय और अपने दृश्यों में पूरी तरह घुली हुई। जिसके अनुभवों को एक बार सतह पर लाकर टटोलने का मोह उसी क्षण से मेरे भीतर रेंग रहा था जब मैं इसे पीछे छोड़कर भारत लौट आया था। आज इतने सालों बाद इसे पूरा किया तो भीतर एक हल्का-सा कंपन महसूस हो रहा है। बार-बार मेरे रोंगटे खड़े हो जा रहे हैं।

इसे पूरा करने के बाद कई दिनों तक अपने पास रखा। चौबीस घंटों में हर पल ऐसा लगता रहा है कि इसे अब आगे भेज दूँ। लैपटॉप के सामने बैठता, ईमेल भी खोल लेता पर मेरे हाथ जम जाते। लैपटॉप के सामने से उठ जाता तो एक अजीब-सा भारीपन महसूस होता। इसे अब छोड़ना है... इसे अब भेज देना है... यही समय है... इसे अब जाने देना है... इसके सामने से उठने के बाद बार-बार ऐसे विचार भीतर घर करने लगते।

यह शायद यात्रा का वही मोड़ है जहाँ आप सोचने लगते हैं कि 'हाँ, यहाँ बसा जा सकता है'। ठीक इसी समय तो मुझे उठकर चल देना है। कहीं मुड़ जाना है। यह बात मैं तो अब अच्छी तरह जानता हूँ। फिर मैं अपने आप को इससे अलग क्यों नहीं कर पा रहा? क्या इसका एक सिरा अभी भी मेरी उँगलियों में कहीं फँसा है?

कितने समय से यह यात्रा मेरे सीने के ठीक बीच में रही है। हर बार घर पर ताला लगते ही किसी फूल की तरह खिलती रही है। मेरे अतीत के एक न सँभलने वाले हिस्से का भार उठाती रही है। अब इसे बहुत धीरे से बाहर निकालकर रख देने में एक तरह की पीड़ा भी है और शांति भी। इस समय यह मेरे हाथ से निकल जाने की उदासी उतनी ही है जितना कि इसका आपके हाथों में होने का सुकून। जो कि, विश्वास कीजिए, बहुत है।

इसे आप पढ़कर छोड़ दें या अपनी किसी यात्रा को याद करें या अभी इसी क्षण किसी यात्रा पर जाने के मोह में पड़ जाएँ या फिर इसी को सहयात्री बनाकर अपनी अगली यात्रा पर ले जाएँ, यह आपके भीतरी यात्री पर निर्भर करता है।

मुझे पता नहीं कि मैं दोबारा इसकी ओर लौटूँगा या नहीं। इसे इतनी शिद्दत से फिर जी पाऊँगा या नहीं। इस अलग होने के समय में जितना जुड़ाव मैं अपनी इस यात्रा से महसूस कर रहा हूँ वैसा जुड़ाव आगे महसूस होगा या नहीं यह मैं सचमुच नहीं जानता। पर एक बात तय है कि आप अपनी यात्राओं से कभी पूरी तरह पीछा नहीं छुड़ा सकते। एक यात्री हमेशा अपनी यात्राओं के आस-पास ही घूमता रहता है। या फिर शायद ऐसा है कि एक यात्रा हमेशा अपने यात्री के आस-पास घूमती रहती है... जैसा आप ठीक समझें।